高等职业教育电子商务专业系列教材

网络市场调研与消费者行为分析

第 2 版

主　编　华春芳
副主编　赵　娟
参　编　陈　芳　朱文捷
　　　　严　寒　冯春美
主　审　刘　勇

机械工业出版社

本书是在分析电子商务、市场营销相关岗位的典型工作任务的基础上，采用项目化的编写体例，校企合作共同开发，突显实践性、实用性特点。本书共 10 个项目，包括初识网络消费者行为、获取网络市场信息、把握网络消费者购买决策、分析网络消费者行为的个性特征、解构网络消费者行为的群体特征、探究影响网络消费者行为的外部因素、探究影响网络消费者行为的营销因素、感知网络消费风险、保护网络消费者权益和开拓网络消费市场。

本书可作为高职院校电子商务、市场营销、国际贸易以及其他相关专业的教材，也可作为相关从业人员的参考用书。本书提供了教师专用的电子课件，可以在机械工业出版社教育服务网（http://www.cmpbook.com）注册后免费下载，或联系编辑（010-88379807）咨询。

图书在版编目（CIP）数据

网络市场调研与消费者行为分析/华春芳主编．—2版．—北京：机械工业出版社，2023.1（2025.6重印）
高等职业教育电子商务专业系列教材
ISBN 978-7-111-72265-6

Ⅰ．①网… Ⅱ．①华… Ⅲ．①电子商务-市场调研-高等职业教育-教材 ②网上购物-消费者行为论-高等职业教育-教材 Ⅳ．①F713.36

中国版本图书馆CIP数据核字（2022）第252592号

机械工业出版社（北京市百万庄大街22号 邮政编码100037）
策划编辑：李绍坤　　　　　　　责任编辑：李绍坤　张星瑶
责任校对：贾海霞　梁　静　　　封面设计：鞠　杨
责任印制：张　博
中煤（北京）印务有限公司印刷
2025年6月第2版第6次印刷
184mm×260mm・17.75印张・413千字
标准书号：ISBN 978-7-111-72265-6
定价：57.00元

电话服务　　　　　　　　网络服务
客服电话：010-88361066　　机　工　官　网：www.cmpbook.com
　　　　　010-88379833　　机　工　官　博：weibo.com/cmp1952
　　　　　010-68326294　　金　书　网：www.golden-book.com
封底无防伪标均为盗版　机工教育服务网：www.cmpedu.com

前　言

随着电子商务在各领域的应用不断拓展和深化，相关服务业蓬勃发展，支撑体系不断健全完善，创新动力和能力不断增强，全新的消费方式逐渐融入消费者的日常生活，网络消费者成为营销关注的热点和重点。把握网络消费者的行为特征，对于企业网络营销的决策和实施至关重要。

近年来，职业教育电子商务专业的建设和课程开发工作不断推进，本书作为电子商务专业核心课程的教材也需要不断更新。本书编者在第1版的基础上不断积累资源、更新素材、优化结构，编写了第2版教材。

本书基于工作体系、行动导向，在分析电子商务、市场营销相关岗位的典型工作任务的基础上，将工作任务项目化。每个项目围绕学习目标，引入任务并进行任务分析，在此基础上展开每个子任务的学习；每个任务采用任务要点、观察导入、任务实施、触类旁通的编排方式，创设情境，提出实施步骤，并辅以概念和方法的说明；每个项目最后均设置项目小结、应知应会、拓展训练，由浅入深，突出对学生动手能力和专业技能的培养，充分调动和激发学生的学习兴趣，将学历教育与岗位培训相融合，注重职业素养的培养。

修订后的教材共设计了10个项目，教师可以结合所在学校条件、学生特点灵活设计课程教学；教材编写力求符合高职学生的认知规律，按照由易到难、由简单到复杂、由单项到综合循序渐进的原则安排内容，帮助学生自主学习、探索学习、拓展学习网络市场调研与消费者行为。

本书由华春芳任主编并负责调整案例和统稿，赵娟任副主编，参与编写的还有陈芳、朱文婕、严寒和冯春美。编写分工如下：华春芳编写项目1、3；赵娟编写项目4、7；陈芳编写项目5、6；朱文捷编写项目10；严寒编写项目2；冯春美编写项目8、9。本书由刘勇主审。

在教材的编写过程中，南京师范大学刘飞燕先生给予大力支持，在此表示深深的谢意。

由于编者水平有限，教材中难免有不妥之处，恳请读者批评指正。

编　者

二维码索引

序号	视频名称	二维码	页码
1	了解网络消费的发展历程		4
2	马斯洛需求层次理论		97
3	希波克拉底的体液理论		114
4	阿什齐实验		125
5	从众心理的典故		139
6	网络信任危机		155
7	满包邮的派对底线		180
8	搜索引擎广告		192
9	网络消费风险的类型		205
10	网络消费者权益受损的原因		234

目　录

前言

二维码索引

项目 1　初识网络消费者行为 1
　　任务 1　探寻网络消费 3
　　任务 2　寻找网络消费者行为 12
　　任务 3　重视网络消费者行为分析 18
　　项目小结 25
　　应知应会 26
　　拓展训练 27

项目 2　获取网络市场信息 28
　　任务 1　认识网络市场调研 30
　　任务 2　制订网络市场调研计划方案 36
　　任务 3　掌握获取网络市场信息的方法 42
　　任务 4　实施网络市场调研 49
　　项目小结 52
　　应知应会 52
　　拓展训练 54

项目 3　把握网络消费者购买决策 55
　　任务 1　掌握网络消费者购买决策的内容 57
　　任务 2　熟悉网络消费者行为的决策过程 64
　　任务 3　研究网络消费者满意度 76
　　任务 4　维系忠诚客户 87
　　项目小结 93
　　应知应会 94
　　拓展训练 95

项目 4　分析网络消费者行为的个性特征 97
　　任务 1　认识网络消费者个性需求 99
　　任务 2　洞悉网络消费者购买动机 106
　　任务 3　分析网络消费行为的个体特征 113
　　项目小结 116
　　应知应会 117
　　拓展训练 118

项目 5　解构网络消费者行为的群体特征 119
　　任务 1　认识网络消费者群体 120
　　任务 2　洞察网络消费者群体的心理 125
　　任务 3　探析模仿与从众行为 136

项目小结 143
　　应知应会 144
　　拓展训练 145

项目 6　探究影响网络消费者行为的外部因素 147
　　任务 1　分析政治和经济环境对网络消费行为的影响 148
　　任务 2　分析社会文化对网络消费行为的影响 152
　　任务 3　分析技术和物流环境对网络消费行为的影响 157
　　任务 4　分析人口环境对网络消费行为的影响 160
　　项目小结 164
　　应知应会 164
　　拓展训练 165

项目 7　探究影响网络消费者行为的营销因素 167
　　任务 1　明确产品策略 168
　　任务 2　分析价格因素对网络消费者行为的影响 175
　　任务 3　把握网络促销 181
　　任务 4　剖析网络广告对网络消费者行为的影响 186
　　项目小结 195
　　应知应会 196
　　拓展训练 197

项目 8　感知网络消费风险 201
　　任务 1　认识网络消费风险 203
　　任务 2　降低网络消费感知风险 210
　　项目小结 218
　　应知应会 218
　　拓展训练 219

项目 9　保护网络消费者权益 222
　　任务 1　认识网络消费者权益 223
　　任务 2　重视网络消费者权益的保护 230
　　项目小结 244
　　应知应会 245
　　拓展训练 246

项目 10　开拓网络消费市场 247
　　任务 1　把握网络消费的趋势 249
　　任务 2　引导网络消费 257
　　任务 3　网络市场开拓 262
　　项目小结 271
　　应知应会 271
　　拓展训练 272

参考文献 275

项目 1

初识网络消费者行为

截至 2020 年 3 月，我国网民规模为 9.04 亿，互联网普及率达 64.5%，庞大的网民构成了我国蓬勃发展的消费市场，也为数字经济发展打下了坚实的用户基础。CNNIC（中国互联网络信息中心）主任曾宇指出，当前数字经济已成为经济增长的新动能，新业态、新模式层出不穷。在此次疫情中，数字经济在保障消费和就业、推动复工复产等方面发挥了重要作用，展现出了强大的增长潜力。报告还指出，互联网应用与群众生活结合日趋紧密，微信、短视频、直播等应用降低了互联网使用门槛，不断丰富群众的文化娱乐生活；在线政务应用以民为本，着力解决群众日常办事的堵点、痛点和难点；网络购物、网络公益等互联网服务在实现农民增收、带动广大网民参与脱贫攻坚行动中发挥了日趋重要的作用。网络零售已成为消费增长的重要动力。

思考：什么是网络消费？什么是网络消费者行为？研究网络消费者行为有何意义？

教学导航

学习目标

● 知识目标

理解网络消费、网络消费者、网络消费者行为的含义；了解网络消费发展的历程及特征、网络消费者类型、网络消费现状；掌握网络消费者的特征、网络消费者行为的特征。

● 能力目标

能够联系网络购物行为分析网络消费的表现；能区别不同类型的网络消费者，并对其特征进行分析；能分析具体的网络消费者行为及其特征。

● 本项目重点

分析具体的网络消费者行为及其特征。

● 本项目难点

分析网络消费者的特征。

任务引入

"618"年中大促第一周盘点:变化在哪里?

2020年"618"年中大促的第一周,各大平台不时传来捷报,甚至还频频创下新的成交记录。

天猫在直播方面可谓阵容强大,300位明星、600名总裁齐上阵带货,取得了不错效果。在6月1日,淘宝直播全天成交额创下51亿的记录。从细分类目来看,排行榜前几名中,消费电子、家装、快消品和医药等赫然在列。值得一提的是,华为成为今年天猫"618"首个成交额破1亿元的品牌淘宝直播间,全系产品的同比增长均超过100%。

除了华为以外,天猫商家直播带货排名前几的还有格力、海尔、小米等知名国产品牌。究其原因,一方面是促销力度大,另一方面是年轻一代的消费群体,对国产品牌的认同和自豪感在逐步提升。每年"618"期间,都会有不少黑马出现,这次也不例外。在入驻天猫不到3年的新品牌中,首日成交额在500万~800万的数量同比多了60%。此外,超过66个服饰新锐品牌当天销售同比增长600%以上。

截至6月1日下午14:00,京东"618"成交额同比增长74%。当日全天销售过亿品牌数量达40个。具体来看,热销商品可粗略分为日常刚需、消费电子和健康防护三大类:

1)带电品类、食品生鲜、家居日用等生活刚需类迎来报复性反弹,以中部和南部省份最为突出,广西、江西、四川、湖南、湖北等省份成交额同比增长超100%。

2)5G相关产品销量爆发。京东"618"首日5G手机销量环比去年双十一增长14倍。其中小米、vivo等国产品牌表现亮眼,5G电话卡等销量也随之走俏。

3)疫情让消费者更加关注健康防护。6月1日当天,健康服务品类成交额同比增长128%,其中体检套餐增长126%,营养保健品类增长135%,跨境进口保健品类增长210%。大众的健康消费需求会进一步释放,消费者更加关注疾病预防和养生等,线上问诊和有品质保障的医疗医护体验或更受追捧。

拼多多在大促第一周里以直播带货为主。爆品的诞生也更多是以超低价秒杀的形式呈现的。比如在6月6日晚某明星的直播,观看总人数超1600万,带货金额超1.4亿,2000个AirPods仅1秒就抢光,15辆长城汽车在30秒内便售罄。

快手的616品质购物节完全由快手发起并主导,是首个短视频直播平台打造的年中购物节,其活动时间为6月6日~18日。这是直播电商首次强势入局电商年中大促,标志着直播电商成为电商行业的重要力量。6月6日首场直播是某主持人的专场直播。在该主持人的直播间,美的空调、华为手机、SKG、周黑鸭、苏泊尔不粘锅等品牌好物以快手官方补贴后的优惠价格面向快手粉丝销售。6月7日,快手携手知名奢侈品平台寺库带来奢侈品专场。爱马仕、LV、Prada和劳力士等大牌奢侈品同样以快手专属补贴价落地快手直播间。

关注与思考:

1)为什么会出现"618"年中大促等网购狂欢节?哪些品类受消费者欢迎,为什么?

2)什么是网络消费?网络消费就是网络购物吗?

3)网络消费者与传统消费者有何区别?网络消费行为与传统消费行为又有何区别?

4)电商平台、企业网商大促成功的关键是什么?

项目 1　初识网络消费者行为

任务分析

通过观察分析、案例研讨、角色扮演、实战训练等方式初识网络消费者的行为，理解并掌握网络消费、网络消费者及其行为的内涵和特征，开展网络消费者行为研究。

任务 1　探寻网络消费

任务要点

关　键　词：网络购物，网络消费
理论要点：网络消费的含义，网络消费的发展历程及特征，网络消费工具
实践要点：能联系网络购物行为分析网络消费的表现

观察导入

社交电商、直播电商成为网络消费增长新动能

第 45 次《中国互联网络发展状况统计报告》显示，截至 2020 年 3 月，我国网络购物用户规模达 7.10 亿，较 2018 年底增长 1.00 亿，占网民整体的 78.6%，如图 1-1 所示。手机网络购物用户规模达 7.07 亿，较 2018 年底增长 1.16 亿，占手机网民的 78.9%。

图 1-1　网络购物用户规模及使用率

2019 年，全国网上零售额达 10.63 亿，其中实物商品网上零售额达 8.52 亿元，占社会消费品零售总额的比重为 10.7%。网络消费通过模式创新、渠道下沉、跨境电商等方式不断释放动能，形成了多个消费增长亮点。

社交电商增长势头迅猛，已发展为网络消费的新生力量。直播电商不断拓展网络消费空间。截至 2020 年 3 月，电商直播用户规模达 2.65 亿，占网购用户的 37.2%，占直播用户的 47.3%。直播电商通过"内容种草"、实时互动的方式激活用户感性消费，提升购买转化

率和用户体验。

分析思考：什么是网络消费？当下的网络消费现象和行为有哪些？

任务实施

步骤一
在互联网上搜索"网络消费"

借助互联网，打开百度百科，搜索"网络购物"和"网络消费"，了解网络购物和网络消费的含义，如图1-2所示。

图1-2 百度百科

网络购物一般指网上购物，就是通过互联网检索商品信息，并通过电子订购单发出购物请求，厂商通过邮购的方式发货，或是通过快递公司送货上门。我国国内的网上购物，一般付款方式是款到发货（银行转账、在线汇款）、担保交易以及货到付款等。

网络消费是指人们以互联网络为工具来实现其自身需要的过程。

网上旅游预订、网上银行和网络购物等网络消费者行为每时每刻都在互联网上发生。从广义上说，网络消费包括所有网络消费形式的总和。零售商在互联网上通过文字、图像、动画、3D立体等多媒体方式为消费者呈现有关产品或服务的各种信息，消费者借助互联网选择所需的产品或服务，产生购买行为。因此从狭义上说，网络消费就是消费者通过互联网购买所需要的产品或享受所需要的服务的过程。网络消费也称为"网络购物"或"网上购物"等，本书主要从狭义的角度探讨网络消费者行为。

步骤二
了解网络消费的发展历程

纵观整个网络消费的发展历程，网络、信息通信技术的突破性进展为其提供了发展的可能性。网络消费从探索萌芽到延伸阶段共经历了五个历史时期，已经成为人们不可或缺的一种生活方式。

1）探索萌芽阶段。1979年迈克尔·奥德里奇创造了通过电话网

了解网络消费的发展历程

络进行商品交易的流程，提出了电子商务的最初设想。1981年英国的旅游服务商汤姆逊假日第一次应用B2B电子技术帮助用户预订旅行和支付，成为英国第一个B2B购物网站。1982年法国电信公司在全国范围内推出了公共信息网终端Minitel——它被认为是世界上最成功的前万维网在线服务。Minitel用于网上订购，包括订购商品、预订火车票等。1984年盖茨黑德的SIS/Tesco是英国第一个B2C购物网站，一位72岁的老太太通过该平台首次购物。1990年Tim Berners-Lee爵士使用NeXT计算机编写了第一个Web浏览器，自此人们的生活面貌开始发生重大变化。

2）初步发展阶段。万维网在Internet上首次露面，立即引起轰动并获得了极大的成功，被广泛推广应用，自此万维网开始进入商用阶段。1994年必胜客在其网页上提供了在线订购服务。同年，第一家网上银行出现，并尝试提供鲜花配送和在线订阅杂志服务。1994年年底，Netscape 1.0推出SSL加密技术确保网上交易安全，使网络支付成为可能。德国推出了第一个网上购物系统Intershop，为商家提供在线销售解决方案。可见，1994年对于网络购物而言是极具纪念意义的一年。

3）走向成熟阶段。1995年，亚马逊和易贝（eBay）购物网站上线；戴尔和思科也使用互联网进行了商业交易；1999年，阿里巴巴集团在中国成立，成为我国网络消费的重要代表。

4）新一轮资本整合阶段。2002年，易贝以15亿美元收购了贝宝；2003年亚马逊开始盈利，同年FaceMash网站出现，即后来的Facebook；2006年谷歌收购了YouTube；2007年Bussiness.com被R.R.当纳利收购；2008年第一个团购网站Groupon成立，并在5个月内实现了盈利；2009年亚马逊收购了网上鞋店Zappos.com。2010年，移动购物、社交网络、网络团购等新模式不断促进着网络消费规模的进一步扩大；2011年，亚马逊收购了Quidsi.com，易贝收购了GSI Commerce。

5）延伸阶段。网络团购、O2O等新型网络消费模式不断涌现。

在我国，1996～2002年是网络消费的萌芽时期，8848和易趣成为最早的探路者。受互联网泡沫影响，网络消费市场曾进入低迷期，8848在泡沫中夭折。

2003～2005年是我国网络消费的觉醒阶段，C2C领域的"航母"——淘宝网上线。在这一阶段，伴随着网上交易信用体制的逐步完善、网上安全支付系统的逐步普及以及线下物流配送网络的逐步扩大，网络消费者的购物习惯逐步养成，我国网络消费市场开始呈现蓬勃、健康的成长态势。

2006～2007年，我国网络消费进入迅速拓展时期，淘宝网成为亚洲最大的购物网站，注册消费者超过3 000万，几乎覆盖了我国绝大多数的网络消费人群。2006年，腾讯创办的拍拍网正式运营，正式进入C2C领域。此时，很多人都有了网上购物的体验，整个电子商务环境中的交易可信度、物流配送和支付等方面的瓶颈也正被逐步打破。在这一阶段，物流企业进入了一轮重组转型、整合并购、战略联盟和深化服务的良性循环中。另外，以支付宝、财付通、快钱为代表的第三方网络支付平台日趋成熟，为网络消费解决了支付的信用问题，使得在线支付更加顺畅。伴随着我国中小企业由"制造"转向"创造"，B2C也开始普遍被看好。2007年，卓越网更名为"卓越亚马逊"。2008年淘宝推出"淘宝商城"，正式进入B2C领域。在这一时期，"上网买东西"不再只是少数人脑海中的观念或偶尔的尝鲜之举，而是逐渐融入大城市网民的日常生活当中，并重构了他们的生活。网络消费的迅速发展使得用户主导消费的时代来临。

2008～2009年，我国网络消费市场进入了整合发展时期。2008年，金融危机席卷全球，经济的不景气让人们更多地选择在网上购买相对便宜的物品，网络购物以其便宜、丰富、方便的特性，更深层次地融入现代人的消费习惯，成为不可或缺的购物选择。这一时期，金融危机客观上促进了网络消费的发展，企业大规模进驻C2C或自建B2C平台。对于消费者而言，随着网购观念的普及，网络消费成为一种消费习惯，并演变成一种网络生活方式。

2010年至今是我国网络消费逐步走向成熟的时期。B2C成为最具有竞争力的主流网购模式。2010年，国内首家团购网站"满座网"上线。同年，美团、窝窝团、拉手、聚划算在一个月内相继上线，拉开了团购市场"百团大战"的序幕。2013年1月，中国权威移动互联网第三方数据挖掘和整合营销机构艾媒咨询（iiMedia Research）发布了《2012年度中国O2O市场研究报告》。报告以2012中国O2O整体行业研究为出发点和着重点，选取团购作为中国O2O发展典型。艾媒咨询（iiMedia Research）数据显示，2012年O2O市场规模达到986.8亿，环比增长75.5%。

2013年，社会化因素诱发消费动机，社会化购买已经发展为消费者网络购物的一种消费模式。在社会化导购网站中，微博的使用人群所占比例最大，其次是专业导购网站。2014年，跨境B2C业务在天猫、京东、苏宁等各大网络零售平台上线，海外购物在中国市场迅速崛起。2015年，微商的崛起促进了社交网购的发展。2016年被称为网络直播元年，到2017年年底，观看网络直播的用户数量已经超过了4亿。2019年，随着资本市场对于网络直播行业的投资力度逐渐降低，传统网络直播平台优胜劣汰的趋势更加明显。电商直播的兴起为行业整体用户规模增长注入了新的活力，丰富了网络直播行业的内容与变现方式。阿里巴巴、京东、拼多多等电商平台陆续涉足该领域，将实体商品交易与互动直播形式进行融合，提升了用户消费体验与黏性。

可见，网络消费已完成了从概念到实体的演变过程，从一个观念变为影响亿万消费者日常生活的社会现实。

步骤三
分析网络消费的特征

网络消费不同于传统消费，具有其自身的新经济特征。网络消费与传统消费的根本区别在于：网络消费的主体即网络消费者能够以一种全新的方式在虚拟环境中自由地选择、购买自己所需要的信息、产品及其他服务，不再受制于市场空间、时间等外部因素。

1. 网络消费的无边际性

网络消费与传统消费在交易空间和购买环境上大不相同。网络消费通常是在互联网技术所构成的虚拟购物空间或互联网网页中进行的，消费者的购物行为不再被空间所限制。通过在线方式，消费者可以在其他国家和地区，甚至传统意义上都不存在的商店进行购物。网络消费是一种没有边界限制的购物行为。另外，网络消费不再被时间所限制，网络商店24小时营业的全时域特征为人们提供了更为自由的消费空间。

2. 网络消费的个体性

消费者借助互联网可以"随心所欲"地进行消费活动，这是网络交往的高度随意性与隐匿性决定的。从一定意义上说，网络消费使人们变得更自由、更富有个性和智慧。有关专家认为，网络经济将表现出"有区别的生产"和"有个性的消费"的新经济特征，个人化、个体化和个人市场这些观念逐步深入人心。当然，对网民而言，能够不被强迫而自由自在地消费，是一件相当愉悦和幸福的事，并且能促使其提高信息消费能力。

3. 网络消费的直接性

数字化网络所产生的知识经济合力，缩短了生产和消费之间的距离，省去了各种中间环节，使网上消费变得更加直接，更容易使买卖双方在一种近乎面对面的、休闲的气氛中达成交换目的。

4. 网络消费的便捷性

网上交易最诱人的地方就是网络消费的便利和快捷，这是每个网络消费者共同体会的。消费者只需要到相应的网站上进行选购，再单击鼠标进行简单操作，就可以达成交易了，还能根据需要享受送货上门的服务。

步骤四
创新网络沟通与消费方式

在人类历史上，每一次划时代的重大技术进步都会带来生活工具的质的飞越，并将其转化为消费方式的演进。由互联网所引发的工具革命，基本消除了跨时空沟通的"时滞"障碍，引起人们沟通方式的变化，从而将人们的消费形态推进到网络消费的新阶段。

互联网所提供的最基本的工具就是"在线沟通"，直接导致人们沟通方式的革命，产生了一系列与传统方式大相径庭的网络沟通方式和消费方式。

1. 在线互动

商家通过互联网可以与消费者进行在线互动，主要通过即时通信、电子邮件、虚拟社区、电子报刊等形式。

即时通信（IM）是指能够即时发送和接收互联网消息等的业务。自1998年面世以来，即时通信的功能日益丰富，逐渐集成了电子邮件、博客、音乐、电视、游戏和搜索等多种功能。即时通信不再是一个单纯的聊天工具，它已经发展成集交流、资讯、娱乐、搜索、电子商务、办公协作和企业客户服务等为一体的综合化信息平台。随着移动互联网的发展，互联网即时通信也在向移动化扩张。微软、AOL、Yahoo、UcSTAR等即时通信提供商都通过手机接入互联网即时通信的业务，用户可以通过手机与其他已经安装了相应客户端软件的手机或计算机收发消息。即时通信为商家和消费者建立了及时沟通的桥梁，使得网络消费更便捷。

知识拓展 1-1

即时通信工具：微信

微信（WeChat）是腾讯公司于2011年1月21日推出的一个为智能终端提供即时通讯服务的免费应用程序。微信支持跨通信运营商、跨操作系统平台通过网络快速发送免费（需消耗少量网络流量）语音短信、视频、图片和文字，同时也可以使用通过共享流媒体内容的资料和基于位置的社交插件"摇一摇""漂流瓶""朋友圈""公众平台"等服务插件。自 2018 年 4 月 1 日起,支付宝、微信静态条码支付每天限额 500 元。2019 年 10 月,微信上线"通过手机号转账"功能,他人无需加好友,即可远程转账至微信零钱。2020 年 6 月 3 日,微信正式上线了微信支付功能。

电子邮件是一种用电子手段提供信息交换的通信方式,是互联网应用最广的服务。通过网络的电子邮件系统,用户可以以非常低廉的价格(不管发送到哪里,都只需负担网费)、非常快速的方式(几秒钟之内可以发送到世界上任何指定的目的地),与世界上任何一个地方的网络用户联系。电子邮件可以包含文字、图像、声音等多种形式。同时,用户可以得到大量免费的新闻、专题邮件,并轻松实现信息搜索。电子邮件的存在极大地方便了商家与消费者之间的沟通与交流,促进了网络消费市场的发展。

虚拟社区又称在线社区(Online Community)或电子社区(Electronic Community),作为社区在虚拟世界中的对应物,虚拟社区为有着相同爱好、经历或专业相近、业务相关的网络用户提供了一个聚会的场所,方便他们相互交流和分享经验。从营销的角度,可以把虚拟社区粗略地理解为在网上围绕着一个大家共同感兴趣的话题相互交流的人群,这些人对社区有认同感并在参加社区活动时有一定的感情投入。

电子报刊是指运用各类文字、绘画、图形、图像处理软件,参照电子出版物的有关标准,创作的电子报或电子刊物,它是将信息以数字形式存贮在光、磁等存贮介质上,并可通过计算机本地或远程读取使用的连续出版物。以互联网为代表的电子娱乐媒体已成为继报纸、电台和电视三大传统媒体之后的第四大媒体,它在集中传统媒体所有优点的同时,还表现出独特的优势,如交互性和实时性强、个性化高、信息量大等。

知识拓展 1-2

虚拟社区的独特属性

超时空性:虚拟社区的交往具有超时空性。通过网络,人们之间的交流不受地域的限制,可以和世界上任何地方的人(也具备相应硬件条件)畅所欲言。其便利性是电话所不能达到的。

符号性:人际互动具有匿名性和彻底的符号性。在虚拟社区里,网民以 ID 标识自己。ID 依个人的爱好随意而定。例如"硬盘"可能是计算机硬件爱好者,"红叶飘飘"可能是一个有品位的人。同时,由于互相不能看到对方的"庐山真面目"。所以传统的性别、年龄、相貌等在虚拟社区里可以随意更改。

群体流动性:人际关系较为松散,社区群体流动频繁。社区的活力主要靠"人气"和点击率,能否吸引群体主要是看社区的主题是否适合大众口味。例如,在交大 BBS 上,一般"二手市场""勤工助学""鹊桥版""电影""游戏"比较火爆,因为这些符合大学生希望交友和经济有限的特点。相比之下"数据库""数学"等技术版的点击率较少。

灌水:自由、平等、民主和共享是虚拟社区的基本准则。这个特点其实和人际互动具有匿名性有关。在这里,传统的上下级被"斑竹"代替,只要不违反论坛条例,什么都可以说,俗成"灌水"。要想成为虚拟社区的一员"门槛很低",一般情况下,要使用社区提供的各项功能服务必须在线注册。注册人必须如实填写相关信息，取一个账号名并设定密码。注册成功便成为社区的合法居民，社区居民拥有唯一的账号，这个账号就是在虚拟社区中的通行证，是社区居民相互辨别的唯一标志。在社区中"生活"，居民必须遵守社区的各项规章制度和行为准则，否则将被社区管理员开除或者被封 post 权。

虚拟性：虚拟社区区别于以往社区的最大特点是虚拟性。虚拟社区是虚拟性和社会性的结合。同一虚拟社区的人们可能从未谋面，通过网络彼此交流、沟通、分享信息与知识，形成了个人社区关系网络，最终形成共同的社区意识和社区文化。

2. 网上商城

网上商城类似于现实世界中的商店，差别是利用电子商务的各种手段达成从买到卖的过程的虚拟商店。它们减少了中间环节，消除了运输成本和中间的差价，为普通消费和加大市场流通带来巨大的发展空间。目前，电子商务在应用中主要有以下几种模式：B2B、B2C、C2C、O2O、G2C、G2B、B2B2C、O2P、P2P、BOB、B2Q 等。

（1）B2B（Business To Business，商家对商家）

B2B 典型代表有阿里巴巴、中国制造网、慧聪网等，主要从事批发业务。

（2）B2C（Business To Customer，商家对顾客销售）

B2C 典型代表有当当网、京东商城、淘宝商城、卓越亚马逊等。B2C 又分为 3 种，一种是实体企业转网上商城，例如库巴网；一种是实体市场转网上商城，例如蚕丝网城；一种是原有电子商务公司建设的网上商城，例如京东商城、中华网库商城系统等。

（3）C2C（Customer To Customer，客户对客户）

C2C 典型代表有淘宝、易趣、拍拍等。

（4）O2O（Online To Offline，线上线下相结合）

O2O 模式又称离线商务模式，是指线上营销、线上购买或预订（预约）带动线下经营和线下消费。O2O 通过打折、提供信息、服务预订等方式把线下商店的消息推送给互联网用户，从而将他们转换为自己的线下客户，这就特别适合必须到店消费的商品和服务，比如餐饮、健身、看电影和演出、美容美发等。O2O 典型代表有象屿商城。

（5）G2C（Government To Citizen，政府与公众）

G2C 电子政务是指政府（Government）与公众（Citizen）之间的电子政务，是政府通过电子网络系统为公民提供各种服务。G2C 电子政务所包含的内容十分广泛，主要的应用包括公众信息服务、电子身份认证、电子税务、电子社会保障服务、电子民主管理、电子医疗服务、电子就业服务、电子教育、培训服务、电子交通管理等。G2C 电子政务的目的除了政府给公众提供方便、快捷、高质量的服务外，更重要的是可以开辟公众参政、议政的渠道，畅通公众的利益表达机制，建立政府与公众的良性互动平台。

（6）G2B（Government To Business，政府与企业）

政府通过电子网络系统进行电子采购与招标，精简管理业务流程，快捷迅速地为企业提供各种信息服务。在 G2B 模式中，政府主要通过电子化网络系统为企业提供公共服务。G2B 模式旨在打破各政府部门的界限，实现业务相关部门在资源共享的基础上迅速快捷地为企业提供各种信息服务、精简管理业务流程、简化审批手续、提高办事效率、减轻企业负担，为企业的生存和发展提供良好的环境。

（7）B2B2C（Business To Business To Customer）

B2B2C是一种电子商务类型的网络购物商业模式，B是Business的简称，C是Customer的简称。第一个Business，并不仅仅局限于品牌供应商、影视制作公司和图书出版商，任何的商品供应商或服务供应商都可以成为第一个Business；第二个B是B2B2C模式的电子商务企业，通过统一的经营管理对商品和服务、消费者终端同时进行整合，是广大供应商和消费者之间的桥梁，为供应商和消费者提供优质的服务，是互联网电子商务服务供应商。C表示消费者，在第二个B构建的统一电子商务平台购物的消费者。B2B2C的典型代表有汇诚网（又名"汇城网"）。

（8）O2P（Online To Place，本地化线上线下）

O2P是2013年出现的一种电商模式，针对大型家电或者汽车等大件商品不便运输的特点，由电动车业界精英提出的线上商城，本地化配送的新模式，例如道易行商城（又名"道易行专业电动车商城"）。

（9）P2P（Peer To Peer，互联网金融点对点借贷）

P2P泛指互联网金融，借助互联网、移动互联网技术的网络信贷平台，开展相关理财行为和金融服务。P2P网络借款、网贷又称点对点网络借款，是一种将小额资金聚集起来借贷给有资金需求人群的一种民间小额借贷模式。

> **知识拓展 1-3**
>
> **P2P 的起源**
>
> P2P是英国的Zopa基于21世纪计算机网络技术的快速发展而提出的新模式，网络的高效化使传统的借贷模式可以从N21（运用网络做直销）、12N（企业网上申请贷款）的两步走模式，直接跨越到N2N（个人对个人放款）模式，省去了中间银行，这也是Zopa所宣称的"摒弃银行，每个人都有更好的交易"的来源，P2P网络借贷充分发展的结果是把银行从借贷业务链中挤出去。P2P网络借贷的N2N模式可以兼顾银行和民间借贷的双重优势。

（10）BOB（Business Operator Business，供应方与采购方之间通过运营者达成产品或服务交易）

BOB的核心目的是帮助那些有品牌意识的中小企业或者渠道商们能够有机会打造自己的品牌，实现自身的转型和升级。BOB模式是品众网络科技推行的一种全新的电商模式，它打破过往电子商务的固有模式，提倡将电子商务平台化向电子商务运营化转型，不同于以往的C2C、B2B、B2C、BAB等商业模式，将电子商务以及品牌运营、店铺运营、移动运营、数据运营、渠道运营五大运营功能板块升级和落地。

（11）B2Q（企业网购引入质量控制）

交易双方在网上先签意向交易合同，签单后根据买方需要可引进公正的第三方（验货、验厂、设备调试工程师）进行商品品质检验及售后服务。

知识拓展 1-4

我国 P2P 的发展

在我国，最早的 P2P 网贷平台成立于 2006 年。在其后的几年间，国内的网贷平台很少，鲜有创业人士涉足。直到 2010 年，网贷平台才被许多创业人士看中，开始陆续出现了一些试水者。2011 年，网贷平台进入快速发展期，一批网贷平台踊跃上线。2012 年，我国网贷平台进入了爆发期，网贷平台如雨后春笋般成立，已达到 2 000 余家，比较活跃的有几百家。据不完全统计，仅 2012 年，国内含线下放贷的网贷平台全年交易额已超百亿。进入 2013 年，网贷平台更是蓬勃发展，以每天 1~2 家上线的速度快速增长，平台数量大幅度增长所带来的资金供需失衡等现象开始逐步显现。国内的 P2P 平台正处于初步发展阶段，并无明确立法，国内小额信贷主要靠"中国小额信贷联盟"主持工作。可参考的合法性依据主要是"全国互联网贷款纠纷"第一案，结果阿里小贷胜出。随着网络的发展，社会的进步，此种金融服务的正规性与合法性会逐步加强，在有效的监管下发挥网络技术优势，实现普惠金融的理想。

2015 年 2 月 10 日，民生银行正式上线了"网络交易平台资金托管系统"，这是为 P2P 平台搭建的首个银行资金托管平台。2016 年 8 月，银监会向各家银行下发了《网络借贷资金存管业务指引（征求意见稿）》。2018 年，银监会正式将 P2P 纳入监管范围。经过两年的强监管，2020 年 3 月全国实际运营的 P2P 网贷机构仅剩 139 家，最后在 11 月中旬完全清零。

2020 年 12 月 8 日，在新加坡金融科技节上，银保监会主席郭树清在提及 P2P 等问题时表示："中国金融科技应用整体上在法律规范和风险监管等方面是'摸着石头过河'，遇到过不少问题，也积累了一些经验教训。面对金融科技的持续快速发展，我们将坚持既鼓励创新又守牢底线的积极审慎态度，切实解决好面临的新问题新挑战。"

3. 电子货币

电子货币（Electronic Money）是指用一定金额的现金或存款从发行者处兑换并获得代表相同金额的数据，通过使用某些电子化方法将该数据直接转移给支付对象，从而能够清偿债务。电子货币从发展的角度看可以分为两个阶段：信用卡阶段和数字货币阶段。前者是基于银行的电子货币，后者是基于网络的电子货币。

对于电子货币是否构成货币的问题在学术界尚有争论。一些法律学者认为在经济学界对货币的概念尚无定论的前提下，将电子货币是否构成一种新型货币的论证任务交给法学家是不现实的。

一般认为，对电子货币是否构成货币的一种，应当视具体情况个案处理。对于信用卡、储值卡类的初级电子货币，只能视为查询和转移银行存款的电子工具或者是对现存货币进行支付的电子化工具，并不能真正构成货币的一种。而类似计算机现金的现金模拟型电子货币，则是初步具备了流通货币的特征。

触类旁通

中国内地第一笔 Internet 电子交易

1998年3月18日在北京友谊宾馆,世纪互联通信技术有限公司向首都各新闻单位的记者宣布:中国内地第一笔 Internet 电子交易成功。为本次交易提供网上银行服务的是中国银行,网上商家是世纪互联通信技术有限公司。

中国内地第一笔 Internet 电子交易的时间是1998年3月18日下午3点30分,第一位网上交易的支付者是浙江电视台播送中心的王轲平先生;第一笔费用的支付手段是中国银行长城卡;第一笔支付费用是100元;第一笔认购物品是世纪互联通信技术有限公司的100元上网机时。中国银行开展网上银行服务的最早时间是1996年。1997年底,王轲平先生发现了这个站点,并填写了申请书。在接到王轲平先生的申请后,世纪互联通信技术有限公司开始着手进行这次交易的内容,实质性的时间大约为15天。王轲平先生成为第一个在中国 Internet 上进行电子交易的人。这次交易也是国内企业与消费者在网上的"第一次亲密接触"。

讨论:案例中所提及的消费是属于哪种电子商务模式?

任务2 寻找网络消费者行为

任务要点

关　键　词:网络消费者,网络消费者行为
理论要点:网络消费者的含义,网络消费者的类型,网络消费者的行为及其特征
实践要点:能区别不同类型的网络消费者,分析其网络消费行为

观察导入

苏宁的反攻之年

1999～2007年,苏宁修炼内功、沉淀8年,在2008年向国美电器发起反攻,2009年实现超越,2010～2011年进入全盛。2011年是苏宁电器历史上业绩最好的一年。这一年,苏宁电器实现了939亿元营收、64.4亿元营业利润与48.2亿元净利润的优异成绩。在2011年业绩达到巅峰之后,苏宁敏锐地捕捉到以阿里巴巴与京东为代表的网上零售开始蓬勃发展,对传统线下零售造成巨大冲击,苏宁必须投入到一场全新的、更加艰苦卓绝的战斗。

2009～2011年,苏宁花了3年的时间在互联网转型上进行了初步探索。随着对互联网理解的加深,除了传统电商和传统线下实体,其实还有一条更广阔的蓝海正在开启,那就是线上线下完美融合的O2O模式。相对于O2O模式,纯电商模式只是一种特殊时期内的过渡模式。

2012年9月25日,苏宁以6 600万美元的价格全资收购母婴B2C电商企业红孩子,正

式将商品从家电与3C领域向全品类经营扩展。为配合这次互联网转型，2013年2月19日，上市公司苏宁电器发布公告，宣布将公司名称变更为"苏宁云商"，以更好地与新的商业模式相适应。2013年6月3日，苏宁宣布从6月8日起，全国所有苏宁门店销售的所有商品都将与苏宁易购线上实现同品同价。

2013～2017年，苏宁在文创、体育、金融、物流与投资等领域动作频频。2017年，苏宁终于实现了互联网转型以来从量变到质变的重要跨越。苏宁集团旗下已经形成苏宁易购、苏宁物流、苏宁金融、苏宁科技、苏宁置业、苏宁文创、苏宁体育与苏宁投资八大产业板块，这八大产业本质上都是围绕苏宁零售生态圈的业务布局，各产业之间相互协同，其目的都是为了丰富商品种类、增强用户黏性、提升品牌曝光与用户流量，最终加深零售主业的护城河。

2018年，苏宁再一次向传统互联网巨头发起反攻，打响互联网零售的下半场战役。

分析思考：从线下到线上线下完美融合的O2O模式，苏宁的消费对象有着怎样的变化？

任务实施

步骤一
看看身边的网络消费者

2020年4月，中国互联网络信息中心发布了第45次《中国互联网络发展状况统计报告》。报告显示，截至2020年3月，我国网络购物用户规模达7.10亿，较2018年底增长1.00亿，占网民整体的78.6%。由此可见，网络消费者不同于网民。中国互联网络信息中心认为，网民必须是平均每周使用互联网至少1h；WIP（全球互联网研究计划）认为，网民必须是"现在使用互联网"的人。但无论哪一种定义，网民的概念都比网络消费者的概念宽泛得多。网络消费者一定是网民，但网民不一定是网络消费者。因此，结合对网络消费的理解，网络消费者是指通过互联网在电子商务市场中进行消费和购物等活动的人群。

步骤二
知晓网络消费者的类型

借助互联网进行网络购物的消费者可以分为简单型、冲浪型、接入型、议价型、定期型和运动型6种类型。

1. 简单型

简单型的消费者需要的是方便直接的网上购物。他们每月只花7h上网，但他们进行的网上交易却占了一半。时间对他们来说十分宝贵，上网的目的就是快捷地购物，购物前他们有明确的购物清单。零售商们必须为这一类型的人提供真正的便利，让他们觉得在网站上购买商品将会节约更多时间。要满足这类人的需求，首先要保证订货、付款系统的安全、方便，最好设有购买建议的界面，如设置一个解决各类礼物选择问题的网上互动服务，为消费者出主意，至少也要提供一个易于搜索的产品数据库，便于他们购买。此外，网页的设计力求精简,避免过多的图像影响传输速度。另外提供一个易于搜索的产品数据库是保持顾客忠诚的重要手段。

2. 冲浪型

冲浪型的消费者占常用网民的8%,他们在网上花费的时间却占了32%,并且他们访问的网页是其他网民的4倍。很多冲浪型消费者在网上漫步仅仅是为了寻找乐趣。冲浪型消费者对常更新、具有创新设计特征的网站很感兴趣。网络中包罗万象,可以玩游戏、竞赛、看有趣的个人网页,听音乐、看电影,了解烹饪、健身、美容等相关内容。正是因为这类冲浪型消费者的存在,才使网站投其目标用户所好成为可能。

3. 接入型

接入型的消费者是刚刚接触网络的新手,他们很少购物,但喜欢在网上聊天。那些有着著名传统品牌的公司应对这群人保持足够重视,因为网络新手们更愿意相信生活中他们所熟悉的品牌。另外,这些消费者的上网经验不是很丰富,一般对于网页中的简介、常见问题的解答、名词解释、站点结构之类的链接会更加感兴趣。

4. 议价型

议价型的消费者占网络消费者的8%,他们趋向购买便宜商品,易贝网站一半以上的消费者都属于这一类型,他们喜欢讨价还价,并有强烈的愿望在交易中"获胜"。在网站上打出"大减价""清仓处理""限时抢购"之类的字眼能够很容易吸引到这类消费者。

5. 定期型和运动型

这两种类型的消费者通常是被网站的内容吸引。定期型网民常常访问新闻和商务网站,而运动型网民喜欢运动和娱乐网站。目前,网络零售商面临的挑战是如何吸引更多的网民,并努力将网站访问者变为消费者。对于这两种类型的消费者,网站必须保证自己的站点包含他们所需要的和感兴趣的信息,否则他们会很快跳过这个网站而转到下一个网站。

网络营销者要想吸引顾客、保持竞争力,就必须对本地区、本国乃至全世界的网络用户情况进行分析,了解他们的特点,制定相应的对策。

步骤三

认知电子商务模式下的消费者行为

消费行为是人类最普遍的行为之一,很多学者在综合研究的基础上对消费者行为的规律进行了总结。国内某学者认为:消费者行为是指消费者为了满足其需求和欲望而进行产品与服务的选择、采购、使用与处置,因而所发生的内心里、情绪上以及实体上的活动。

电子商务建立在先进的网络技术平台上,它的活动空间不再是传统的有形实体店面,而是虚拟的网络空间,信息传达的媒介也不是实物本身,而是虚拟空间中的文字、图片、动画等信息。这种交易空间和信息传达媒介的巨大变化使得网络消费者行为与传统消费者行为之间存在一定的差异。大多数网络营销者认识到网络消费者行为是一个持续的过程,而不仅仅是消费者掏出金钱、信用卡买到产品或者服务那一刻所发生的事情。这个过程应该涉及消费者购买前、购买中、购买后的一系列行为活动。消费者掌握网络信息是其进行网络消

项目 1　初识网络消费者行为

费的重要任务之一。网络消费者在网上交易可以描述为借助网络浏览、搜索相关商品信息，从而为购买决策提供所需的必要信息，并实践决策和购买行为。可见，消费者对网络信息的认知主要通过浏览、搜索和寻找来完成。

知识拓展 1-5

消费者对信息空间的认知活动

消费者对信息空间的认知活动包括三种方式：浏览、搜索和寻找。

浏览指通过其 URL 检索资源。如果资源是包含指向其他资源链接的网页，则浏览网页的同时将查找已链接资源的 URL。网民浏览网页有时是非正式和机会性的，没有特定的目的，较大程度地依赖信息环境。

搜索是指在一个既定的概念领域内找到新信息。网民借助网络查找信息一般通过搜索引擎来实现。搜索引擎是一个为用户提供信息"检索"服务的网站，它使用某些程序把网上的所有信息归类以帮助人们搜寻到所需要的信息，它包括信息搜集、信息整理和用户查询三个部分。目前常用的网络搜索引擎有百度、Google、搜狐、雅虎、必应等。

寻找是指在大信息量的信息集里寻找特定项目并定位信息的最有效的方式。

在网上交易的过程中，消费者认知活动的三种方式不是孤立的，而是交替互动的，他们的认知活动或意图会在其信息活动过程中逐渐变化而渐趋明晰。不同消费者在活动的目的性、达到目的的效率、要求的认知负荷、对信息空间标志、形成信息空间概貌和活动策略等认知维度方面存在差异。

步骤四

寻找网络环境下消费者行为的新特点

网络环境下的各类搜索引擎让"e 人类"无须走出家门就可做到"货比三家"。他们经常大范围地进行选择和比较，以求所购买的商品价格最低、质量最好、最有个性，使商家欲通过不法手段获利的概率几乎为零。若市场上的产品不能满足其需求，他们会主动向厂商表达自己的想法，参与到企业的新产品开发等活动中，与传统消费者被动地接受产品形成鲜明对照。消费者通过网络来满足其个性化需求，这种行为使企业能够明确其真正的目标市场，即主动上网搜寻信息的人。这使企业的行为更有针对性，从而避免了传统促销中把大众作为其目标市场所导致的损失。

网络环境下的最大特征是买方市场，互联网强大的通信能力和网络商贸系统便利的交易环境改变了消费者的消费行为，企业营销也必须跟上时代发展的步伐。所以明确网络环境下消费者行为的变化，做好消费者行为特征的分析是企业采取相应措施的前提。

1. 选择范围扩大

在传统购物模式下，消费者在特定的有限空间内（如一个国家、一个城市、一家商场）选择有限的商品。而在网络环境下，由于互联网具有无限的信息存储空间，消费者选择商品的空间得到了提升。对于消费个体来说可以"货比多家"，坐在计算机前，全世界的商品、店铺都集中在眼前，消费者可以不受干扰地、大范围地甚至全球性地挑选自己认为性价比高

15

的产品或服务,而不会因为信息缺乏、地域限制、商家极力劝服等因素而被迫选择自己并不满意的商品。

2. 消费主动性增强

在传统的营销环境下,消费者所选择的产品或服务都是商家精心设计好的。在网络购物中,消费者可以打破这种规矩,主动参与到产品的生产和流通过程中去。在电子商务模式下,消费者和生产者直接构成了商业的流通循环,消费者经常作为营销过程中一个积极主动的因素去参与企业产品的生产经营过程,与企业形成双向互动。在这一过程中,消费者将充分发挥自己的想象力和创造力,积极主动地参与商品设计、制作和加工,通过创造性消费来展示自己独特的个性,体现自身价值。这样,厂家生产出来的产品不仅能够满足消费者物质方面的需求,还能满足他们在心理、情趣、审美乃至自我实现方面的需求。简单而言,消费者可以轻松定制产品,选择付款方式、物流方式,产品可以组合或者拆单购买等。如 IBM 的"Alpha works"就是让消费者直接参与 IBM 的产品设计,生产消费者需要的特定产品。

3. 追求购买的方便和购物乐趣

随着人们的生活节奏加快,消费者会对购物的方便性有越来越高的要求,他们追求时间和劳动成本的尽量节省,希望购物能用较少的时间获得更高的价值,希望少一点麻烦多一些选择,特别是对需求和品牌选择都相对稳定的日常消费者,这一点尤为突出。在网络环境下,消费者不受时间和空间的限制,可以在任何时间、任何地点足不出户地选择和购买满足自己需要的商品和服务。随着技术的不断发展,社会基础设施的不断完善,消费者可以随时随地上网购物,例如通过个人无线终端、办公室 PC、家庭交互电视、路边的上网终端、公共场所的网络设施等,既方便又简单。相对于传统的店面购物模式,消费者的选择更加自由方便。此外,购物已经成为某些消费者的生活乐趣,这可以使他们保持与社会的联系,赢得尊重,减少内心孤独感。对这些人而言,购物是一种精神享受。

4. 追求个性化消费

长期以来,产品理念、企业理念、利润最大化理念相继引领市场,以至于产品工业化、标准化、单一化,使企业对于消费者的购买需求未给予足够重视,致使消费者的选择性大大降低。在网络环境下,消费者在购物过程中有效避免了环境的嘈杂。网络系统强大的信息处理能力使得消费者在选择产品时有了巨大的选择余地和范围,不受地域和其他条件的制约。消费者在购买活动中的理性大大增强,理性增强的结果是需求呈现出多样化的特点,消费的个性化随之呈现出来。当然,经济的不断发展、人们收入水平的提高也促进了消费的个性化。传统的零售业在面对着消费者个性化方面要付出较高的成本,而通过先进的网络技术,网络消费者的一举一动几乎都能被记录,可以使企业更好地了解目标客户,并且为消费者提供个性化的定制服务。所以网上的产品或服务的推销将日趋个性化,盲目的促销将会大大减少,独立、个性化消费成为消费的主流。

5. 关注网络的可靠性和安全性

网络购物中,由于消费者处在虚拟环境中,信息不对称表现得明显。

知识拓展 1-6

经济学中的信息不对称

信息不对称（Asymmetric Information）指交易中的各人拥有的信息不同。在社会政治、经济等活动中，一些成员拥有其他成员无法拥有的信息，由此造成信息的不对称。

在市场经济活动中，各类人员对有关信息的了解是有差异的；掌握信息比较充分的人员往往处于比较有利的地位，而信息贫乏的人员则处于比较不利的地位。不对称信息可能导致逆向选择（Adverse Selection）。一般而言，卖家比买家拥有更多关于交易物品的信息，但反例也可能存在。前者可见于二手车的买卖，卖主对卖出的车辆比买方了解。后者如医疗保险，买方通常拥有更多病情方面的信息。

消费者对产品和服务的了解仅能从商家提供的文字、图片、视频等信息中获得，缺乏实实在在的感官接触，这使得消费者对自己购买结果的判断增添了不确定性。在网络交易盛行之初，消费者会质疑网站的技术性和安全性，一般会选择大型的专业购物网站进行消费。但随着网络技术的不断发展，微商、直播带货等领域的兴起，消费者对网络技术的质疑逐渐降低，但对隐私的保护仍是其考察网站可靠性的重要方面。

6. 网络购物较隐秘

在传统商店购物时总要接触服务员，有时还会有旁边的顾客，消费者会感受到人群所带来的压力。但是网上购物时可以不接触人，为购买某些私密性较强商品的消费者或愿意自助的消费者提供了一个相对宽松的环境。随着网上商品信息的不断完善，消费者可以轻松获得商品信息而不需要其他人的服务。

7. 注重企业信誉和形象

企业的信誉和形象是企业重要的资本。在网络消费环境中，电子商务企业的形象和信誉是消费者用来判断行为结果的重要参考标准。由于网络的虚拟性，消费者对产品和服务缺乏直接的感知，因此他们更愿意选择信誉度高、口碑好、具有专业能力的购物网站，从而降低购买风险。

触类旁通

"双十一"十年背后的新消费浪潮

自2009年以来，"双十一"成为各大电商平台广告宣传的热点，也是名副其实的消费者购物狂欢节。2014年11月11日，阿里巴巴全天交易额达571亿元。2015年11月11日，天猫全天交易额达912.17亿元。2016年11月11日24时，天猫全天交易额超1 207亿元。2017年"双十一"天猫、淘宝总成交额达1 682亿元。2018年11月11日，天猫2分05秒成交额突破100亿元，1小时47分27秒成交额突破1 000亿元，全天交易总额为2 135亿元。2019年的"双十一"销售额达到了2 684亿。

2019年的"双十一"阿里究竟发生了哪些变化?

1．**新消费**："双十一"首秀,带来新的商业变革

新消费深刻重构了人、货、场,驱动了前所未有的商业数字化变革。这样的变革,发掘了商业新人口,创造了商业新供给,带来了商业新行为。

2．**新人群**:消费主力年轻化,驱使品牌走向年轻化

天猫、淘宝"双十一"的日活跃用户超过5亿,在这一大波新涌入的消费者中,"95"后、"00"后占据了很大比例。新一代消费者有新的消费观念,他们对品牌的选择也开始了新一轮"洗牌",这对品牌来说既是挑战也是机遇。

3．**新供给**:用户需求不断深化,对产品诉求增强

用户需求不断深化,对个性化产品、高消费体验的诉求日益增强。而"双十一"在驱动"新消费","新消费"又始于"新供给"。也就是说,只有提供更多更好的新商品和新品牌,才能满足消费者更多元化的需求。

4．**新场景**:新的互动和销售方式,带来更丰富的用户体验

直播、语音下单、AR试妆等丰富了消费者的购物体验,成为全新的增长点。相比传统销售方式,有趣高效的互动和销售方式更容易被消费者接受,吸引消费者参与其中。

新消费、新人群、新供给、新场景,这是2019年天猫"双十一"最显著的特征。

讨论:消费者参与"双十一"购物狂欢的原因是什么?如何理解案例中的"新消费"?面对消费主力军的变化,品牌想在新的战争中站稳脚跟,需要如何转变?

任务3 重视网络消费者行为分析

任务要点

关　键　词:网络消费者行为研究现状,网络消费者行为研究任务
理论要点:网络消费者行为研究的现状、任务及意义
实践要点:根据研究现状和研究任务,开展网络消费者行为研究

观察导入

唯品会中产女性用户画像:关注性价比,有品更悦己

2019年,唯品会联合艾瑞咨询、GQ实验室共同发布《中国中产女性消费报告》(以下简称《报告》),《报告》显示,全国有约7746万中产女性群体,约占整体女性人数的11.3%。一二线城市中产女性有48.2%集中在29岁以下,而三四线城市中产女性以30～39岁为主。关于消费时最关注的因素,46.6%的中产女性选择了"性价比",其次是品质和需求程度。

《报告》提出了当前各线城市中产女性消费的五大趋势:认知方面,中产女性对品牌和价格的敏感度最高;渠道方面,碎片化的信息获取是主要途径,且品牌特卖是中产女性接受

品牌认知教育的重要渠道；自我方面，女性自我意识觉醒，消费更自主、更悦己；阶层方面，中产女性的消费选择标准从"有用"到"有品"，阶层认同诉求强烈；精神方面，对健身、教育等"无形消费"的投入力度越来越大。

调研还发现了四个有趣现象。

第一，美容消费风靡，新需求养成。《报告》显示，特别是2018年美容仪作为在一二线城市率先火爆的单品，开始在下沉市场风靡。2018年购买用户数增长明显超过一二线城市，宁波市的销量增长超过3倍。

第二，服饰注重悦己，品质、舒适度、个性化正在成为服饰消费领域的关键词。2018年，羊绒衫产品单价出现了10%以上的涨幅。

第三，母婴偏好大牌。在母婴消费领域，一二线城市与低线城市的中产妈妈都一致选择高知名度品牌。唯品会母婴部类负责人表示："2018年对比2016年，三至六线城市的人均客单价增长明显高于一二线城市，且2018年六线城市用户在唯品会购买母婴品类的人均客单价已高于其他线城市。"

第四，家居更加讲究，软需求增多。在品质家居消费领域，西北、西南地区潜力十足，其中又以贵阳为典型代表。

分析思考：唯品会联合艾瑞咨询、GQ实验室进行的此次消费调研有何意义？

任务实施

步骤一
看看消费者行为的研究现状

网络消费者行为研究是网络经济环境下消费者行为理论在网上交易活动中的运用，因此消费者行为理论是网络消费者行为研究的理论基础。

20世纪以来，心理学家、营销学家不断致力于消费者心理和行为的研究，试图揭示隐藏在消费者行为背后的一般规律，其中消费者行为模式作为研究与分析消费者行为的基本架构而备受关注，Schiffmanetal将消费者行为研究的常用模式归纳为四类。

第一类：以消费者决策过程为基础的研究，这类研究包括Nicosia模型、Howard Sheth模型、E.K.B模型等。

第二类：以处理家庭决策为基础的研究，这类研究包括Sheth的家庭决策模型等。

第三类：以消费者信息处理过程为基础的研究，这类研究主要包括Bettman的信息处理过程模型。

第四类：以消费者价值观为基础的研究，这类研究主要包括Sheth-Newman-Gross模型。

在上述消费者行为模型中，以消费者决策过程为基础的研究模式较为常见。其中E.K.B模型由于将刺激消费者决策的过程理论化，并且结论具有一般性而得到广泛应用。目前在网络消费者行为研究中，E.K.B模型主要从输入、信息处理、决策过程、影响决策过程的因素四个方面展开对消费者行为的研究，是一个非常常见和实用性较强的分析工具。

知识拓展 1-7

消费者行为理论概况

消费者行为学（Consumer Behavior）是研究消费者在获取、使用、消费和处置产品和服务过程中所发生的心理活动特征和行为规律的科学。从营销学的角度，这门学科是为了提供对消费者行为的理解，因为"营销学是一门试图影响消费者行为的学科"。

消费者行为学是一门独立的、系统的应用科学。从 19 世纪末到 20 世纪 30 年代，有关消费者行为与心理研究的理论开始出现，并有了初步的发展。19 世纪末 20 世纪初，各主要资本主义国家尤其是美国，工业革命后的劳动生产率大幅度提高，生产能力开始超过市场需求，导致企业之间竞争加剧。在这种情况下，一些企业开始注重对消费者需求的刺激和商品推销，推销术和广告术在这个时候登上了企业的"竞技"舞台。与此同时，一些学者根据企业销售的需要，开始从理论上研究商品的需求与销售之间的关系，研究消费者行为与心理同企业销售之间的关系。最早从事这方面研究的是美国社会学家凡勃伦。他出版的《有闲阶级论》（1899 年）提出了广义的消费概念。他认为过度的消费是在一种希望炫耀的心理下被激发的。以他为代表的消费心理研究引起了心理学家和社会学家的兴趣，也受到了企业的密切关注。

1901 年，美国著名社会心理学家斯科特（W.D.Scott）首次提出在广告宣传上应用心理学理论。同时，美国心理学家盖尔的《广告心理学》问世，该书系统地论述了在商品广告中如何应用心理学原理增加宣传效果，引起消费者更大的兴趣。1980 年，美国社会学家发表了《社会心理学》，重点分析了个人和群体在社会生活中的心理与行为。1912 年，德国心理学家闵斯特伯格发表了《工业心理学》一书，阐述了在商品销售中，橱窗陈列和广告对消费者心理上的影响。科普兰（M.T.Copeland）于 1923 年提出的将消费物品分为便利品、选购品和专门品的分类方法建立在对三个方面的消费者行为的分析之上。

另外，在一些市场学、管理学的论著中也介绍了有关消费心理和行为的问题，比较有影响的是"行为主义"心理学之父约翰·华生的"刺激—反应理论"（即 S—R 理论）。不过，这一时期还是消费者行为与心理研究的初始阶段，研究的中心在促进产品销售，而非满足消费者的需求。另外，这种研究也仅限于理论层面，而没有应用到企业营销活动中来，因此，尚未引起社会大范围的重视。消费者行为学借鉴了很多门学科的研究成果。

E.B.K 模型又称恩格尔（Engel）模型，E.B.K 模型是由恩格尔（Engel）、科特拉（Kollat）和克莱布威尔（Blackwell）三个人于 1968 年提出，并于 1984 年修正而形成理论框架，是目前消费者行为中，较为完整而清晰的一个理论。其重点是从购买决策过程去分析。恩格尔模型认为，外界信息在有形和无形因素的作用下，输入中枢控制系统，即大脑发现、注意、理解、记忆刺激因素，并结合大脑存储的信息和经验、评价标准、态度、个性等进行过滤加工，通过信息处理程序，并在内心进行研究评估选择，对外部探索并选择评估，产生了决策方案。整个决策研究评估选择过程同样受到环境因素，如收入、文化、家庭、社会阶层等影响。最后产生购买过程，并对购买的商品进行消费体验，得出满意与否的结论。此结论通过反馈又进入了中枢控制系统，形成信息和经验，影响未来的购买行为。恩格尔模型如图 1-3 所示。

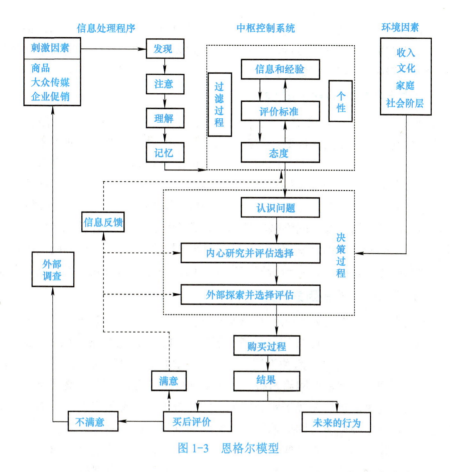

图 1-3 恩格尔模型

步骤二
了解消费者行为理论在网络消费者行为研究中的应用

网络消费的兴起使许多学者和企业都开始关注网络消费者行为的特点，他们的研究大多是在原有的消费者行为研究理论框架内展开。

1. 网络消费者决策过程研究

这类研究侧重于网络消费者决策过程，如苏柏全（Bo-chiuan Su，2002）对消费者网上购买意图进行了全面分析，识别了影响网络消费者购买意图的因素，并比较了这些因素对消费者线上、线下购买决策的不同影响，在此基础上建立了一个经济学模型，检验了价格、搜索成本、评价成本、获得时间和消费者风险态度对消费者购买决策的影响。汤普森等人（Tompson S.H.Teo，Yon Ding Yeong，2003）运用结构方程模型研究了新加坡网上购物环境中的消费者决策过程，指出目前对于消费者决策过程的研究依然聚焦于某一特殊阶段而非全面研究，他们则在 E.K.B 模型的基础上将研究聚焦于核心购买过程，即信息搜索、评估选择和购买三个阶段，实证地检验了影响这三个不同阶段的因素。提出搜索努力程度影响搜索的感知利益，知觉风险与消费者总体评价负相关，搜索的感知利益与消费者总体评价正相关，消费者总体评价与购买意愿正相关，这些结论为进一步研究网络消费者决策过程奠定了良好的基础。伍丽君（2001）则分析了在消费者购买决策的各个阶段中，线上和线下环境导致的影响因素的异同，在此基础上指出选择适合线上销售的产品和服务是企业网络销售成功的关键条件；同时应提高网络广告的质量，使其能够起到刺激消费的作用；物流配送和售后服务对消费者网络购买决策也有一定影响，应予以重视。

2. 针对网络消费者个体特点的研究

相关专家认为，从年龄角度讲，一般认为年轻人有更多的时间上网并拥有更多的网络知识，从性别角度讲，男性比女性更经常在网上购物，但另一些专家的研究则发现女性比男性更渴望使用计算机。桑德拉等人（Sandra，Forsythe，Bo Shi，2003）则在其研究中指出，传统网络使用者大多是一些受过良好教育、富有的人，但现在网络使用者的构成已发生了变化，拥有大学文凭的网络使用者已从43%降至29%，其构成中中产阶级占多数，其中40%为女性。他们的研究还指出有过网络购物经历的消费者更易从浏览者转化为购物者。苏柏全实证地检验了网上购物经历和满意程度与再次购物意图之间的关系，认为网上购物经历和满意程度与再次购物意图正相关。这一研究结果在多位相关专家的研究中都得到了证实。

3. 影响网络消费者行为的因素研究

不同的研究者从不同的切入点入手对影响网络消费者行为的因素进行了研究，其中的影响因素涉及网络消费者行为的方方面面。特丽等人（Terry L.childers，Christopher L.Carr，2001）按照享乐主义和实用主义两种不同动机，在TAM模型的基础上建立了一个消费者态度模型，检验了便利性等因素对网络消费者态度形成的重要预测作用。桑德拉等人发现很多消费者仅利用网络收集信息而在线下实施行为，并分析了这一现象出现的原因，提出了网上购物风险的本质以及各种风险与网上购物行为之间的联系，将与网上购物者有关的风险分为金融风险、产品风险、心理风险及便利（时间）损失风险，并在此基础上建立了一个用于解释风险与购物行为之间联系的模型。Ming-Huihuang运用结构性模型检验了网络信息的复杂性和新颖性对于消费者网上购物欲望的影响，得出结论——信息的新颖性对于成功改变消费者态度、传递信息内容和吸引消费者有积极作用，而信息的复杂性则可能减少潜在购物者的欲望，指出了在信息设计中坚持消费者导向的重要性。Satya Menon、Barbara Kahn（2002）则在Hoffman&Novak（1996）关于电子商务活动中虚拟购物环境对消费者购物行为的影响研究基础上，重点研究了在某一消费环境中的经历可能对消费者行为造成的影响，尤其是考虑在消费环境中让消费者感受到的愉快、鼓舞等经历对重复购买的重要性。Sevgin A.Eroglu等人（2001）研究购物氛围对消费者行为的影响，运用S-O-R（刺激-主体-反应）模型，指出网上购物氛围如何影响购物者的动机和认知，并最终改变其行为结果。C.Ranganatha、Shobha Ganapathy（2002）指出信息内容、设计、安全、隐私是四个影响网上购物的主要因素，并运用实证研究的方法指出安全和隐私对消费者购物内容有重要影响。Mary Wolfinbarger、Mary C.Gilly（2003）指出质量对网上零售商和消费者行为的影响。Soyeon Shim等人（2001）则在其研究中试图搞清楚通过网络查信息和通过网络购买这两者之间的关系，此外他们还检验了消费者态度和其他变量在预测网络搜索和购买意图之中的不同角色，并在发展Klein（1998）提出的预购模型的基础上得出了网络预购意图模型。Nena Lim（2003）则主要考察影响消费者接受B2C的一个重要因素：知觉风险，指出了知觉风险的重要性以及知觉风险与信任之间的关系。

4. 消费者态度与行为在线上与线下的差异研究

Rangaswamy（2000）通过比较得出了消费者在电子市场和传统市场选择上的差异，Degeratu、Rangaswamy（2000）等人则侧重于线上、线下消费者对价格敏感程度的研究；Degeratu（2000）指出了品牌的名称和质量对于网络消费者的影响大于线下；Venkatesh Shankar、Amy K.Smith、Arvind Rangaswamy（2002）对比了消费者满意度与忠诚在线上和线下环境中的异同；Yooncheong Cho（2002）则将研究视角聚焦于消费者抱怨行为对线上与线下消费者购后行为的不同影响；程华（2003）运用技术创新理论对美国线上零售业进行研究，认为美国零售业成功的原因在于采用了渐进式创新的模式。尤其值得一提的是，我国专家何明升（2002）运用理论分析、数学分析、实证分析等方法，对网络消费理论及其分析模型、网络消费形成与发展的微观机理、网络消费发展的规律等问题进行了全面的研究，提出了网络消费的四种测度方法，即支出法、系数法、结构法、指数法，特别是他对我国网络消费发展状况所进行的定量分析，对进一步研究我国网络消费者的消费行为奠定了良好的基础。

5. 网络购物的购买成本研究

消费者的网络购物会经过六个阶段：问题识别、信息搜集、备选方案评估、购买的费用、产品运输和购后评价。每个阶段都会给消费者带来一定的成本。这些成本包括产品价格、搜寻成本、运输成本、风险成本和市场成本。其中，市场成本是指消费者进行网络购物必须承担的费用，如购买计算机和上网的费用；风险成本是指网络购物所带来的潜在的经济损失和个人伤害，如产品质量不好或者信用卡号码被盗等。

Strader 和 Shaw（1997）的研究表明，网络渠道中，消费者购买产品的价格和搜寻成本比传统渠道低，运输成本、市场成本和风险成本都比传统渠道高。Malaga 对网络购物和传统购物的购买成本的比较研究涉及五类产品，结果显示：除了音乐产品的基本价格网上较低外，其余大部分产品的基本价格和总体价格都没有显著差异；搜寻信息所花费的时间差异也与产品种类有关，除了游戏和电子产品之外，其他产品的网上搜寻成本较低；风险成本网上较高。

徐秀叶等专家认为消费者在购买产品时除了要支付产品的零售价格之外，还有一部分隐性成本需要负担，包括时间机会成本、信息成本和交通成本。这些隐性成本在传统渠道中由于是以非付现的形式出现，所以往往被消费者忽略。但在网络渠道中，这些隐性成本要由消费者以付现的形式负担。

网络消费者行为的研究成果为开展我国网络消费者行为特点的研究奠定了良好的基础。以上述研究为基础，对影响我国网络消费者行为的因素进行分析，并在此基础上对我国网络消费者行为模式进行进一步的探讨，为我国网络消费实践提供理论依据。

步骤三

明确研究网络消费者行为的内容

网络消费者行为是指消费者借助互联网而实现对消费品或服务的购买、使用，以实现自身需要的行为过程，包括先于且决定这些行动的决策过程。网络消费者行为学的研究内容

必然围绕这些问题展开。本书将从以下几个方面展开阐述:
1) 获取网络市场信息。
2) 网络消费者购买决策过程研究。
3) 网络消费者行为的个体、群体特征研究。
4) 影响网络消费者行为的环境因素研究。
5) 网络消费安全及消费者权益保护问题研究。
6) 发展网络消费市场的策略研究。

步骤四
了解研究网络消费者行为的意义

1. 企业网络营销成功的前提

消费心理和消费行为是企业制定经营策略,特别是制定营销策略的起点和基础,面对网络消费这种新型而特殊的消费形式,消费者心理和行为与传统消费方式相比呈现出新的特点,如消费者追求个性化消费、主动消费,对购买方便性的要求增强,更加注重价值和信息等。对此,企业(包括生产企业和营销企业)必须进行深入调查和研究,认真审视消费者行为特征的变化,在制定企业的营销策略时分析产生这些新特征的原因,在营销策略、方式、手段上有所创新和突破,建立一套适合电子商务的网络营销机制将有利于电子商务企业的发展。

2. 为网络消费者权益保护和有关消费政策的制定提供依据

随着经济的发展和各种损害消费者权益的商业行为不断增多,消费者权益保护成为全社会关注的话题。消费者作为社会的一员,拥有自由选择产品与服务、获得安全的产品、获得正确的信息等一系列权利。消费者的这些权利,也是构成市场经济的基础。政府有责任和义务来禁止欺诈、垄断、不守信用等损害消费者权益的行为发生,也有责任通过宣传、教育等手段提高消费者自我保护的意识和能力。在电子商务环境下,对消费者侵权现象比传统的商业模式下更加严重,也出现了新的特点。

政府应当制定什么样的法律、采取何种手段保护网络消费者权益、政府法律和保护措施在实施过程中能否达到预期的目的很大程度上可以借助网络消费者行为研究所提供的信息。所以,通过研究网络消费者行为可以更全面地评价现行消费者权益保护的法律、政策,并在此基础上制定出更加切实可行的消费者权益保护措施。另外,政府制定有关网络消费政策,也必须建立在了解网络消费者行为的基础上,否则政策效果可能会大打折扣。此外对于消费者而言,了解自身网络消费的内在心理驱动因素有利于理性地做出决策。

触类旁通

在线旅行预订行业的稳健发展

截至2020年3月,我国在线旅行预订用户规模达3.73亿,较2018年底减少3 705万,占网民整体的41.3%,如图1-4所示。受新冠疫情影响,短期来看,在线旅行预订行业受到较大冲击,用户规模大幅下降;中长期来看,随着疫情逐渐好转,在线旅行预订行业有望进入反弹期。

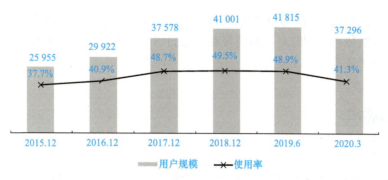

图1-4　在线旅行预订用户规模及使用率　（单位：万人）

2019年，我国在线旅行预订行业稳健发展，通过拓展市场空间引爆业务新增长点，利用新兴技术赋能催生数字化新功能，借助乡村旅游拉动贫困地区经济增长。

在市场运营方面，海外业务和下沉市场（国内三线及以下中小城市，以及乡镇农村地区）成为在线旅行社业务新增长点。一是旅行预订平台海外市场扩张成果显著。以携程集团为例，2019年其与猫途鹰达成战略合作，共享旅游品类库存。目前，携程集团海外用户规模超过1亿，产品覆盖全球200多个国家和地区，国际业务收入占集团总收入的35.0%以上。二是旅行预订平台对三线及以下城市用户潜力的挖掘，加速下沉市场消费的崛起。以同程艺龙为例，其通过共享微信平台下沉市场流量实现业务增长，2019年第三季度来自非一线城市的注册用户占比约为85.5%，63.3%的新增付费微信用户来自三线及以下城市，较2018年同期的58.8%有所提升。

讨论：此报告对在线旅行预订行业有何借鉴意义？携程、同程艺龙等企业还能从哪些方面进一步了解消费者的行为？

项目小结

依托互联网技术的发展，网络消费这一新型的消费方式已经成为人们消费的主要形式之一，市场规模不断扩大。

网络世界的巨大容量、及时的更新、无可比拟的信息处理能力都给消费者提供了前所未有的选择空间。这种多重选择必然使消费者在选购商品时增加了更多的可比性，从而能够更加理性地选择商品。

网络消费就是消费者通过网络购买所需要的产品或享受所需要的服务的过程。网络、信息通信技术的突破性进展给网络消费提供了发展的可能性。网络消费从探索萌芽阶段、初步发展阶段、走向成熟阶段、新一轮资本整合阶段到延伸阶段，共经历了五个历史时期，已经成为人们不可或缺的一种生活方式。在此过程中，网络消费不同于传统消费，逐渐呈现出其自身的新经济特征。网络消费的主体即网络消费者能够以一种全新的方式在虚拟环境中自由地选择、购买自己所需要的信息、产品及其他服务，不再受制于各种现实、市场空间、时间等外部因素。

企业只有深入研究网络消费者的主体特征、心理特征，了解网络消费者的类型及特征，才能为其决策提供依据。同时对网络消费者行为的研究也为网络消费者权益保护和有关消费政策的制定提供了依据。

应知应会

一、选择题

1. 网络消费不再被时间所限制，指的是网络消费的（　　）特征。
   A．无边际性　　　　B．个体性　　　　C．直接性　　　　D．便捷性
2. （　　）能够即时发送和接受互联网消息等。
   A．电子邮件　　　　B．电子报刊　　　　C．虚拟社区　　　　D．即时通信
3. 消费者掌握（　　）是其进行网络消费的重要前提之一。
   A．网络数据　　　　B．网络信息　　　　C．互动工具　　　　D．在线沟通
4. （　　）是网络消费者行为研究的理论基础。
   A．消费者心理理论　　　　　　　　B．消费者行为理论
   C．消费者心理特点　　　　　　　　D．消费者行为特点
5. 第四大媒体是指（　　）。
   A．报纸　　　　　　　　　　　　　B．电台
   C．电视　　　　　　　　　　　　　D．以互联网为代表的电子娱乐媒体

二、填空题

1. 从狭义上说，网络消费就是消费者通过_____购买所需要的_____或_____的过程。
2. 网络消费也称为_____或_____。
3. 网上交易最诱人的地方就是网络消费的_____和_____，这是每个网络消费者的共同体会。
4. 互联网所提供的最基本的工具就是_____。
5. 在线互动主要通过_____、_____、_____、_____等形式进行。
6. _____是指运用各类文字、绘画、图形、图像处理软件，参照电子出版物的有关标准，创作的_____或_____，它是将信息以数字形式存贮在光、磁等存贮介质上，并可通过计算机设备在本地或_____读取使用的_____。
7. 虚拟社区的独特属性有：_____、_____、_____、_____和_____。
8. 电子货币分为_____和_____两个阶段。前者是基于_____的电子货币；后者是基于_____的电子货币。
9. _____的顾客需要的是方便直接的网上购物；_____型顾客很少购物，而喜欢网上聊天。
10. 网络消费者是指通过_____在电子商务市场中进行_____和_____等活动的消费人群。

11. 网络消费者借助网络，_____、_____相关商品信息，从而为购买决策提供所需的必要信息，并实践决策和购买行为。

12. 消费者对信息空间的认知活动包括三种方式：_____、_____和_____。

13. E.K.B 模型主要从输入、_____、_____、_____4 个方面展开对消费者行为的研究。

三、简答题

1．网络环境下消费者行为呈现哪些新的特点？
2．研究网络消费者行为有何意义？

拓展训练

训练　分析网络消费者行为

1．训练目的

了解网络消费市场及网络消费者，了解网络消费者行为的特点。

2．训练要求

以 2 或 3 人为一组，登录 CNNIC 官网，下载近两年的《中国互联网络发展状况统计报告》。

1）阅读报告中有关"网购用户"和"手机网购用户"的相关内容，查找近两年的中国网购用户规模和手机网购用户规模，以及各自在网民规模中的占比，并画出对比图。

2）查找近两年网络购物呈现的新态势，分析我国网络消费者行为的特点。

3）讨论：研究网络消费者行为特点对企业经营有何重要意义？

3．成果展示

以小组为单位，制作汇报 PPT：

1）展示网购用户规模和手机网购用户规模的对比图。

2）分享各小组发现的网络消费者行为的特点。

3）分享：研究消费者行为的特点对企业发展的重要意义。

项目 2

获取网络市场信息

近年来,我国的电子商务快速发展,交易额连创新高。电子商务在各领域的应用不断拓展和深化,对经济社会生活的影响不断增大。在电子商务环境中,消费者可以在任何时间在网上商店挑选自己满意的商品,企业也可以直接面对消费者进行交易,与此同时,信息能在瞬间穿越时空,将企业和消费者紧密地联系起来。而这对传统市场调研和营销策略产生了很大影响。电子商务的发展大大丰富了市场调研的资料来源,扩展了传统的市场调研方法。网络通信技术的突飞猛进使得资料收集方法迅速发展。Internet 没有时间和地域的限制,因此网络市场调研可以在全国甚至全球进行。同时,收集信息的方法也很简单,直接在网上递交或下载即可。这与传统市场调研的收集资料方式有很大的区别。

例如某公司要了解各国对某一国际品牌的看法,只需在一些著名的全球性广告站点发布广告,把链接指向公司的调研问卷就行了,而无须像传统市场调研那样,在各国找不同的代理分别实施。

思考:如何了解网络市场的需求?网络市场调研有哪些方法?

教学导航

 学习目标

◎ **知识目标**

了解市场调研和网络市场调研的含义;理解网络市场调研的基本内容;掌握获取网络市场信息的方法。

◎ **能力目标**

能指定网络市场调研计划方案,能熟练运用获取网络市场信息的方法,能根据方案实施网络市场调研。

◎ **本项目重点**

熟练运用网络市场调研方法;制订网络市场调研方案。

◎ **本项目难点**

掌握网络市场信息,实施网络市场调研。

项目 2　获取网络市场信息

任务引入

互联网用户规模的飞速发展

2019 年以来，我国个人互联网应用继续保持稳步发展。2020 年年初，受新冠疫情影响，全国大中小学开学推迟，教学活动改至线上，在线教育用户规模较 2018 年底增长 110.2%；在电商直播的带动下，网络直播用户规模较 2018 年底增长 41.1%；网络支付的用户规模达 7.68 亿，较 2018 年底增长 27.9%，手机网络支付用户规模增长率为 31.1%，见表 2-1。

表 2-1　2018.12—2020.3 网民各类互联网应用用户规模和使用率

应用	2020.3		2018.12	
	用户规模/万	使用率	用户规模/万	使用率
即时通信	89 613	99.2%	79 172	95.6%
搜索引擎	75 015	83.0%	68 132	82.2%
网络新闻	73 072	80.9%	67 473	81.4%
网络支付	76 798	85.0%	60 040	72.5%
网络购物	71 027	78.6%	61 011	73.6%
网上外卖	39 780	44.0%	40 601	49.0%
旅行预订	37 296	41.3%	41 001	49.5%
网约车	36 230	40.1%	38 947	47.0%
在线教育	42 296	46.8%	20 123	24.3%
网络音乐	63 513	70.3%	57 560	69.5%
网络文学	45 538	50.4%	43 201	52.1%
网络游戏	53 182	58.9%	48 384	58.4%
网络视频（含短视频）	85 044	94.1%	72 486	87.5%
短视频	77 325	85.6%	64 798	78.2%
网络直播	55 982	62.0%	39 676	47.9%
互联网理财	16 356	18.1%	15 138	18.3%

2019 年以来，我国互联网发展取得显著成就，多措并举带动网民规模持续增长。一是"双 G 双提"工作加快落实，农村宽带用户快速增长。截至 2019 年 12 月，我国固定互联网宽带接入用户总数达 4.49 亿户，其中 100MB/s 及以上接入速率的用户总数达 3.84 亿户，占总体的 85.4%，1 000MB/s 及以上接入速率的用户数达 87 万户。4G 用户总数达到 12.8 亿户，占移动电话用户总数的 80.1%。农村宽带用户总数达 1.35 亿户，较 2018 年年底增长 14.8%，增速较城市宽带用户高 6.3 个百分点。二是网络应用持续完善，移动流量增速保持高位。截至 2019 年 12 月，我国国内市场上监测到的 APP 在架数量为 367 万款，第三方应用商店在架应用分发数量达 9 502 亿次。网络应用满足用户消费、娱乐、信息获取、社交、

出行等各类需求，与人民群众生活结合日趋紧密，吸引四五线城市和农村地区用户使用，提升用户生活品质。尤其是微信、短视频、直播等应用降低了用户使用门槛，带动网民使用。2019 年，移动互联网接入流量消费达 1 220 亿 GB，较 2018 年底增长 71.6%。三是信息惠民为民加速推进，社会信息化水平持续提升。各级政府认真贯彻《2019 年政务公开工作要点》等政策要求，积极推进政务服务与民生领域信息化应用，全面提升政务服务规范化、便利化水平，充分满足人民群众办事需求。2020 年初，互联网政务服务在新冠肺炎疫情防控中发挥有力支撑，用户规模显著提升。截至 2020 年 3 月，我国在线政务服务用户规模达 6.94 亿，较 2018 年底增长 76.3%，占网民整体的 76.8%。

关注与思考：
1）为什么互联网用户数量和使用率在逐年提升？
2）网民如何在各类互联网应用中获取信息？

任务分析

通过观察分析、案例研讨、角色扮演、实战训练等方式，了解市场调研和网络市场调研的含义；理解网络市场调研的基本内容；掌握获取网络市场信息的方法；能制订网络市场调研计划方案，能熟练运用获取网络市场信息的方法，能根据方案实施网络市场调研。

任务 1　认识网络市场调研

任务要点

关 键 词：市场调研，网络市场调研
理论要点：市场调研、网络市场调研的概念，网络市场调研的内容与方法
实践要点：能针对具体项目明确网络市场调研的内容，选择合适、有效的调研方法

观察导入

2019 年网络消费者研究报告

消费者对零售商在线产品页面上的图片和视频内容有很高的期望，而缺乏这些内容将损失消费者。

根据 Adobe 2018 年 12 月的一项调查，在购买之前，大约 1/3 的消费者会选择某个品牌的网站或在线市场来研究产品。这些消费者希望看到丰富的内容。

根据产品体验管理平台 Salsify 2019 年 1 月的一项调查，美国网络购物者在亚马逊或另一家零售商网站上查看产品时，预计平均会看 6 张图片和 3 个视频。

美国网络消费者希望在电子商务网站上看到多少产品图片和视频呢？

调查发现，18～24 岁和 35～44 岁的消费者对内容的期望值最高，他们都希望看到至少 8 张图片和 4 个视频。

与2016年的调查结果相比，消费者对视觉内容的期望值大幅增加。三年前，消费者预计每个产品平均会有3张图片。由于视频内容相对较新，因此当时它并不是人们最期待的内容。现在，各个年龄段的消费者期望的产品图片数量增加近一倍，而且人们希望每个商品至少有2个视频。

更多的产品图片和视频内容可以帮助消费者更好地了解产品，降低人们的感知风险，从而让他们对自己购买的产品更有信心。

消费者对产品内容需求的增加强调了向消费者提供高质量信息日益重要，仅仅是图像和视频还不够。当Salsify询问消费者为什么放弃零售商网站上的产品时，69%的受访者认为是没有足够的信息或细节。

低质量的图片或视频是放弃的第三大理由，这表明当涉及产品内容时，消费者对数量和质量的期望都很高。

分析思考：什么是研究报告？如何获取相关资讯？

任务实施

步骤一
看看传统市场调研

为了提高产品的销售决策质量、解决存在于产品销售中的问题或寻找机会，通常会系统、客观地识别、收集、分析和传播与市场相关的信息，从而把握供求现状和发展趋势，为制定营销策略和企业决策提供正确依据。这是传统意义上的市场调研，它不仅包括了市场调查，还有后续的市场研究。

知识拓展 2-1

> **调查与调研**
>
> 调查是调研的基础，调查是针对客观环境的数据进行信息收集和情报汇总，而调研是在调查的基础上对客观环境收集数据和汇总情报的分析与判断。

作为市场营销活动的重要环节，市场调研给消费者提供一个表达自己意见的机会，使他们能够把自己对产品或服务的意见、想法及时反馈给企业或供应商。市场调研能够让生产产品或提供服务的企业了解消费者对产品或服务质量的评价、期望和想法，从而为改善产品和服务提供依据。

步骤二
如何深入了解市场

市场调研是营销链中的重要环节，没有市场调研，就把握不了市场。Internet作为21世纪新的信息传播媒体，它的高效、快速、开放是无与伦比的，它加快了世界经济结构的调整与重组，形成了数字化、网络化、智能化、集成化的经济走向。因此，现代企业都开始借助互联网进行各种以市场调研为目的的活动，收集市场信息、了解竞争者的情报及调查顾客对产品服务的意见等。

> **知识拓展 2-2**
>
> **开展网络市场调研的企业**
>
> 借助互联网开展市场调研的企业可以是现代电子商务企业、互联网企业，也可以是传统企业。虽然它们的目标市场可能不同，一个是网络市场，一个是传统市场，但调研的目的是相同的，都是为了更深入、全面地了解市场。

网络市场调研是运用互联网和信息技术，以科学的方法，系统地、有目的地收集、整理、分析和调研所有与市场相关的信息，特别是有关消费者的需求、购买动机和购买行为等方面的信息，从而把握市场现状和发展趋势，有针对性地制定营销策略，取得良好的营销效益和更高的投资回报率。相比传统市场调研，网络市场调研有其特有的优势。

1. 网络信息的时效性和共享性

网络的开放性和快速传播性，使得只要连接到网络上并愿意接受调研的网民都可以随时接触到不同形式的网络调研，同时任何网民都可以参加投票和查看结果，这保证了网络信息的时效性和共享性。

2. 网络市场调研的便捷性与经济性

网络市场调研可节省传统市场调研中所耗费的大量人力、物力和时间。在网络上进行调研，只需要一台能联网的计算机。调研者只需在企业站点上大量发出电子调研问卷供网民自愿填写，然后通过统计分析软件对访问者反馈的信息进行整理和分析。这就节省了传统市场调研中的大量人力、物力甚至是财力，确保了网络调研的便捷性和经济性。

3. 网络市场调研的交互性和充分性

网络的最大特点是交互性。在网上调研时，可以让被调研者畅所欲言，一旦被调研者有任何疑问和看法，都能及时通过网络与调研者进行交流和沟通，调研者同样可以及时修正不当之处，或给予答复，可减少因问卷设计不合理而导致的调研结论偏差等问题。

4. 调研结果的可靠性和客观性

由于公司站点的访问者一般都对公司产品有一定兴趣，因此这种基于顾客和潜在顾客的市场调研结果是比较客观和真实的，在很大程度上反映了消费者的消费心态和市场发展的趋向。首先，被调研者是在完全自愿的原则下选择参与不同类型的调研，所以调研的针对性很强。其次，调研问卷的填写是自愿的，不是传统调研中的"强迫式"，被调研者总是出于兴趣才会参与调研，回答问题相对认真，所以结果比较客观。最后，网上调研可以避免传统调研中人为错误（如访问员缺乏技巧、诱导回答问卷问题）所导致调查结论的偏差，被调研者不用与调研者面对面，填写问卷的时候也不会受到调研者的干扰，能最大限度地保证调研结果的客观性。

5. 无时空和地域的限制

网络市场调研可以 24 小时全天候、365 天全年进行，这与受区域和时间制约的传统市场调研方式有很大不同。例如，某家电企业利用传统的调研方式在全国范围内进行市场调研，需要各个区域代理商的密切配合。2019年齐鲁车展，汇调研（山东汇景市场研究咨询有限公司旗下品牌）携手齐鲁晚报，通过新媒体和线下调研的形式对现场观众进行随机调查，充分了解车展消费者购车习惯及汽车市场趋势，利用汇调研的大数据和洞察研究优势捕捉用户需求。伴随着2019年齐鲁春季车展完美收官，《2019年齐鲁车展汽车市场消费习惯调查报告》正式发布。这样的市场调研活动如果利用传统的方式是无法完成的。

6. 网络调研的可检验性和控制性

利用互联网进行网上调研收集信息，可以有效地对采集信息的质量实施系统的检验和控制。网络问卷可以附加全面规范的指标解释，有利于消除因对指标理解不清或调查员解释口径不一而造成的调查偏差。此外，问卷的复核检验由计算机依据一定检验条件和控制措施自动实施，保证检验与控制的客观公正性。在调查中还能对被调查者进行身份验证，以有效地防止信息采集过程中出现的舞弊行为。

利用互联网的这些特点进行市场调研的优势是非常明显的，不难发现这是一个快速、成本低廉的方法。同时由于消费者的反馈信息相对真实，经过对这些信息的分析所得到的结果会更加精确，从而能够更大程度地帮助企业发现商机，找准经营方向，做出正确决策。

步骤三

明确网络市场调研的内容

借助互联网收集所有与市场相关的信息，目的都是利用网络加强与消费者的沟通与理解，改善营销并更好地服务于顾客。因此，网络市场调研主要是针对特定市场或特定产品展开的，企业进行的市场调研也因其具体需求不同，涉及的内容也不同。

1. 市场需求调研

市场需求调研主要是了解市场知名度、占有率、市场现有规模及发展潜力、产品需求发展趋势、同类产品销售状况、营销策略、销售渠道等，从而帮助经营者掌握目标市场的整体运作情况。

2. 市场供给调研

了解产品货源质量、供应商、货源渠道、供货能力、货源竞争格局；掌握货源供给的来源渠道、价格、可信度、供货能力；清楚供货商的商品设备、资金、员工的工作能力等。

3. 消费者行为调研

消费者行为调研能让企业充分了解客户，这正是客户关系管理中的关键所在。首先要了解人口数量结构，如年龄结构、性别结构、家庭状况结构、教育程度结构等；其次要了解消费结构，如吃住行等大类消费比例关系；再次还要掌握消费者行为，如购买动机、消费时间地点、购买量、购买方式、获取商品信息的渠道、期望的商品价格、消费水平、消费者习惯、影响消费者行为的因素、消费者的特殊爱好等。

4. 竞争者状况调研

清楚了解竞争对手的优势和劣势，可以帮助企业设计和检验创新战略，了解品牌给消费者的信任程度，判断品牌建设在营销组合中的作用。首先要清楚整个市场竞争对手的状况，如分销渠道、销售状况、营销策略等；其次要了解竞争对手的市场占有率、产品设计、定价策略、产品价格、利润状况等；再次要掌握竞争者提供的销售服务和质量保证等相关信息；最后还要了解主要竞争者的相关信息，如市场份额、发展策略、优劣势等。

5．营销因素调研

营销因素调研主要是对企业内部环境的调查，如本企业的产品、价格、营销手段、广告、商品服务、品牌和企业形象等信息。把握这些信息能够提高企业对市场的敏感度，有助于对在线信息和离线信息的调整。掌握这类信息对企业的经营成功至关重要。

步骤四

寻找网络市场中的有用信息（网络市场调研的方法）

随着互联网应用的日渐普及，网络用户人数的不断增加，以及网络调查软件的日益成熟，网络市场调研正逐渐成为主流的市场调研方式。在采用网络市场调研时，只有采取有效方法，才能高效抓住市场信息。

1．网络市场直接调研法

网络市场直接调研法是为实现专门目标而在网上收集一手资料或原始信息的方法，包括网上观察法、在线问卷法、专题讨论法、网上实验法等。

（1）网上观察法

观察是日常生活和市场调研不可缺少的活动和手段。通过观察去了解周围的各种现象，从而获得第一手资料。网上观察法的实施主要是利用相关软件和人员记录网络浏览者的活动。

网站还可以对本站的会员和经常浏览本站的 IP 地址记录进行分析，掌握他们上网的时间、点击的内容及浏览时间，从而了解他们兴趣、爱好和习惯，为各类营销提供有效信息。

网上观察法大大节省了人力、物力和财力，在不惊动被观察者的情况下，可以保护被观察者的真实行为和想法。

（2）在线问卷法

通过在站点上发布问卷、E-mail 传送问卷以及论坛、聊天室等上传问卷，将传统的问卷调研法应用到了网络上。

1）将问卷发在专业调研网站或企业自有网站等各种站点上，等待访问者访问时填写问卷。在这种站点上填写问卷的被调研者往往是出于自愿的心理。

2）通过 E-mail 方式将问卷发送给被调研者，被调研者完成后将结果再通过 E-mail 返回。这可以有效、有选择地控制被调研者，可是也容易引起被调研者的反感。

3）在相应的论坛或通过聊天室和聊天工具上传调研问卷。这可以引导网民对感兴趣的问题进行回答，不足的是问卷的访问量较少。

（3）专题讨论法

通过专题 BBS 能掌握被调研者的兴趣、爱好和习惯。为了深度分析，企业可以通过专题 BBS 或者论坛就某一个问题进行调研。现在很多论坛都提供"发起调研"功能，用户可以就某一个观点或者问题自发进行调研。这些对于企业了解某些特定顾客的特定问题比较有帮助，但"发起调查"功能通常提供的调查选项较少，一般限制在10个以内。所以，对于一些复杂的统计分析软件而言，调查问题过少会导致无法进行高层次的统计分析。

（4）网上实验法

网上实验法可以通过网络做广告内容与形式、产品包装等实验。企业设计几种不同的广告内容和形式在网上发布，也可以利用电子邮件传递广告。同时，还可以通过客户的反馈信息量的大小来判断哪种形式或内容更好。

此外，新产品的试销也能通过网络进行，但是并非所有的新产品都适用。对于一些全新的产品，由于浏览者在网上不能看到实物，将会影响购买行为的发生，对实验结果的准确性有影响。无需尝试或观看的新产品在网上试销的结果会比较理想。

2. 网络市场间接调研法

网络市场间接调研法是利用互联网搜集与企业营销相关的市场、竞争者、消费者及宏观环境等方面的信息，主要是网络二手资料的搜集。互联网上虽有海量的二手资料，但要找到自己需要的信息，首先必须熟悉搜索引擎的使用（百度、一搜、新浪、搜狐、网易、有道等搜索引擎）。二手资料的搜集方法主要有利用搜索引擎、访问专业信息网站、利用相关的网上数据库查找资料。此外还可以利用网络论坛、新闻组进行市场调研。

知识拓展 2-3

网络论坛

网络论坛是一个和网络技术有关的网上交流场所，即一般常说的BBS。BBS英文全称是Bulletin Board System，翻译为中文就是"电子公告板"。BBS最早是用来公布股市价格等信息，当时BBS没有文件传输功能，只能在苹果计算机上运行。因为现在的网络知识传播很快，每个行业都有自己在网络中进行交流的区域。

现在的论坛几乎涵盖了我们生活的各个方面，几乎每一个人都可以找到自己感兴趣或者需要了解的专题性论坛，而各类网站、综合性门户网站或者功能性专题网站也都青睐于开设自己的论坛，以促进网友之间的交流、丰富网站的内容。企业网站也都开始建有自己的论坛，以增加消费者、潜在顾客的交流和互动性。

知识拓展 2-4

新闻组

新闻组是一个基于网络的计算机组合，这些计算机被称为新闻服务器，不同的用户通过一些软件可连接到新闻服务器上，阅读其他人的消息并参与讨论。新闻组是一个完全交互式超级电子论坛，是任何一个网络用户都能进行相互交流的工具。

在新闻组上，每个人都可以自由发布自己的消息，不管是哪类问题都可直接发布到新闻组上和成千上万的人讨论。这似乎和BBS差不多，但它比BBS有两大优势，一是可以发表带有附件的"帖子"（随着时代的发展，如今BBS也可以传附件了），传递各种格式的文件，二是新闻组可以离线浏览。但新闻组不提供BBS支持的即时聊天功能，也许这就是新闻组使用不广泛的原因之一。

触类旁通

北京师范大学：新青年新消费观察研究报告

北京师范大学发布的《新青年新消费观察研究报告》基于国家统计局、QuestMobile 数据库数据，通过案例调研等方式，总结了新青年网购的主要特征：消费不将就，精打细算重品质；购物即社交，乐于跟好友分享攻略。

报告将 19～35 岁的移动互联网用户定义为新青年。这一青年群体已经成长为我国互联网消费的主力军。而与过去相比，新青年群体的网络消费行为也呈现出明显不同以往的特征。

从消费数据上看，新青年群体在网络购物中最大的不同是更熟悉和习惯在网络购买"生鲜农产品"，通过综合电商平台、生鲜电商购买农产品的比例显著高于整体，如图 2-1 所示。

而在各家电商平台之中，新青年群体也存在明显的"流向"趋势。报告援引 QuestMobile 数据显示，在所有电商平台中，拼多多是唯一一家新青年群体增速超过整体增速的综合电商平台。而在新电商拼多多的新增用户中，35 岁以下的新青年群体增长最快，增速已经超过整体受众增速。

报告认为，"新青年爱买但并不败家，注重品质也追求性价比。例如，新电商拼多多独创的拼团模式，让用户与好友分享商品并拼团享受低价，这样的新模式受到了年轻用户的欢迎。"

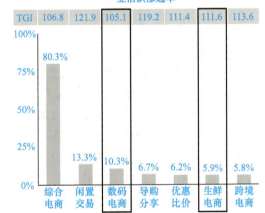

图 2-1　新青年消费偏好

讨论：案例中运用了哪些调研方法？调研的内容是什么？结合以上数据，请给生鲜电商提出营销建议。

任务 2　制订网络市场调研计划方案

任务要点

关　键　词：网络市场调研，网络调研步骤
理论要点：网络市场调研的计划、步骤
实践要点：根据网络市场调研步骤，针对具体项目制订网络市场调研方案

项目 2　获取网络市场信息

观察导入

北京消费者协会：直播带货消费问题调查报告

中国互联网络信息中心数据显示，截至 2020 年 3 月，直播用户规模达到 5.60 亿，即我国 40% 的人、62% 的网民都是直播用户。其中，电商直播用户规模达到 2.65 亿。受疫情影响，"直播"业态近年来更是异常火爆。

随着"直播"业态的发展，各种直播电商应运而生。有的通过直播销售商品或服务，有的通过直播宣传引流，有的通过直播种草吸粉。

本次调查主要针对通过直播销售商品或服务的经营行为，即俗称的"直播带货"，通常指网络主播自主或受商家委托，通过视频、音频、图文等直播方式向消费者介绍、推荐商品或服务，以达到销售目的的经营行为。

近年来，直播带货在给消费者带来丰富消费体验的同时，也暴露出不少新的问题。有的主播在直播带货过程中虚假宣传，有的直播带货商品没有质量保证，有的直播带货商家售后服务不健全。由于直播带货属于新兴业态，涉及平台、主播和销售商家等不同主体，而且各个主体需要承担的责任义务也不尽相同，因此消费者权益受损时往往维权比较困难。

2019 年，北京市消费者协会针对电商"砍单"、大数据"杀熟"、互联网捆绑搭售、手机 APP 个人信息安全以及乡镇（村）居民网购等互联网消费热点问题开展了一系列消费调查。2020 年，北京市消费者协会在 2019 年开展互联网消费热点问题调查的基础上，继续针对直播带货等互联网消费热点问题开展消费调查。

分析思考：北京消费者协会进行此次调查的目标、对象是什么？在调查前，该如何制订此次调查计划？

任务实施

步骤一

明确网络调研的目标

网络市场调研是充分利用了互联网的开放性、自由性、平等性、广泛性、直接性、无时间和地域限制等特点，展开调查工作。然而互联网上的信息量庞大、变化快，要求在做网络市场调研时必须首先明确问题和确定调研目标，避免浪费时间和精力。只有清楚地定义了网络市场调研的问题，确立了调研目标，才能正确地设计和实施调研。因此，在开始网络调研时，脑里一定要有一个清晰的目标。

知识拓展 2-5

可以设定的目标（参考）

谁有可能想在网上使用你的产品或服务？谁是最有可能要买你提供的产品或服务的顾客？在这个行业，谁已经上网？他们在干什么？谁有可能是你的竞争者？谁有可能是你的合作者？你的消费者或潜在顾客对你的竞争者的印象如何？在日常运作中，可能要受哪些法律、法规的约束？

步骤二

确定网络调研对象

在明确了调研目标的同时还要确定调研对象。网络调研对象主要包括：企业的顾客或消费者，企业的竞争者，企业合作者和行业内的中立者。

1. 企业的顾客或消费者

消费者通过网上购物的方式访问企业站点。营销人员可以通过互联网来跟踪顾客，了解他们对产品的意见及建议。通过对访问企业网站的人数进行统计，进而分析访问者的分布范围和潜在的消费市场区域，制定相应的网络营销决策。

2. 企业的竞争者

企业所面对的竞争者很多，在众多竞争中主要是行业内现有企业的竞争、新加入企业的竞争、生产替代产品企业的竞争，他们对企业的市场营销策略有很大影响，竞争者的一举一动都应引起企业的高度警觉。因此，市场调研人员要随时掌握竞争者的有关信息，对比优势与劣势，为及时调整营销策略做好准备。

3. 企业合作者和行业内的中立者

企业合作者和行业内的中立者能站在第三方的立场上提供一些既有价值又比较客观的评估分析报告，如上网公众、企业所在行业的管理者和行业研究机构等。因此市场调研人员要随时掌握他们的有关信息，为客观充分地制定、调整营销策略做好准备。

步骤三

制订网络信息收集计划

明确了调研目标和对象之后，要确定调研的题目、时间、框架、具体实施问题、格式、要求和实施方法等。

1. 选择资料收集的方法

利用互联网进行资料收集是一种非常有效的方式。资料来源包括两种：一手资料和二手资料。前者适用于推测消费者的喜好及分析其他特质，如许多企业在网站上设置在线调查表，用以收集用户反馈信息。在线调查常用于产品调查、消费者行为调查、顾客意见、品牌形象调查等方面，是获取第一手调研资料的有效工具，但提高在线调查结果的质量是开展网上市场调研过程的关键。选择第一手资料时，可以采用问卷、电子邮件等方式，问卷可以通过软件自动生成、发布，电子邮件可以通过邮件列表自动发送，调查结果自动汇总。此外，还可以采用网上观察法、专题讨论法、网上实验法等。二手资料适合测定销售量和其他市场分析。选择二手资料时，要考虑资料的可信度、正确性以及是否符合本次调查目的。二手资料的收集可以采用常用的搜索引擎、专业信息网站、相关的网上数据库，如 CNNIC。在收集资料前，为了便于资料的统计和处理，应当使用标准化的格式。

项目 2　获取网络市场信息

知识拓展 2-6

CNNIC

中国互联网络信息中心（China Internet Network Information Center，CNNIC）行使国家互联网络信息中心的职责，负责管理维护中国互联网地址系统，权威发布中国互联网统计信息，代表中国参与国际互联网社群。CNNIC会不断更新互联网发展研究报告，如中国网民搜索行为研究报告、中国社交类应用用户行为研究报告、中国青少年上网行为调查报告等。这些都可以根据需要作为网络市场调研的二手资料。

2．样本的选择与控制

知识拓展 2-7

调研样本

研究中实际观测或调查的一部分个体称为样本（sample），研究对象的全部称为总体。为了使样本能够正确反映总体情况，对总体要有明确的规定；总体内所有观察单位必须是同质的；在抽取样本的过程中，必须遵守随机化原则；样本的观察单位还要有足够的数量。

网络市场调研样本是从网络用户总体中抽取的部分用户人群，其目标范围可以是一个城市、一个区域、一个国家，甚至是全球范围。当然，网络市场调研最主要的缺点就是样本对象的局限性，主要表现在：使用互联网的人口对于人口总体来说代表性小；如果调研问卷放在一个公司的网站上，则样本的采集仅局限于对该公司有积极兴趣的人，这样的样本肯定不能代表整个市场；网络调研的回应率非常低。

根据调研目的确定调查群体、样本性质、大小及分配，如问卷发放的人群。在抽样时需要注意，调研者首先需要有被调研群体总体的 E-mail 或 IP 地址，然后进行随机抽样。如果做不到这一点，就无法达到随机抽样的要求。

3．编制调研计划表

在调研计划确定之后，应当编制完整的网络市场调研计划表。

步骤四

实施网络信息收集计划

在确定调研方案后，市场调研人员即可通过电子邮箱向互联网上的个人主页、新闻组或者邮箱清单发出相关调研信息，之后就进入收集信息阶段。收集信息的方法也很简单，如网上问卷可以直接在网上递交或下载。在问卷回答中访问者经常会有意无意地漏掉一些信息，这可通过在页面中嵌入脚本或 CGI 程序进行实时监控。如果访问者遗漏了问卷上的一些内容，其程序会拒绝提交调查表或者验证后重发给访问者要求补填。最终，访问者会收到问卷已完成的公告。在线问卷的缺点是无法保证问卷上所填信息的真实性。

这与传统市场调研的收集资料方式有很大的区别。例如某公司要了解各国对某一国际品牌的看法，只需在一些著名的全球性广告站点发布广告，把链接指向公司的调查表就行了，而无需像传统市场调研那样，在各国找不同的代理分别实施。诸如此类的调研如果利用传统方式是无法实现的。

步骤五

分析信息

收集的信息本身并没有太大意义，只有进行整理和分析后，信息才变得有用。分析信息资料的目的是根据信息资料解释问题和推出结论。一般要分析获得信息资料的渠道的可靠性、信息资料内容的准确性、信息资料间的相互关系和变化规律等。组织和分析数据可采用一些数据分析技术，借助一些数据分析软件，如 SPSS。为了分析信息资料间的相互关系和变化规律，可根据调研所得到的有用的数据和资料，用图表表示信息的相互关系及其状况，用模型来显示其规律性。

知识拓展 2-8

SPSS

SPSS（Statistical Product and Service Solutions）是世界上最早采用图形菜单驱动界面的统计软件，它最突出的特点是操作界面友好，输出结果美观。它使用 Windows 窗口方式展示各种管理和分析数据方法的功能，对话框展示各种功能选择项。用户只要掌握一定的 Windows 操作技能，粗通统计分析原理，就可以使用该软件为特定的科研工作服务。SPSS 采用类似 Excel 表格的方式输入与管理数据，数据接口较为通用，能方便地从其他数据库中读入数据，完全可以满足非统计专业人士的工作需要。输出结果十分美观，存储时则是用专用的 SPO 格式，可以转存为 HTML 格式和文本格式。

步骤六

提交网络调研报告

撰写网络调研报告是最后一个重要阶段。报告不是数据和资料的简单堆砌，调研人员不能把大量的数字和复杂的统计技术扔到管理人员面前，否则就失去了调研的价值。正确的做法是把与市场关键决策有关的主要调研结果归纳出来，并具有调研报告所应具备的写作格式。作为对填表者的一种激励或犒赏，网上调研应尽可能地把调研报告的全部结果反馈给填表者或广大读者。如果限定为填表者，只需分配给填表者一个进入密码。对一些简单调研，可以通过互动的形式来公布统计的结果，效果更佳。

知识拓展 2-9

网络调研报告的内容

网络调研报告与传统调研报告内容上没什么区别。调研报告主要包括以下四个方面的内容。

1）题页：题页点明报告的主题。包括委托客户的单位名称、市场调研的单位名称和报告日期。调研报告的题目应尽可能贴切，并概括地表明调研项目的性质。

2）目录表。

3）调研结果和有关建议的概要：这是整个报告的核心，使阅读者既可以了解调研的结果，又可从后面的本文中获取更多的信息。有关建议的概要则包括必要的背景和信息、重要发现和结论，有时可以提出一些合理化建议。

4）主体部分：包括整个市场调研的详细内容，含调研方法、调研程序、调研结果。要尽量描述清楚使用何种方法，并提供选择此种方法的原因。在主体部分，大部分内容应是数字、表格以及解释、分析，要用最准确、恰当的语句对分析做出描述，结构要严谨，推理要有一定的逻辑性。一般必不可少地要对自己在调研中出现的不足之处说明清楚。必要的情况下，还需将不足之处对调研报告的准确性有多大程度的影响分析清楚，以提高整个市场调研活动的可信度。

触类旁通

2019 年消费者调查

埃森哲发布的新全球研究旨在为首席营销官（CMO）提供战略指导，以便在大多数消费者（69%）不愿与品牌做生意的情况下尊重和负责任地使用数据。

1．数据交换透明度

研究发现，如果品牌对个人信息的使用方式透明，大约 73% 的消费者愿意分享更多的个人信息，高于 2018 年（66%）。不断变化的格局为品牌提供了一个机会，这些品牌为消费者提供数据的价值，确保品牌不会丢失或滥用数据，并以一种让消费者放心的方式了解消费者。

研究发现，在那些认为品牌的沟通方式过于个人化的消费者中，超过 71% 的消费者认为这是因为品牌有关于消费者没有直接分享的个人或家庭的信息。

2．在合理的范围内收集数据

研究发现消费者希望品牌了解和理解他们。87% 的消费者表示，从"了解真实的我"的品牌或零售商那里购买是很重要的。

但是消费者不希望品牌侵犯他们的隐私。超过 75% 的消费者对通过麦克风或语音助理收集数据感到不舒服，51% 的消费者认为侵入性广告正在增加。近 30% 的消费者表示，一个品牌变得"过于个人化"，其中 69% 的消费者会因此而停止与某个品牌往来或重新考虑与该品牌的关系。93% 的消费者认为，与品牌的每一次互动都是"出色"的，这一点很重要。

讨论：根据以上调研报告内容，请对企业的品牌建设提出建议。

任务3　掌握获取网络市场信息的方法

任务要点

关　键　词：收集信息，网络调研问卷
理论要点：网络调研问卷的构成
实践要点：能利用网络调研问卷的设计步骤设计合理的网络调研问卷

观察导入

埃森哲：2019网络消费者调查报告

埃森哲发布的"网络消费者调查报告"基于2018年10～11月对21个国家的22 500名消费者的在线调查，受访者年龄从14～55岁。该调查量化了消费者对数字设备、内容和服务、购买模式、对服务提供商的偏好和信任，以及他们相互联系的生活方式的看法。

全球一半的在线消费者现在使用数字语音助理，新兴市场在采用数字语音助理方面处于领先地位。调查显示，独立的语音助理（或智能音箱）是美国历史上普及最快的技术之一，在美国消费者中的满意度高达98%。

智能音箱正在颠覆消费者技术和服务生态系统。全球93%的消费者希望他们购买的家用设备（如智能电视或计算机）能够轻松地与独立的智能音箱集成。

智能音箱的相关性反映在消费者希望使用这些设备执行更高级的任务，而不只是语音通话、播放音乐或电子书以及访问新闻等常规活动。

人们认为语音助理在管理家庭安全（61%的受访者）、提供联网家庭自动化（59%）、支付账单和提供支付警报（55%）方面更具价值，甚至可以预订餐厅（53%）和提供虚拟医疗咨询（52%）。然而，信任是进一步使用智能音箱的潜在障碍，消费者最担心隐私问题（41%）和安全问题（40%）。46%的消费者认为他们无法通过语音助手控制自己的数据，58%的消费者更愿意通过不断检查信息的使用情况来重新评估他们对这项服务的信任。

分析思考：要完成一次调研可以采用哪些方法？

任务实施

步骤一
赏析案例

影响职校生网上购物行为的因素调查

同学：

　　您好！为了更好地为职校生日常生活服务，我们做了这个调查问卷，设置了几个小问题，您只需要在相应的圆圈中打钩即可。谢谢您的配合和支持！

　　1. 您的性别是？
　　　○ 男　　　　　○ 女

2. 您的年龄是（周岁）？
   ○ 14 岁以下，包括 14 岁　　　　○ 15～16 岁
   ○ 17～18 岁　　　　　　　　　　○ 19 岁以上，包括 19 岁

3. 您的年级是？
   ○ 一年级　　○ 二年级　　○ 三年级　　○ 四年级　　○ 五年级

4. 您网购的频率是？
   ○ 经常　　○ 偶尔　　○ 从不

5. 您网购使用的终端是？
   ○ 手机　　○ 计算机　　○ 平板计算机

6. 您最喜欢的电商平台？（可多选，最多选三个）
   ○ 淘宝网　　○ 京东　　○ 拼多多　　○ 当当网
   ○ 唯品会　　○ 美团　　○ 抖音　　　○ 其他 _____

7. 您喜欢以上电商平台的原因：

8. 产品描述与实物相符是否重要？
   ○ 很重要　　○ 重要　　○ 一般　　○ 不重要　　○ 很不重要

9. 电商平台存在实体店是否重要？
   ○ 很重要　　○ 重要　　○ 一般　　○ 不重要　　○ 很不重要

10. 网店的信誉口碑好，如开店时间、销售量、好评度等是否重要？
    ○ 很重要　　○ 重要　　○ 一般　　○ 不重要　　○ 很不重要

11. 电商平台注重客户信息的安全性是否重要？
    ○ 很重要　　○ 重要　　○ 一般　　○ 不重要　　○ 很不重要

12. 电商平台的支付安全性是否重要？
    ○ 很重要　　○ 重要　　○ 一般　　○ 不重要　　○ 很不重要

13. 网店售前咨询及时详细是否重要？
    ○ 很重要　　○ 重要　　○ 一般　　○ 不重要　　○ 很不重要

14. 网店能开具发票是否重要？
    ○ 很重要　　○ 重要　　○ 一般　　○ 不重要　　○ 很不重要

15. 电商平台可以随时物流跟踪是否重要？
    ○ 很重要　　○ 重要　　○ 一般　　○ 不重要　　○ 很不重要

16. 电商平台提供送货上门服务是否重要？
    ○ 很重要　　○ 重要　　○ 一般　　○ 不重要　　○ 很不重要

17. 电商平台售后服务，退货换货保修等有保障是否重要？
    ○ 很重要　　○ 重要　　○ 一般　　○ 不重要　　○ 很不重要

18. 电商平台的服务器稳定性强是否重要？
    ○ 很重要　　○ 重要　　○ 一般　　○ 不重要　　○ 很不重要

19. 电商平台的广告、促销活动新颖、覆盖面广是否重要？
　　○ 很重要　　　　○ 重要　　　　○ 一般　　　　○ 不重要　　　　○ 很不重要
20. 电商平台的界面设计合理，易找到所需功能及需购买的产品是否重要？
　　○ 很重要　　　　○ 重要　　　　○ 一般　　　　○ 不重要　　　　○ 很不重要
21. 网店提供详细的产品介绍，大量产品图片及他人评价是否重要？
　　○ 很重要　　　　○ 重要　　　　○ 一般　　　　○ 不重要　　　　○ 很不重要
22. 电商平台的产品种类齐全是否重要？
　　○ 很重要　　　　○ 重要　　　　○ 一般　　　　○ 不重要　　　　○ 很不重要
23. 电商平台具有成熟APP客户端是否重要？
　　○ 很重要　　　　○ 重要　　　　○ 一般　　　　○ 不重要　　　　○ 很不重要
24. 电商平台的支付手段多样是否重要？
　　○ 很重要　　　　○ 重要　　　　○ 一般　　　　○ 不重要　　　　○ 很不重要
25. 您认为，一个网购平台的成功与否，还有哪些方面是重要的？

步骤二

看看网络调研问卷的组成

一份完整的网络调研问卷应包括标题、序言、问题与答案、结束语四个部分。

1. 标题

问卷的标题概括说明网络调研的主题，使被调研者对所要回答什么方面的问题有一个大致的了解。标题应简明扼要，易于引起被调研者的兴趣。例如"贝斯巧克力市场调研问卷"这一标题就告诉被调研者本次调研是有关贝斯巧克力的调研。

2. 序言

序言可以是一封告知调研对象的信，也可以是指导语，说明调研的目的、主要内容、调研的组织单位、调研结果的使用者、保密措施、填答问卷的要求和注意事项，下面同时填上调研单位名称和年月。说明调研的目的在于引起受访者对填答问卷的重视和兴趣，使其对调研给予积极支持和合作。序言一般放在问卷的开头，篇幅宜小不宜大。访问式问卷的开头一般非常简短；自填式问卷的开头可以长一些，但一般以不超过三百字为佳。

《贝斯巧克力市场调研问卷》中提到："您好！为了更好地满足消费者对巧克力的需求，使我们更明确产品未来发展的方向，贝斯巧克力特此设计了此份问卷。只需要您5分钟时间，恳请您回答一些问题。谢谢您的配合和支持！"该段序言主要说明网络调研的大致内容和进行此次调研的目的、意义，并说明调研者的身份。

3. 问题与答案

各类问题、问题的回答方式及其指导语是问卷设计的主要内容,其设计水平的高低将直接影响受访者的回答率、问卷的回收率和信息的有效性。这也是调查问卷的核心部分。网络调研的问题一般以短小精悍、回答方式简单易行为准,如选择式问题和顺序式问题。

知识拓展 2-10

调研问卷中问题设计的注意事项

1)调研问卷说明要简单明了,打动人心。一般要用委婉、感人的语气说明调研的目的、意义,尤其要让被调研者觉得调查对自己有作用和意义,或者能够帮助别人,激发他们助人为乐的积极性。

2)避免用不确切的词。一些副词和形容词,如"很久""经常""一些"等,各人理解往往不同,在调研问卷设计中应避免或减少使用。例如"您是否经常生病?"

3)避免提断定性问题。例如"您一天抽多少支烟?"这种问题即为断定性问题,被调研者如果根本不抽烟,就无法回答。正确的处理办法是在此问题前加一条过滤性问题。例如"您抽烟吗?"如果回答"是",可继续提问,否则就终止提问。

4)避免引导性提问。引导性提问指所提出的问题暗示研究者的观点和见解,有使被调研者跟着这种倾向回答的可能。例如,"有人认为被动吸烟会导致肺癌,您同意吗?"0= 不同意,2= 不知道,3= 同意。

5)避免令被调研者难堪和禁忌的敏感问题。例如,各地风俗和民族习惯中忌讳的问题、涉及个人利害关系的问题、个人隐私问题等。对于敏感问题可以采用以下调研方法。

① 释疑法:在问题前面写一段消除顾虑的文字,或在调研问卷引言中写明替被调研者严格保密,并说明将采取的保密措施。

② 假定法:用一个假定条件句作前提,然后再询问被调研者的看法。

③ 转移法:把本应由被调研者根据自己的实际情况回答的问题,转移到由被调研者根据他人的情况来阐述自己的想法。

6)避免提抽象或不确切的问题。容易误解的概念应明确限定。例如,年龄有虚岁、实岁;收入是仅指工资还是包括奖金、补贴、其他收入、实物发放折款收入等;家庭人口有常住人口和生活费开支在一起的人口。

7)避免一问多答的问题。一个题目最好只问一个要点,一个题目中如果包含过多询问内容,会使被调研者无从回答,也给统计处理带来困难。例如"您的父母是知识分子吗?"

8)表中每一个问题均有明确的目的。对于每一个问题,必须明确为什么要提出这一问题,这一信息将用来做什么样的分析。

9)最大限度地保证信息质量。问题的表达和顺序有利于启发被调研者,问题要使人感兴趣,并易于回忆,要避免那些难以回答、浪费时间、使人感到窘迫的问题。

10)要做到文字简洁、问题流畅。注意与被调研者中文化程度最低者的沟通技术。一个问题转到另一问题时,注意逻辑关系、用词和语气,如从一般到个别、容易到困难等。

4. 结束语

网络调研问卷的结束语一般在问卷的最后，采用开放式的问题，征询被调研者的意见。结束语要求简洁明了，有的问卷可以不要结束语，但对被调研者的感谢语句不可少。

步骤三 设计网络调研问卷

根据调研行业和调研方向的不同，问卷的设计在形式和内容上也有所不同，但是无论哪种类型的问卷，其设计过程包括以下七个步骤。

1. 确定调研目的和主题

设计问卷的目的是更好地收集市场信息，因此在问卷设计过程中，首先要确定调研目的和主题。

2. 确定所需资料、数据及其来源

要明确收集的资料是一手资料还是二手资料，通过何种方式获得，即确定问卷调查的方法：E-mail 问卷法、交互式 CATI 系统、网络调研系统等。

3. 确定调研问题及答案形式

根据所需的信息资料及数据来确定所需调研的问题及其问题的应答形式。应答形式可采用开放式、封闭式及量表式。

4. 确定问卷的流程和编排

问题不能随意编排，每一个问题的位置安排都应具有一定的逻辑性。问题联系越紧密，调研对象的思考和回答就可能越仔细，调研人员就越可能得到全面、完整、彻底的答案。

5. 问卷评估和修改

问卷设计到这一步，草稿已初步完成。此时应做一些批评性的评估，例如问题是否必要、问卷是否太长、问卷是否回答了调研目标所需的信息、开放式问题是否留足空间、问卷说明是否使用明显字体等。

6. 预先测试和修订

问卷初稿设计好后，不能盲目地进行正式调研，而应选择少数被调研者进行预试调研，例如通过 E-mail 问卷法，寻找问卷中出现的问题。任何需要修改的地方都应及时改动，使问卷趋于完善，最后定稿采用。

7. 定稿实施

此时，问卷可以根据不同的数据收集方法用于正式网络市场调研。

知识拓展 2-11

问卷设计过程中的注意事项

1）明确调查目的和内容，问卷设计应该以此为基础。
2）明确针对人群，问卷设计的语言措辞选择得当。
3）在问卷设计的时候，就应该考虑数据统计和分析是否易于操作。
4）卷首最好要有说明（称呼、目的、填写者受益情况、主办单位），如有涉及个人资料，应该有隐私保护说明。
5）问题数量合理化、逻辑化、规范化。
6）最后，即使是一份很成功的问卷，也不是一制定好就是成功的，必须要经历实践的考验，所以在问卷初步设计完成时，应该设置相似环境，小范围试填写，并根据结果反馈，及时进行修改，只有这样才能够达到试调的目的，就是以准确的数据和分析来为策略做有价值的参考。

步骤四

发放并回收网络调研问卷

利用在线调研网站、企业网站、论坛、聊天室（群）和 E-mail 等工具都可以发放问卷。其中，在线调研网站不仅可以发放问卷，对于回收和分析问卷数据也十分方便，如问卷星，可提供样本服务，如图 2-2 和图 2-3 所示。在样本服务中，通过性别、年龄、地区、职业、行业、财产等多种样本属性，精确定位目标人群；设置甄别页可以进一步过滤掉不符合条件的填写者；同一个 IP 地址、同一台计算机、同一用户名都只能填写一次，被筛选为无效答卷或者被甄别页排除掉的填写者不能再次填写；利用自动筛选、选项配额、答题时间、随机调整顺序等方式进行规则控制；项目执行过程中随时登录问卷星查看最新答卷的详细情况，也可手动进行排查。项目只有经过调研者确认达到订单中约定的目标后才会结束。这些都保证了回收的问卷数据真实有效。

图 2-2 问卷星首页

图 2-3　问卷星样本服务

触类旁通

北京师范大学：网购消费信心指数调研报告

2021 年 11 月，北京师范大学发布了《2021 网购消费信心指数调研报告》，对我国消费者的网购信心、意愿、消费行为、偏好情况等进行了综合分析。

课题组表示，本次调查通过电子化方式采集样本，以网络系统发放问卷，按照第七次全国人口普查结果，样本覆盖全国 34 个省级行政单位，综合性别、年龄、城乡分布进行抽样数额的参考，进行配额抽样，覆盖不同区域、不同年龄、不同职业、不同收入水平人群，受访者超过 7 000 人。

此次课题组调研的样本人群平均年龄为 35 周岁，拥有大学及以上学历的群体占 86%，调查总人数中的 99% 人群有过网购经历。其中，受访时在上周网购花费 100 元以下、100～500 元、501～1 000 元的消费人群分别占据 15.2%、39.6% 以及 22.1%。

报告显示，近一半受访者最为认可"消费要讲究性价比、理性节制"的网购消费观念，"消费要享受乐趣和个性，注重情感联结和品质细节"的观念认可度次之，达到 31%。

具体到不同性别、不同代际、不同区域的消费群体，人群也表现出消费观念认同程度的差异。相比于男女的消费观念差异，不同代际人群之间的差异更加显著。其中，"90 后"群体对于"消费要享受乐趣和个性"的观念认同度最高。"70 后""60 后"对于"消费要讲究高性价比，理性节制"的认同度则比其他群体都要高。

结果显示，我国网购消费者的信心指数趋势向好，正在温和上涨。网购消费人群越来越注重商品的高性价比，同时，国货品牌正在引领新电商平台的新消费潮流。

请讨论：北京师范大学课题组采用了什么调研方法？此次调研旨在获取哪些信息？

任务4　实施网络市场调研

任务要点

关　键　词：网络市场调研，调研报告
理论要点：网络市场调研报告的内容
实践要点：编写网络市场调研报告

观察导入

爱立信：2019年十大热门消费者趋势报告

爱立信消费者实验室发布的《2019年十大热门消费者趋势》报告，列举了将在2019年流行起来的十大消费者趋势。爱立信消费者实验室指出，最新版本的消费者趋势报告评估了AI、VR、5G和自动化等新兴技术的消费者看法，反映了3 400万早期技术采用者的预测。

本次报告共访问了5 097名用户，而他们都属于全新数字技术的早期采用者。在样品中，47%的受访者至少每周都使用数字助手，如苹果Siri、Google Assistant和亚马逊Alexa等；31%的人每周都使用增强现实或虚拟现实技术。

爱立信列举的2019年十大热门消费者趋势如下。

1）可知觉：超过60%的虚拟助手用户认为能够理解消费者情绪的设备将在三年内成为主流。

2）智能争吵：超过65%的虚拟助手用户认为智能扬声器在三年内可以与家庭成员吵架。

3）间谍应用：超过45%的消费者认为应用程序在偷偷地采集数据。

4）强制同意：总是需要同意数据采集Cookie令51%的消费者感到厌烦。

5）Internet of skills：超过50%的AR或VR用户希望能够提供虚拟指导的应用程序、眼镜和手套。

6）零接触消费：大约一半的虚拟助手用户希望自动付费和订阅。

7）心理肥胖：31%的消费者希望前往"心灵健身馆"来锻炼自己的思考能力。

8）Echo Me：39%的消费者希望一种能够测量碳足迹的生态环境监测系统。

9）我的数字孪生：48%的AR或VR用户希望一个精确对应的虚拟化身。

10）5G自动化社会：20%的智能手机用户相信5G将能进一步优化物联网设备。

分析思考：如何根据以上数据完成一份网络调研报告？

任务实施

步骤一
了解调研报告

调研报告一般分为专门性报告和一般性报告。专门性报告是专供市场研究人员和市场营销人员使用的内容详尽具体的报告。一般性报告是供职能部门管理人员、企业领导使用的内容简明扼要而重点突出的报告。调研人员通常既要准备书面报告又要准备口头报告。这些报告应该根据对象的不同而采取不同的形式。

网络市场调研报告是网络市场调研的关键一步,也是最后一步。将前期调研收集的数据经过统计分析,得出有关结论和决策。要将整个调研成果用文字的形式表现出来,使调研真正为企业决策服务,则要形成网络调研报告。

网络调研报告是决定网络调研本身成败与否的关键。网络调研报告通过文字、图表等形式将调研结果表现出来,使调研者对所调研的对象和问题有一个全面系统的了解。因此,网络调研报告是网络调研所有活动的综合体现;它通过市场调查,透过数据现象分析数据之间的隐含关系,使对事物的认识从感性上升到理性,以更好地指导实践活动。

步骤二
掌握网络调研报告撰写的工作程序

根据调研目的和数据分析结果撰写网络市场调研报告。主要工作程序如下。

1. 拟定调研报告大纲

撰写网络市场调研报告前,先拟定调研报告大纲,包括报告的主要论点、论据、结论及报告的层次结构。请领导对于拟定的大纲进行审定或者进行讨论,修改通过后再进行初稿的撰写。

2. 撰写网络市场调研报告初稿

根据报告大纲由一人或数人分工撰写初稿。参与的人数不宜过多。报告努力做到准确、集中、深刻、新颖。准确,是指根据调研的目的,如实反映客观事物的本质及其规律性,结论正确;集中,是指主题突出中心;深刻,是指报告能较深入地揭示事物的本质;新颖,是指报告要有新意。

3. 讨论修改报告

在完成网络市场调研报告初稿的基础上组织讨论和修改。再次审查报告是否符合调研要求、分析方法是否得当、数据是否准确、结论是否正确、结构是否合理。具体注意各部分的写作格式、文字数量、图表和数据是否协调,各部分内容和主题是否连贯,顺序安排是否得当,然后根据意见进行修改。重要报告要反复进行修改,最后通过审查得到批准后,再正式提交或发布。

4. 正式提交或公布网络市场调研报告

调研报告经批准后,可以正式提交或发布。

步骤三

明确网络市场调研报告的内容

网络市场调研报告具备如下功能：描述调研结果、充当参考文件、证明所做工作的可信度。因此，一份完整的市场调研报告应包含下列 5 个部分：标题、内容摘要及关键字、调研目录、调研报告正文、参考资料与附件。

1. 标题

标题包括调研项目名称、客户或委托人、调研公司名称及项目负责人、报告撰写日期。

2. 内容摘要及关键字

300～500 字的简要介绍，包括背景、目的、意义、主要方法、主要结果和结论建议等。关键字为 5～7 个可以表达主要内容的字词。一般还应该翻译成英文，便于检索和交流。

3. 调研目录

调研目录主要表明调研报告内容的构成情况。

4. 调研报告正文

一般包括调研背景与目的、调研内容、相关说明、调研结果、调研方法与样本、数据分析以及主要结论与建议，也可以挑选或合并其中部分内容进行撰写。

（1）调研背景与目的

这一部分是整个调研方案的依据，对做调研的原因进行说明。需要着重说明的两个问题：企业的产品或服务当时所处的状态或面临的问题；在这种情况下，想通过调研解决什么问题。

调研背景内容一般包括：企业的行业特点与整体营销战略，企业的产品、服务、市场竞争力、广告方式等，竞争对手的市场占有率、营销策略、营销组合、市场反应、新动向等。

调研目的则要针对问题提出，例如市场销售下降，则探究下降的原因及其影响程度，以及哪些因素最重要。

（2）调研方法与样本

调研方法与样本主要将"时间""地点""人物""事件"等要素逐一交代，具体内容包括：阐述调研的方法、阐述抽样设计原理、介绍样本基本情况。其中调研方法包括问卷调查法、访谈法、观察调查法等；抽样设计原理指使用了什么样的抽样框，采取了何种抽样方法，具体抽样的过程，如时间、地点等；样本基本情况指样本容量、回收比率、有效样本比率，以及样本代表性分析，即分析回收样本基本结构，如性别结构、学历结构、年龄结构、家庭结构、地区结构、职业结构、收入结构等。

调研方法要说明调查的可靠性与科学性，其内容包括调研区域、调研对象、样本容量、抽样方法、资料采集方法、调研实施过程及问题处理、访问员基本情况、资料处理方法及工具、样本回收情况及有效样本。

（3）调研结果、结论与建议

调研结果可用不同的形式来表达（如文字、图、表）。结论和建议是调研报告的精髓部分，文字要简练，措辞要慎重、严谨、逻辑性强。要说明调研解决了什么问题，还有哪些问题没有解决；调研结果说明了什么问题，是否实现了原来的假设；指出要进一步研究的问题等。

5. 参考资料与附件

知识拓展 2-12

网络调研报告的基本要求

1. 让读者了解调研过程的全貌：为何研究、用什么方法进行研究、什么结果
2. 明确简洁、有说服力
3. 有严谨的结构
4. 充分核对数据
5. 利用统计图表展示资料
6. 明确的结论和建议
7. 打印格式工整、排版整齐、便于阅读

项目小结

在市场竞争日益激烈的今天，"酒香不怕巷子深"恐怕已无法完全代表所有的优质产品和服务，没有强有力的市场营销活动很难保证企业产品的成功。通过网络市场调研可以了解到市场的供求状况、消费者行为、竞争者状况等，有助于确定企业的生产计划和销售方案。

网络市场调研问卷是个人和企业常用并且行之有效的网络调研方法，它可以收集网上购物者和潜在顾客的信息，利用网络加强与消费者的沟通与理解，改善营销策略并更好地服务于顾客。为获得更客观、更公正、更专业的调研结果，可以采用第三方调研服务，网上问卷的设计要尽可能考虑时间、长度和速度的限制，提高问卷完成率，并可分阶段、有针对地进行，这样可以获得更多有价值的信息。

网络市场调研报告是网络市场调研结果的集中表现，是网络调研的最后一步，十分重要。它是为社会、企业、各管理部门服务的一种重要形式。调研的最终目的是将市场调研报告呈报给企业的有关决策者，以便他们在决策时参考。一个好的调研报告，能为企业的市场活动提供有效的导向作用。

应知应会

一、选择题

1. 以下不属于网络市场直接调研法的是（　　）。
   A. 网上观察法　　　　　　　　B. 访问专业信息网站查找资料
   C. 专题讨论法　　　　　　　　D. 网上实验法

2. 以下不属于二手资料的收集方法的是（　　）。
　　A．利用搜索引擎查找资料　　　　B．在线问卷法
　　C．利用相关的网上数据库查找资料　D．利用网络论坛查找资料
3. 下列关于网络市场调研报告的基本要求的说法，不正确的是（　　）。
　　A．报告明确简洁，有说服力　　　B．充分核对数据
　　C．利用统计图表展示资料　　　　D．结论和建议不必明确

二、填空题

1. ＿＿＿＿是营销链中的重要环节，没有＿＿＿＿，就把握不了市场。
2. 为了提高产品的＿＿＿＿、解决存在于产品销售中的问题或＿＿＿＿，我们通常会系统地、客观地识别、收集、分析和传播与市场相关的信息，从而把握供求现状和发展趋势，为＿＿＿＿提供正确依据。
3. Internet 作为 21 世纪新的信息传播媒体，它的高效、快速、开放是无与伦比的，它加快了世界经济结构的调整与重组，形成了＿＿＿＿、＿＿＿＿、＿＿＿＿、＿＿＿＿的经济走向。
4. 现代企业都开始借助互联网进行各种以市场调研为目的的活动，收集＿＿＿＿、了解竞争者的情报及调查＿＿＿＿等。
5. 市场需求调研主要是了解＿＿＿＿、＿＿＿＿、市场现有规模及发展潜力、产品需求发展趋势、＿＿＿＿营销策略、＿＿＿＿等，帮助经营者掌握目标市场的整体运作情况。
6. 消费者行为调研能让企业充分了解客户，这正是＿＿＿＿的关键所在。
7. 清楚了解＿＿＿＿，可以帮助企业设计和检验创新战略，了解＿＿＿＿给消费者的＿＿＿＿，判断品牌建设在＿＿＿＿中的作用。
8. 营销因素调研主要是对＿＿＿＿的调查，如本企业的＿＿＿＿、价格、＿＿＿＿、广告、商品服务、＿＿＿＿等信息。
9. 网络市场调研是充分利用了互联网的＿＿＿＿、＿＿＿＿、＿＿＿＿、＿＿＿＿等特点，从而展开调研工作。
10. 在做网络市场调研时，必须首先明确＿＿＿＿，避免浪费时间和精力。
11. 网络调研对象主要包括：＿＿＿＿，＿＿＿＿，＿＿＿＿和＿＿＿＿。
12. 网络市场调研是运用互联网和信息技术，以科学的方法，系统地、有目的地＿＿＿＿、＿＿＿＿、＿＿＿＿和＿＿＿＿所有与市场有关的信息，特别是有关＿＿＿＿、＿＿＿＿和＿＿＿＿等方面的信息从而把握市场现状和发展趋势，有针对性地制定营销策略，取得良好的＿＿＿＿和更高的＿＿＿＿。
13. 一份完整的在线问卷应包括＿＿＿＿、＿＿＿＿、＿＿＿＿、＿＿＿＿四部分组成。
14. 调研报告中的内容摘要一般＿＿＿＿字。

三、简答题

哪些工具可以用来发放网络调查问卷？

拓展训练

训练一　发放网络问卷

1．训练目的

了解网络问卷的特点，掌握其使用方法。

2．训练要求

以 2 或 3 人为一组，设组长一名，利用互联网登录问卷星，注册用户。

1）选择 3 份问卷进行试填，就试填的网络问卷进行评析，思考网络问卷的特点。

2）尝试围绕"职校生网络消费需求"的主题，设计一份不少于 10 道题的网络问卷，发放问卷、回收答卷并做相关数据分析。

3．成果展示

以小组为单位，小组代表展示以下内容：

1）网络问卷的特点。

2）小组自定主题的网络问卷，并说明其调研的目的和意义。

3）展示回收的相关数据分析。

训练二　分析网络调研报告

1．训练目的

了解网络调研报告的特点和结构，能从调研报告中找到所需信息。

2．训练要求

在中国互联网络信息中心上读两篇调研报告。分析调研报告的特点和结构，归纳两篇调研报告的结论与建议，总结调研报告的结构。

3．成果展示

若干同学在全班展示调研报告的结论与建议，分析调研报告的结构。

训练三　撰写网络调研报告

1．训练目的

掌握调研资料的整理步骤和方法，能够运用网络来收集相关资料并进行整理；能规范地撰写网络调研报告。

2．训练要求

同训练一的分组情况一样，以 2 或 3 人为一组，设组长一名。根据训练一中网络问卷的发放和回收情况，对收集到的调研数据进行整理，并参考调研报告的写作格式，撰写"职校生网络消费需求调研报告"。

3．成果展示

以小组为单位，将调研报告的内容制作成 PPT 并进行展示。展示时，要求小组每位成员都要参与到展示中。

项目 3

把握网络消费者购买决策

杂志《时尚新娘》评选出明星推荐的最浪漫珠宝,桂冕终属于Darry Ring(DR真爱戒指)。Darry Ring是深圳戴瑞珠宝旗下的国内独立运作钻戒品牌,创立为2010年,品牌定位是求婚钻戒,主要销售方式是通过自有官方商城,2011年在深圳开设第一家线下实体店。Darry Ring独特的规定是:每位男士凭身份证ID,一生仅能定制一枚,这样独树一帜的浪漫格调,成为无数情侣喜爱并推崇的求婚钻戒品牌。Darry Ring(DR真爱戒指)实名定制模式可谓是珠宝界跨时代的革新创举,掀起了一场珠宝行业的重大革命,风潮席卷全球。跟风者屡屡有之,不少品牌纷纷转而将自己的产品贴上了一生唯一真爱标签,更有甚者从名字到官网、甚至是产品都完全复制Darry Ring,一些礼品行业也开始了真爱唯一理念的宣传,但却无一能有Darry Ring这般傲人的成就。对于Darry Ring来说,更用心地服务好每一位DR族是核心,为此一系列的真爱服务便诞生了。购买前需要签订真爱协议,一旦落款签订便长久保留,终生不可更改或删除;可以随时查询购买记录,接受检验;购买之后可在官网上开通情侣专属页面,留下每个幸福点滴的瞬间。Darry Ring这一份理念贯彻着每个细节,从钻戒的设计到服务,无不体现出对真爱的追求。如此独特的营销理念把握住了女士对于追求一生一世爱情的心理,让许多女性以拥有一枚Darry Ring作为幸福的象征。此外,Darry Ring还提供终身保养、以小换大、15天退换、全国免运费等服务。

思考:Darry Ring为何能受到网络消费者的青睐?

教学导航

学习目标

◎ 知识目标

理解网络消费、网络消费者、网络消费者行为的含义;了解网络消费发展的历程及特征、网络消费者类型、网络消费现状、网络消费者行为研究的任务和意义;掌握网络消费者的特征、网络消费者行为的特征。

◎ 能力目标

能够联系网络购物行为,分析网络消费的表现;能区别不同类型的网络消费者并对其特征进行分析;能分析具体的网络消费者行为及其特征;根据研究现状和研究任务,分析开展网络消费者行为研究的意义。

🌀 **本项目重点**

分析具体的网络消费者行为及其特征。

🌀 **本项目难点**

分析网络消费者的特征。

任务引入

中国在线知识付费市场的发展

21世纪以来，我国居民人均可支配收入快速增长，人们对于以吃、穿等基本生存需求为主的消费比例降低，发展型消费提高，对以人力资本投资为主的教育、文化、娱乐新消费结构正在形成。2012年以来，我国文化产业增加值持续增长，自1.8万亿提升至3.1万亿，涨幅超过70%。在宏观环境支持下，我国文化产业规模增速显著提升。

多年以来，免费、丰富的互联网内容为用户提供了便捷获取信息的途径，同时也提升了用户进行内容筛选的复杂程度。而伴随着视频网站会员制度、数字音乐专辑等的推出，市场教育程度显著提高，网民逐步养成为优质互联网内容付费的习惯。2019年，在线视频用户付费规模已达到582.2亿元，如图3-1所示。整体而言，内容付费渗透率还将持续提升，内容付费市场潜力巨大。

图3-1　中国在线视频用户付费市场规模

由于物质需求已被基本满足，一部分节约下来的时间将投入到精神文化的消费中。生活节奏的加快和生活环境的复杂化使跨领域基础知识的场景化应用成为必备技能。从免费且海量的互联网内容转向需要付费、目的性强的在线知识服务，用户对即将浏览、收听的内容有了更为清晰的认知，得到了更加明确的获得感，并形成了相对正向的自我预期，从而能够缓解复杂外部环境造成的内部焦虑；付费所形成的契约关系也促使内容方针对市场需求点不断提高生产运营能力，以保障其输出的内容及服务质量。

用户在使用知识服务产品的过程中，对于内容的辨别和筛选能力提升，一部分人群逐渐建立为高效获取优质内容付费的理念和习惯。在解决了初步需求之后，对于同领域进一步的深度需求和其他领域需求，用户将形成纵向和横向的知识付费产品复购意愿。艾瑞咨询统计，中上游内容方的在线知识付费产品平均复购率为30%。知识付费模式无法替代主流教育方式中传统知识获取方式，但能够作为补充和延续，满足用户类型广泛、长期性、阶梯式的知识获取需求。

2019年，K12教育的占比已提升到21.3%，而高等教育及职业培训的占比下降到75%的水平，如图3-2所示。

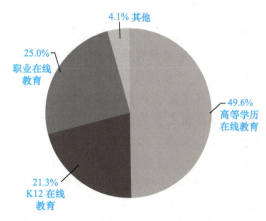

图3-2　2019年中国在线教育市场规模细分结构

关注与思考：
1）网络消费者购买在线教育产品的决策内容是什么？
2）消费者通过网购平台购买教育产品，有着怎样的决策过程？
3）影响在线教育消费者满意度的因素有哪些？
4）如何提高在线教育的品牌忠诚度？

任务分析

通过观察分析、案例研讨、角色扮演、实战训练等方式把握网络消费者的购买决策，理解并掌握：网络消费者购买决策的内容及过程、提升网络消费者满意度的方法及应对抱怨的对策、建立品牌忠诚度的方法。

任务1　掌握网络消费者购买决策的内容

任务要点

关　键　词：购买决策、网络消费者
理论要点：购买决策的含义，购买决策的内容
实践要点：能站在不同的网络消费者角度确定决策的内容

观察导入

网上外卖行业进入提质升级阶段

第 45 次《中国互联网络发展状况统计报告》显示，截至 2020 年 3 月，我国网上外卖用户规模达 3.98 亿，占网民整体的 44.0%；手机网上外卖用户规模达 3.97 亿，占手机网民的 44.2%。

2019 年，从需求端看，外卖平台不断扩展服务边界，逐步形成下沉市场和细分场景。尽管新冠疫情对外卖用户需求造成了较大冲击，但由于用户习惯已经形成，随着疫情缓解和餐饮行业复工复产逐步推进，外卖需求将进一步恢复。用餐需求也从正餐向甜点饮品、下午茶、夜宵等细分场景纵向延伸，逐步形成以夜宵外卖为代表的"夜经济"消费。同时，外卖服务加快横向拓展，满足生鲜菜蔬、药品配送等即时配送服务需求，加快带动以社区生鲜、拼团买菜为代表的零售新模式发展，进一步丰富线上线下零售业态。例如在新冠疫情期间，外卖平台推出买菜、买药、闪购等到家服务，在培育更多线上消费习惯、补充传统商超等零售业的同时，也加速推动了平台生态的进一步构建。

分析思考：请结合实际谈谈，新冠疫情期间，网上外卖的购买者是谁？买了什么？为什么买？什么时候买？从哪儿买？怎么买？

任务实施

步骤一
了解谁来购买

一般认为，网络消费者购买决策内容同普通消费者购买决策内容相同。了解谁来购买，也就是确定购买决策的参与者有哪些。不同的购买决策可能由不同的人参与，同一购买决策也可能由不同的人参与。即使某一购买决策只有一个人参与，他在购买决策过程的不同阶段所充当的角色也是不同的。

知识拓展 3-1

消费者购买决策

消费者购买决策是指消费者谨慎地评价某一产品、品牌或服务的属性并进行选择、购买能满足某一特定需要的产品的过程，是消费者将购买动力转化为购买活动的过程。广义的消费者购买决策是指消费者为了满足某种需求，在一定的购买动机的支配下，在可供选择的两个或者两个以上的购买方案中，经过分析、评价、选择并且实施最佳的购买方案，以及购后评价的活动过程。它是一个系统的决策活动过程，包括需求的确定、购买动机的形成、购买方案的抉择和实施、购后评价等环节。

经营者不仅要了解消费者的特征，也要了解网络消费者购买决策的所有参与者。这些参与者虽然扮演的角色不同，但都对购买决策产生了影响。网络消费者可能扮演以下角色中的一种或几种。

1）发起者：首先提出购买某种商品或服务的人。

2）影响者：有形或无形地影响最后购买决策的人。

3）决定者：最后决定整个购买意向的人，在是否买、买什么、买多少、什么时候去买、在哪买等方面能够做出完全或部分的最终决策。

4）购买者：实际执行购买决策的人。直接与卖方谈交易条件，进行付款和商品的交收等。

5）使用者：实际使用或消费所购商品或服务的人。

案例赏析：天气渐冷，小王决定在网上买一件羽绒服，当他看到周围同学穿上羽绒服后臃肿的样子就放弃了购买羽绒的念头。当他和同桌谈起买衣服时，同桌建议他买呢子大衣，既保暖又好看。小王思虑再三，决定在"双十一"当天去淘宝买，会便宜很多。但小王发现自己的支付宝账号内没有钱，为了能赶上"双十一"买到称心如意的大衣，他早早地看好大衣，并委托同桌帮他在"双十一"那天拍下这件大衣，快递由同桌代为接收。"双十一"后的一个星期，小王终于收到了呢子大衣。在该案例中，小王首先提出购买衣服，他是发起者；小王的同学和同桌都是有形或无形地影响最后购买决策的人，因此是影响者；最后决定购买呢子大衣款式、颜色、商家的决定者是小王；实际在淘宝上进行购买的是小王的同桌，因此小王的同桌是购买者；最后穿上这件呢子大衣的是小王，他是使用者。

从案例中可以看出，消费者的购买一般以个人或家庭为单位，大部分时候以上5种角色分别由几个人担任。在以上5种角色中，决定者是最重要的，也是网络营销人员最为关注的，他直接决定购买过程各方面的内容，所以营销者要懂得辨认某项购买决策的决定者。比如，男性一般是电子类、烟酒类等的购买决定者，女性一般是化妆品、家庭日用消费品、厨房用品、婴幼儿用品、服装等的购买决定者，高档耐用消费品如汽车、住房等则由多人协商决定。教育、旅游、储蓄等服务类商品也由多人共同决定。

对消费者购买决策参与者的分析，使得企业能根据家庭各成员在购买决策过程中担任的角色进行有针对性的营销活动。

步骤二

看看网络消费者购买了什么

了解购买什么，也就是确定购买的目标和对象是什么，是消费者根据自己的购买动机，来选择具体某种商品来满足自己的需要。

需要注意的是，消费者真正要购买的东西是能够给他们带来效用或利益的，而不是物品本身。例如，消费者购买洗衣机，并不是为了获得洗衣机本身，而是为了能够消除洗衣服的劳累。当然洗衣机的外观造型、使用年限、功能、送货速度、安装、售后服务等条件越优越，越会给消费者带来满足。

企业在进行网络营销时，要善于发现网络消费者购买产品所追求的利益和效用，更好地满足消费者的这种基本需要，同时，也要在产品形式、服务体验等多方面动脑筋，从而增强对网络消费者的吸引力。

步骤三

想想网络消费者为何购买

了解为何购买，也就是确定购买背后的动机是什么。这是消费者决策的核心问题，是消费者购买商品的最直接的原因和动力。有的消费者的购买行为是经过深思熟虑的，有着非常明确的动机，这种购买可以称为计划性购买。有的消费者的购买则是突然的，源自强烈的冲动，在此之前并没有强烈的动机，这种行为就是冲动性购买。例如有的消费者看见淘宝的"双十一"活动，没有多做考虑就参与购买了。网络消费者可能会因为外部网络营销策略和他人的购买经验，就做出了购买的决定。

知识拓展 3-2

疫情下的生鲜电商

新冠疫情对于用户选择线上生鲜平台的影响相对较小，并且随着线下渠道的使用率降低，综合电商平台成为生鲜购买使用率最高的渠道；而生鲜电商未来一段时间的消费趋势将高于整体市场。

在选择生鲜电商时，基于疫情期间而提供的特殊服务——无接触配送成为用户首要看重因素，如图3-3所示。此外，相对商品价格，保障商品品质和提高 SKU 覆盖是更为有效的用户运营方向。

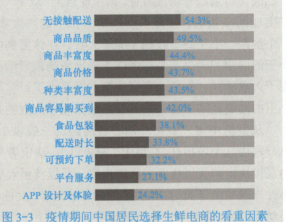

图 3-3 疫情期间中国居民选择生鲜电商的看重因素

步骤四

了解网络消费者何时购买

了解何时购买，也就是确定购买的时间。对于不同的产品，网络消费者的购买时间和频次都是不同的。购买时间和频次的差异，既与消费者本身的需要和动机有关，也受个人的经济条件、个性特点、产品本身的时令性和价格、网络促销等因素的影响。根据电子营销机构 Episerver 2019 年的调查显示，62% 的消费者每月至少网购一次；26% 的消费者每周网购一次；3% 的消费者每天网购一次。虽然许多消费者定期在网上购物，或者在网上寻找要购买的产品，但是也有消费者在购物过程中犹豫不决。调查数据显示，46% 的消费者因为选项太多最终放弃购买。

步骤五

探知网络消费者何地购买

了解何地购买，也就是确定购买的地点，或者说是选择购物平台。当网络消费者决定购买什么的时候,会在不同的平台上进行选择。他们在选择网购平台时,除了受自身特性的影响外,还受网购平台本身形象的影响。售卖产品的种类是否丰富、产品价格是否便宜、物流快递服务是否好、用户体验是否好等都会影响网购平台在消费者心中的形象。成功的网购平台一般都具有鲜明的形象,而这种形象也受到众多网络消费者的欢迎。

网络消费者自身对购物过程的看法也会影响其对网购平台的选择。如一些女性追求时尚购物体验,会选择美丽说;有的消费者比较青睐唯品会,因为在那里充满乐趣的限时抢购模式为网络消费者提供一站式优质购物体验;还有的消费者喜欢淘货,认为淘货是一个充满乐趣的过程,这时可能会选择淘宝网;也有的消费者追求价格低廉,则会选择拼多多。

知识拓展 3-3

电商平台类型发展方向分析

从近十年电商平台的增长数量来看,整体电商平台逐年的增量维持在百位至千位量级,市场参与者不断增加,消费者触达电商营销的渠道不断扩充。从具体电商类型来看,非综合类电商得到良好发展,增量占比维持在总体的 90% 左右。不同电商类型的出现和数量增多,使电商平台间的竞争更为激烈,电商平台为解决如何以最高效的方式触达消费者、提升品牌主和商户的投放转化率等关乎竞争壁垒的问题而不断升级和创新营销玩法,也为电商营销进一步扩充了策略和模式。

在电商市场中,长时间维持着以淘宝、京东等传统综合型电商为市场主导的局面,其所提供的商品品类丰富、货源广布,供应链系统成熟且完善,能够在多地区实现本地化仓储和配送,大幅度降低了配送成本和运营成本。为求在持续增长的市场中分一杯羹,竞争者开始以垂直类商品、用户精细化运营、借势独有属性为策,形成商品品类垂直型电商,会员型、社区型等私域电商,以及内容型、拼团型等独特属性电商,来获取差异化的竞争优势。不同电商也在逐渐融合借鉴着其他电商的属性和优势,进一步加强了电商营销的丰富多变性。

2020 年中国电商平台类型演进如图 3-4 所示。

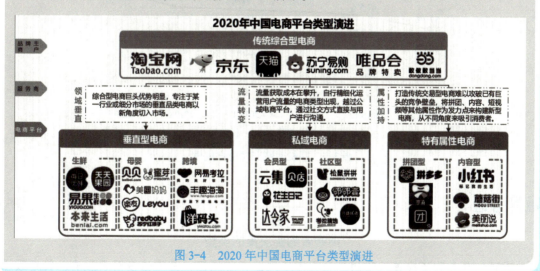

图 3-4　2020 年中国电商平台类型演进

步骤六
知晓网络消费者的支付方式

了解支付方式,也就是确定网络消费者习惯用的支付手段。支付在整个网络购物的流程中占据重要地位,不仅是购买完成的关键节点,也是消费者选择购买方式时考虑的重要因素。在网络支付市场上,传统的支付方式并不占优势,如货到付款、自提现场付款等。一方面是由于网络购物平台对支付方式的限制,另一方面是由于网络购物的发展,带动了用户支付方式由线下到线上的转变。

第三方支付平台借力于以淘宝为首的C2C网购平台而发展迅速,网络支付与手机网络支付的规模逐年攀升,如图3-5和图3-6所示。网络支付覆盖的领域日趋广泛,加速向垂直化应用场景渗透,推动了数字经济与实体经济的融合发展。

图3-5 网络支付用户规模

图3-6 手机网络支付用户规模

触类旁通

消费者购买决策的类型

不同消费者购买决策过程的复杂程度不同,究其原因,是受诸多因素影响,其中最主要的是参与程度和品牌差异程度。同类产品不同品牌之间的差异越大,优质品牌的产品价格越昂贵,消费者越是缺乏产品知识和购买经验,感受到的风险越大,购买过程就越复杂。比如,牙膏、火柴与计算机、轿车之间的购买复杂程度显然是不同的。阿萨尔(Assael)根据购买者的参与程度和产品品牌差异程度区分出四种购买行为类型。

1. 复杂的购买行为

如果消费者属于高度参与,并且了解现有各品牌、品种和规格之间具有的显著差异,则会产生复杂的购买行为。复杂的购买行为指消费者需要经历大量的信息收集、全面的产品评估、慎重的购买决策和认真的购后评价等各个阶段。比如,家用计算机价格昂贵,不同品牌之间差异大,某一消费者想购买家用计算机,但又不知硬盘、内存、主板、中央处理器、分辨率、Windows等为何物,对于不同品牌之间的性能、质量、价格等无法判断,贸然购买有极大的风险。因此他要广泛收集资料,弄清很多问题,逐步建立对此产品的信任,然后转变成态度,最后才会做出谨慎的购买决定。

对于复杂的购买行为,营销者应制定策略帮助购买者掌握产品知识,运用印刷媒体、电波媒体和销售人员宣传本品牌的优点,发动商店营业员和购买者的亲友影响最终购买决定,简化购买过程。

2. 习惯性的购买行为

对于价格低廉的、经常性购买的商品,消费者的购买行为是最简单的。这类商品中,各品牌的差别极小,消费者对此也十分熟悉,不需要花时间进行选择,一般随买随取就行了。例如,买油、盐之类的商品就是这样。这种简单的购买行为不经过收集信息、评价产品特点、最后做出重大决定这种复杂的过程。

对习惯性的购买行为,营销者可采用以下营销策略:

1)利用降低价格与促销手段吸引消费者试用。

2)开展大量重复性广告加深消费者印象。在低度参与和品牌差异小的情况下,消费者并不主动收集品牌信息,也不评估品牌,只是被动地接受包括广告在内的各种途径传播的信息,根据这些信息所造成的对不同品牌的熟悉程度来选择。消费者选购某种品牌不一定是被广告所打动或对该品牌有忠诚的态度,只是熟悉而已。购买之后甚至不去评估它,因为并不介意它。因此,企业必须通过大量广告使顾客被动地接受广告信息而产生对品牌的熟悉。

3)增加购买参与程度和品牌差异。在习惯性的购买行为中,消费者只购买自己熟悉的品牌而较少考虑品牌转换,如果竞争者通过技术进步和产品更新将低度参与的产品转换为高度参与并扩大与同类产品的差距,将促使消费者改变原先习惯性的购买行为,寻求新的品牌。提高参与程度的主要途径是在不重要的产品中增加较为重要的功能和用途,并在价格和档次上与同类产品拉开差距。

3. 寻求多样化的购买行为

有些品牌之间有明显差别,但消费者并不愿在同一品牌上花费时间与金钱,而是不断变化他们所购商品的品牌。如在购买点心之类的商品时,消费者往往不需要很长时间来选择和估价,下次买时再换一种新花样。这样做往往不是因为对产品不满意,而是为了寻求多样化。比如购买饼干,他们上次购买的是巧克力夹心,这次购买的是奶油夹心。这种品种的更换并非对上次购买的饼干不满意,而是想换换口味。

对于寻求多样化的购买行为，市场领导者和挑战者的营销策略是不同的。市场领导者力图通过广告来鼓励消费者形成习惯性的购买行为。而挑战者则以较低的价格、折扣、赠券、免费赠送样品和强调试用新品牌的广告来鼓励消费者改变习惯性的购买行为。

4．化解不协调的购买行为

有些选购品的品牌之间区别不大，而消费者又不经常购买，购买时有一定的风险性。对这类商品，消费者一般先在几家网购平台或网上商店看看商品，进行一番比较，而后花费较短时间就买回来，这是因为各种牌子之间没有什么明显的差别。一般如果价格合理、购买方便、机会合适，消费者就会决定购买。

购买以后，消费者也许会感到有些不协调或不够满意，也许商品的某个地方不够称心，或者听到别人称赞其他种类的商品。在使用期间，消费者会了解更多情况，并寻求种种理由来减轻、化解这种不协调，以证明自己的购买决策是正确的。

对于这类购买行为，营销者要提供完善的售后服务，通过各种途径经常提供有利于本企业和产品的信息，使顾客相信自己的购买决定是正确的。

讨论： 结合实际情况，谈谈自己或身边的同学是否存在以上四种类型的购买决策，并分析一下最终促成购买的原因。

任务 2　熟悉网络消费者行为的决策过程

任务要点

关　键　词：网络消费者行为、需求和决策
理论要点：网络消费者行为的决策过程
实践要点：能模拟网络消费者行为的决策过程

观察导入

直播为 GMV 贡献主要"增量"

"618"原本只是京东的店庆日，历年来看，热度和规模都不能和"双十一"相提并论。但 2020 年受疫情影响，各大平台纷纷铆足劲进行了声势浩大的宣传，据《百度 618 电商搜索大数据报告》显示，2020 年的"618"热度已经创出了五年的新高，并且热情也已经超越"双十一"，整体的搜索热度较去年"双十一"增幅高达 95%。

全行业参与热情高涨，各大平台销售额创纪录。单是天猫（6982 亿）和京东（2692 亿）在"618"期间的 GMV（商品交易总额）已接近万亿。具体来看，天猫 6 月 18 日当日，首小时成交额同比增长 100%，3 万个天猫商家同比增长翻倍，1 万多个品牌增长超过 10 倍；京东在 6 月 18 日当天，前 10 分钟整体成交额同比增长 500%，手机、家电、厨卫、家清等类目创销售额新高。

拼多多虽然未公布 GMV 相关数据，但对于 2020 年这次狂欢节，它的玩法简单粗暴，直接将补贴从售价的 10%～20% 提升到 50%～60%，补贴不设上限，不需预售、定金和凑单等。最终带来的结果是，整个"618"期间，订单量较去年同期增长 119%，农副产品拼单总数超 3.8 亿，通过"百亿补贴"累计补贴商品超 1.3 亿件，为消费者节省资金 30 亿元。

另外，苏宁易购官方数据显示，"618"当天全渠道销售规模增长 129%。其中前 1 小时内零售云销售额增长 431%，苏宁家装前 1 小时销售额同比增长 283%。

不得不提的是，直播间是 2020 年电商年中大促的流量聚集地，也成为各大平台 GMV 的重要贡献来源。

淘宝直播正式开场第一天，单日成交支付金额超过 51 亿元。整个"618"期间，开直播的商家数量同比增长 160%。淘宝直播成为今年天猫"618"的关键增量。从开播场次上看，2020 年同比 2019 年增速超过 123%。

天猫"618"期间吸引了超过 300 位明星、600 位总裁加入直播带货行列。通过数据分析发现，天猫"618"期间明星参与直播的直播间，观看时长平均增长了 343%，粉丝平均增长了 670%。

从这个角度来说，因为明星对粉丝的影响力和号召力，直播成为助力品牌出圈的一大利器。京东方面，头部商家 100% 开播，18 个品牌直播间破亿，83 个品牌直播间破千万。京东快手首场直播带货专场销售额达 14.2 亿。

分析思考：什么是直播？直播带来的 GMV 增量背后隐藏着怎样的消费者购买决策过程？该过程与传统的决策过程有何区别？

任务实施

步骤一
唤起网络消费者的需求

网络购买过程的起点是诱发需求，当消费者认为已有的商品不能满足需求时，才会产生购买新产品的欲望。这种不满足来自于消费者理想状态与实际状态之间的差距感知。所谓理想状态是指消费者当前想达到或感受的状态，而实际状态则是指消费者对当前的感受及处境的认知。网络消费者需求的唤起就是消费者的理想状态与实际状态之间的差距达到一定程度并足以激发消费者决策过程的结果。

在传统的购物过程中，消费者的需求是在内外因素的刺激下产生的，即在内外部因素的交互刺激下，消费者对市场中出现的某种商品或服务发生兴趣，从而产生购买的欲望。

对于网络营销来说，诱发需求的动因只能局限于视觉和听觉，如文字的表述、图片的设计、声音的配置、视频的链接等。因而，利用网络营销吸引消费者具有一定难度。作为企业或中介商，一定要注意了解与自己产品有关的实际需求和潜在需求，掌握这些需求在不同时间内的迫切程度以及刺激诱发的因素，以便设计相应的促销手段去吸引更多消费者浏览网页，诱发他们的需求。

知识拓展 3-4

需要和需求

需要是有机体感到某种缺乏而力求获得满足的心理倾向,它是有机体自身和外部生活条件的要求在头脑中的反映。消费者需要是指在一定生产力水平和生产关系下,人们为了满足自己的生存和发展,对获得物质财富和精神财富的愿望或欲望。

欲望是指想得到衣食住行、安全归属、受人尊敬、自我实现等需求的具体满足品的渴望,是个体受不同文化和社会环境影响而表现出来的对需要的特定追求。

需求是指人们在欲望驱动下的一种有条件的、可行的、最优的选择,这种选择使欲望达到有限的最大满足,即人们总是选择能负担的最佳物品。欲望是人类没有购买力(purchasing power)去满足的。当人类有能力去满足,则称为需求。

需求不等于需要。形成需求有三个要素:对物品的偏好、物品的价格和个人的收入。需要只相当于对物品的偏好,并没有考虑支付能力等因素。一个没有支付能力的购买意愿并不构成需求。需求比需要的层次更高,涉及的因素不仅仅是内在的。

1. 突出网上商店自身特色,吸引网络消费者的注意

优雅的购物环境、与众不同的商店特色都有助于激发传统消费者的购买欲望并促成其形成现场购买。同样,网上商店也需要突出自身的特色,吸引网络消费者的注意,为他们创造良好的购物环境。

在网络购物环境下,消费者同时面临的选择几乎是无限的。大量的网站介绍、广告、图片、动画等作用于消费者的感觉器官,消费者只会有选择性地关注一部分事物,并对其中的某些事物产生清晰的反应。

知识拓展 3-5

消费者注意的刺激物

1)与消费者目前的需要有关的。例如某消费者近期有购买洗衣机的打算,他就会直接被与洗衣机有关的产品信息、广告、图片等吸引。

2)与消费者的兴趣相关的。例如对数码电子产品比较感兴趣的消费者,往往会被网上发布的最新款的电子产品的广告所吸引。

3)变化幅度大于一般的、较为特殊的刺激物。当前的网络用户以年轻人为主,他们喜好新鲜事物,对新颖、时尚、与众不同的事物抱有强烈的好奇心。

因此,网上商店的店铺装修应主题鲜明,紧扣自身定位,在结构和背景上体现出自己独特的一面,体现自身的企业文化和经营理念。同时,搜索界面要清晰、方便,注意信息的丰富、有趣和及时更新,在网页中将文字、图像、视频、音乐等多种元素融合,提供网站导航支持、站点结构图与其他网站的链接、BBS、聊天和娱乐栏目,使消费者将轻松浏览、顺利购买、消遣娱乐和社会交往融于一体,充分吸引眼球,诱发消费需求的产生。

2. 满足消费者个性需求

据艾媒咨询的调查报告显示，中国网购用户人群偏年轻化，19～40岁的用户占网购全体用户的70%，可以说80后和90后是主流消费人群。东部沿海地区经济发达且网民基数大，网络购物用户也主要分布在东部经济发达地区。

这部分人群大多数都有自己独立的思想、喜好、见解和想法，相信自己的判断能力，所以他们对产品的具体要求越来越独特，而且变化很快，个性化越来越明显。因此，经营者在开展网络营销时，应充分发挥网络的优势，根据消费者的不同特征划分不同的目标市场，满足消费者的个性化需求，提供定制化服务，使产品集个性、独特、新颖、时尚于一身。

3. 提高产品的显示效果

网络购物的一个难以避免的弊端是消费者无法见到商品实物，只能通过图片、视频等形式对商品形成一个印象。但部分购物网站存在着不少问题，如产品难以快速查找到，链接打开太慢或者无法打开，图片显示太慢等，造成消费者购物十分困难。这使得一部分潜在客户群渐渐流失，而新客户的培养要付出更多时间，这就间接减少了购买的次数。因此，使用清晰的图片，动态、三维地表现产品是提高产品展示效果的一个重要途径。但是当大量的图片、特征放大展示及三维立体模型被添加到网站上，在切实提高了产品展示效果及浏览人数的同时，访问速度也随之下降。因此，网络营销者应对网络前沿科技保持高度敏感与关注，力求在不牺牲访问速度的前提下，不断提高产品的显示效果。

此外，网络营销者对商品的文字描述也是影响网络消费者需求的重要因素。网络消费者在收集信息时，文字描述使他们对商品本身形成一个整体印象。网络营销者对自己的产品描述不充分、语言模棱两可，就不能吸引众多的消费者，且容易让消费者对产品的认识产生歧义。但如果对产品的描述过分夸张，甚至带有虚假成分，则可能永久地失去顾客。因此，网络购物的商家进行产品描述时，应尽可能做到语言描述充分、准确，减少消费者对产品的误解。

4. 强化折扣策略

价格是竞争的第一门槛。同样的货，谁更有性价比，谁就更能吸引消费者。"订单整体打折""订单满额减价"与"订单金额超过一定金额后免运费"都是网络消费者很喜欢的方式。

网络消费者也具有求廉的心理，价格始终是消费者最敏感的因素之一。网络营销者可以建立"打折信息"专门栏目，消费者只要进入专栏，就可以轻松获得各个热销产品的信息以及价格，通过链接快速进入消费者认为适合的页面，完成购物活动。例如返利网、美丽说、蘑菇街等均有这类活动。此外，折扣策略也能诱导消费需求的产生。这种方式可以让消费者直接了解产品的降价幅度以促使其消费需求的产生。这类价格策略主要用在网上商店，它一般按照市面上的流行价格进行折扣店定价。例如亚马逊网站中的图书价格基本上都有折扣，甚至满额包邮。

由于在互联网上，消费者要比对价格十分简单，货比三家甚至更多家都是很容易实现的，因此打折骗局在互联网上更容易被戳穿。如果在线购物网站能对所标出的市场价做进一步说明，说明"市场价"的由来，如某某专卖店的市场指导价，那么显然会提高"市场价"

的可信度,标注"市场价"也能真正体现网站的优惠幅度。

5. 做好物流配送工作

购物的便捷性是消费者做出购买选择时首要考虑的因素之一。网络营销者应在物流配送方面做好配套工作。随着网络购物的迅速发展,由快递引发的网购投诉也呈上升趋势,物流企业服务质量参差不齐的现象显著,因而极易导致买卖纠纷,对网络营销商的正常经营与运作造成一定程度的影响。

6. 提高网站访问的便利性

网站访问的便利性也是诱发消费者需求并促使其最终购买的前提。网络消费者在访问网络时,网站简单、直观和界面友好,都有助于他们便利地获取信息以及达成交易。有调查表明,在离开网站不购买任何产品的消费者中,有30%是因为在浏览过程中找不到路径。因此让消费者方便地找到信息,让信息容易获得和可以识别是网络营销者获得成功的关键。对消费者而言,网站在使用方面的不方便包括以下几个方面:

1)信息没有按照一定逻辑顺序排序,不易查找。
2)信息在网站中藏得太深,导致消费者查找困难。
3)信息的展示没有使用有意义的形式。
4)网站提供的信息没有任何价值或意义。

知识拓展 3-6

营销人:向网站优化要营销效果

营销效果受许多因素影响,网站优化程度或许是其中重要的因素之一。这里分享 Ascend2 的最新调查报告的相关结果,供营销人参考。根据这项调查,营销人对网站最重要的期望目标从高到低依次为:第一,增加商机;第二,增加流量或访客;第三,提高访客的融入度;第四,提高销售交易量。针对"最重要的页面或流程优化有哪些?"问题的调查显示,营销人觉得网站中最需要优化的页面或流程从高到低依次为:第一,网站首页,占57%;第二,产品或解决方案页,占44%;第三,引导注册表单,占27%;第四,内容下载页,占25%;第五,公司概况页(简介及联系方式等),占24%;第六,支付搜索列表页,占17%;第七,购物车和支付流程,占14%;第八,促销或试用品提供页,占10%。此外,营销人觉得网站中对表现影响最大的可视页面元素从高到低依次为:第一,采取行动的呼吁,占62%;第二,标题,占50%;第三,页面布局,占41%;第四,图像,占39%;第五,主体部分,占26%;第六,项目列表部分,占14%;第七,子标题,占11%;第八,表单字段,占8%。另外,网站的个性化功能也很重要。同时,所有以上项目都必须经过不断测试,以优化到最佳状况。

总之,营销人希望营销效果好,在众多因素中,网站优化起着重要的作用。假如花了许多成本将网民引来,但访问的体验不好,仍然不可能获得好的营销效果。

7. 开展灵活多样的促销推广活动

网络消费者需求的可诱导性比较强,可以通过人为地、有意识地给予外部诱因而促使其产生消费需求。网络营销者利用网络技术向虚拟市场传递有关商品和服务信息,以诱发需求,引起消费者购买欲望和购买行为,如网上赠品促销、网上抽奖促销、积分促销等。

8. 提高消费者体验与参与度

截至 2020 年 3 月,我国网民规模达 7.10 亿,占网民整体的 78.6%。这些数字背后是巨大的网络购物市场。但与此同时,网络购物的安全性成为影响网上购物发展的重要因素。

根据 CNNIC 深入探究非网购用户对网络购物的态度,近五成非网购用户认为网络购物可有可无,对购物习惯不会产生太大影响,这充分说明非网购用户不接触网络或者接触得较少,对网络购物的优势认识不够。欲将这些非网络购物用户转化为网购用户可以从以下三个方面入手:首先,加强网络购物的宣传和推广,营造网络购物无处不在的大环境,使这些非网购用户认识网购、了解网购、接触网购。其次,简化网络购物程序,提升网购体验,使非网购用户容易上手。再次,随着智能手机的普及和移动互联网的发展,手机购物变得简单易用,因此可以引导非网购用户直接使用手机购物。

消费者通过消费产品和服务而获得的亲身感受最具有说服力,最能诱发购买欲望。通过体验与使用,可增进网络消费者对产品的了解及其对购物网站的信任,达到促进销售、提升顾客满意度、培养忠诚顾客群体的效果。

除此之外,鼓励消费者参与产品的生产也能诱导消费者需求的产生,如电影"众筹"。电影"众筹"除了帮助电影带来资金保障外,还能了解用户的需求,实现"大数据创作",同时庞大的大众投资者又能成为重要的观影消费者。

知识拓展 3-7

众　筹

众筹是指用团购+预购的形式,向网友募集项目资金的模式。众筹利用互联网和 SNS 传播的特性,让小企业、艺术家或个人对公众展示他们的创意,争取大家的关注和支持,进而获得所需要的资金援助。

现代众筹指通过互联网方式发布筹款项目并募集资金。相对于传统的融资方式,众筹更为开放,项目的商业价值不再是获取资金的唯一标准。只要是网友喜欢的项目,都可以通过众筹方式获得项目启动的第一笔资金,为更多小本经营或创作的人提供了无限的可能。众筹的规则包括以下三个方面:

1)筹资项目必须在发起人预设的时间内达到或超过目标金额才算成功。

2)在设定天数内,达到或者超过目标金额,项目即成功,发起人可获得资金;筹资项目完成后,支持者将得到发起人预先承诺的回报,回报方式可以是实物,也可以是服务,如果项目筹资失败,那么已获资金全部退还支持者。

3)众筹不是捐款,支持者的所有支持一定要设有相应的回报。

9. 采用关联策略促进销售

亚马逊的推荐机制做得很出色,利用智能推荐系统,通过"为您推荐"和"最佳组合"意图提高消费者的单次消费额。例如在网站上搜寻《人性的弱点》,随之出现的页面中会有"商品促销和特殊优惠""经常一起购买的商品""购买此商品的顾客也同时购买"及"看过此商品后顾客买的其他商品"推荐给消费者，以此进行关联促销，如图 3-7～图 3-9 所示。

商品促销和特殊优惠

- 购买由亚马逊提供的自营图书（电子书、第三方卖家图书和Z实惠图书除外）合格购物商品超过1件，同时购买《张悦然:鲤·不上班的理想生活》可享受￥5.00 元的优惠。 在订单确认页面输入L9GAEC8U7W 点此查看如何获得促销优惠 (促销说明)

- 购买由亚马逊提供的自营图书（电子书、第三方卖家图书和Z实惠图书除外）合格购物商品超过1件，同时购买《人生永远没有太晚的开始》可享受￥5.00 元的优惠。 在订单确认页面输入XNHHKY6UWV 点此查看如何获得促销优惠 (促销说明)

  立即购买组合

图 3-7　商品促销和特殊优惠

图 3-8　经常一起购买的商品

购买此商品的顾客也同时购买

图 3-9　购买此商品的顾客也同时购买

当然，只要抓住消费者的喜好，关联策略还可以用在不同品类上。一些专业 B2C 网站也因关联营销走出了新路。比如红孩子，它致力于通过目录和互联网为用户提供方便快捷的购物方式和价廉物美的产品。用户的需求必须始终是企业牢牢把握的方向，随着红孩子用户——第一批年轻妈妈的成长，这些红孩子的忠实用户不再需要育婴产品，失去对产品的需求，就算再忠诚的用户也会毫不留情地离开。依靠自身的不断壮大以及资本的力量，第二轮融资后红孩子的产品线从母婴产品开始向化妆品、健康、家居、礼品等扩展，并且开始推出自有品牌——redbaby 系列婴幼用品。红孩子正式由"一站式母婴用品平台"的 B2C 电子商务公司转型为"一站式家庭购物平台"的 B2F（F 是 Family 的简写）电子商务公司。

10. 有效利用数据库营销

网络营销者可以利用自身所掌握的消费者信息来完成顾客的培养工作。所谓顾客培养，是网络营销商为了在一段时间内延伸顾客购买的广度和深度所提供的相关信息和诱因。如亚马逊会根据顾客过去的购买记录为其提供相关的新产品信息。当有一些折扣销售与顾客过去购买的产品相关时，在线服装店 Paul Frederick 会通过电子邮件通知顾客。通过提醒促使顾客不断地得到有价值的新产品信息，有效降低顾客收集信息的时间，促使其消费需求的产生。

知识拓展 3-8

数据库营销

数据库营销是企业通过收集和积累会员（用户或消费者）信息，经过分析筛选后针对性地使用电子邮件、短信、电话、信件等方式进行客户深度挖掘与关系维护的营销方式。数据库营销也是以与顾客建立一对一的互动沟通关系为目标，并依赖庞大的顾客信息库进行长期促销活动的一种全新的销售手段。它是一套内容涵盖现有顾客和潜在顾客、可以随时更新的动态数据库管理系统。数据库营销的核心是数据挖掘。

步骤二

收集信息

当需求被唤起后，每一个消费者都希望自己的需求能得到满足。所以收集信息、了解行情成为消费者购买的第二个环节。

收集信息的渠道主要有内部渠道和外部渠道。消费者首先在自己的记忆中搜寻可能与所需商品相关的知识经验，如果没有足够的信息用于决策，便要到外部环境中去寻找与此相关的信息。在传统购买过程中，消费者对于信息的收集大都处于被动进行的状况。与传统购买时信息的收集不同，网络购买的信息收集具有较大的主动性。在网络购买过程中，商品信息的收集主要是通过互联网进行的。一方面，网络消费者会根据已了解的信息，通过互联网进行跟踪查询；另一方面，网络消费者又不断地在网上浏览，寻找新的购买机会。网络消费者主要通过以下四个渠道收集信息。

1）**个人渠道**：通过家庭成员、亲戚、朋友、邻居或同事获得信息。

2）**商业渠道**：通过网络广告和检索系统中的产品介绍获得信息。包括信息服务商网页上的广告、中介商检索系统上的条目等。

3）**公用渠道**：通过网络论坛、邮件列表、E-mail 等网络传播工具获得信息。

网络营销者通过网络这一传播媒体能提升自己产品和服务的社会声誉，最大限度地获得消费者的认同，同时也为消费者提供信息。网络营销者应该给消费者提供全面的产品信息，使得消费者看到这些信息后不需要再通过其他方式来了解产品。

4）**经验渠道**：消费者个人所存储、保留的市场或产品信息。

经验渠道包括购买商品的实际经验、对市场的观察以及个人购买活动的记忆等。网络营销者应当通过独特的网站设计、良好的营销服务，恰当使用网上营销工具，使网上购买者对自己的网络购物留下一个美好的印象，对本企业的网站产生特殊偏好，从而经常浏览本企业网站。

当然，不是所有的购买决策活动都要求同样程度的信息和信息搜寻。根据信息收集的来源、模式等，网络营销者可以采取必要的营销策略来影响消费者的信息收集，使消费者做出有利于产品或品牌的购买决策。

> **知识拓展 3-9**
>
> **信息收集的解决模式**
>
> 根据消费者对信息需求的范围和需求信息的程度不同，可分为三种模式。
>
> **1. 广泛的问题解决模式**
>
> 广泛的问题解决模式是指消费者尚未建立评判特定商品或特定品牌的标准，也不存在对特定商品或品牌的购买倾向，而是很广泛地收集某种商品的信息。处于这个层次的消费者，可能是因为好奇、消遣或其他原因而关注自己感兴趣的商品。这个过程收集的信息会为以后的购买决策提供经验。
>
> **2. 有限问题的解决模式**
>
> 处于有限问题解决模式的消费者，已建立了对特定商品的评判标准，但尚未建立对特定品牌的倾向。这时，消费者有针对性地收集信息。这个层次的信息收集，才能真正而直接地影响消费者的购买决策。
>
> **3. 常规问题的解决模式**
>
> 在这种模式中，消费者对将来购买的商品或品牌已有足够的经验和特定的购买倾向，购买决策需要的信息较少。

基于以上考虑，网络经营者可以从以下几个方面来帮助网络消费者收集信息。

1. 加强网络消费者教育

消费者教育对于培育消费者市场十分重要。网络营销者可以通过开设网上培训、网上讲座、论坛、建立网上虚拟展厅和社会化导购网站等一系列措施，使消费者全面了解产品的相关信息，满足消费者的收集信息需求，促进购买行为的发生。

社会化导购网站应运而生，如微博、蘑菇街、美丽说、小红书等。随着电子商务的发展，越来越多的卖家涌入网购平台，而买家的增长却没有跟得上卖家的增长，网购平台不得不通过社会化网站为其导流。阿里巴巴先后入股新浪微博、收购蘑菇街等体现出未来社会化网购的发展趋势。

2. 提高网站响应速度

传统的商品信息收集短则几分钟，长则几小时、甚至几天，再加上往返路途的时间，消耗了消费者大量的时间、精力，而网上购物弥补了这一缺陷。便利性始终是网络消费者钟情于网购的重要原因之一。当他们搜索信息时，比较注重搜索所花费的时间，如果链接、传输的速度比较慢的话，他们一般会马上离开这个站点。因此网络营销者应提高网页的响应速度，要求网站对网页语言进行整合。

3. 优化搜索引擎

随着网络的发展，网站的数量已经数以亿计，互联网上的信息量呈爆炸性增长，加大了人们寻找目标信息的难度，而搜索引擎的出现给人们寻找信息带来极大的便利，已经成为不可或缺的上网工具。根据有关调查显示，近 80% 准备网上购物的消费者使用搜索引擎寻找想要的产品。在搜索引擎的访问者中，新用户比例很高，而且所有访问者均具有较强的针对性，具有极高的商业价值。根据人们的使用习惯和心理，在搜索引擎中排名越靠前的网站，被点击的概率就越大，相反排名越靠后得到的搜索流量就越少。据统计，全球 500 强的公司中，有 90% 以上的公司在公司网站中导入了 SEO（搜索引擎优化）技术。

因此，网络营销者应对一些效果好的搜索引擎加大广告投入，并做好搜索引擎的排名工作，以提高被点击的概率。同时，利用网页分析技术优化网站，使从搜索引擎中来的目标消费者更便捷地找到想要的商品及相关信息，从而增加订单量。除此之外，优良的站内搜索可以避免网络消费者重复浏览查找商品的过程，缩短购买时间，从而达到提高转换率的目的。一个功能强大的站内搜索引擎，还能智能识别一个或者多个拼错的关键词，找出可能最符合的商品。

知识拓展 3-10

搜索引擎优化（SEO）

搜索引擎优化（Search Engine Optimization，SEO）是一种利用搜索引擎的搜索规则来提高目的网站在有关搜索引擎内的排名的方式。进一步理解是通过 SEO 这样一套基于搜索引擎的营销思路，为网站提供生态式的自我营销解决方案，让网站在行业内占据领先地位，从而获得品牌收益。研究发现，搜索引擎的用户往往只会留意搜索结果最前面的几个条目，所以不少网站都希望通过各种形式来影响搜索引擎的排序。当中尤以各种依靠广告维生的网站为甚。所谓"针对搜索引擎做最佳化的处理"是指让网站更容易被搜索引擎接受。

4. 提升手机 APP 用户体验

随着智能手机的普及以及购物体验的改善，手机网络购物成为一种流行时尚。如今，手机网民数量已经超过 PC 端网民数量。中国互联网络信息中心的调查显示，手机网络购物在移动端商务市场发展迅速，2020 年用户规模达到 7.07 亿，占手机网民的 78.9%。手机网购已经发展为网络购物市场的主体，手机 APP 已经成为网络消费者收集信息的渠道之一，网络营销者应不断提升手机 APP 用户体验。

5. 重视在线评论的营销价值

有研究表明，在线评论对产品的销售量具有极大的影响。目前，网络消费者在购买产品前，会对产品的在线评论信息进行大量搜索。这些在线评论信息不仅对消费者的购买决策产生极大的影响，而且还对潜在消费者具有极大的影响力。在线评论作为网络口碑传播最重要的一种形式，对消费者的影响有可能取代广告所产生的影响。

消费者对网站的评价将成为至关重要的因素，微博、微信等社交工具的广泛使用，加大了评价信息的传播力度。因此网络营销者应重视在线评论的管理。一方面鼓励消费者发表在线评论，另一方面建立一套有效的措施对产品讨论区实行有效地控制，对相关论坛进行实时检测，及时了解消费者对产品的意见和看法。

步骤三 评价并选择方案

消费者需求的满足是有条件的，这个条件就是实际支付能力。消费者为了使消费需求与自己的购买能力相匹配，就要对各种渠道汇集而来的信息进行比较、分析、研究，根据产品的功能、性能、模式、价格和售后服务等，从中选择一种自认为满意的产品。

由于网络购物不能直接接触实物，所以网络营销者要对自己的产品进行充分的文字描述和图片展示，以吸引更多顾客。但不能对产品进行虚假宣传，否则可能会永久地失去顾客。网络消费者在比较、选择、购买某种商品时，一般会考虑以下三个条件：

1）对网络营销者有信任感。
2）对网络营销者提供的支付方案有安全感。
3）对产品本身有好感。

因此，为了促使消费者购买行为的产生，网络营销者除了要重点抓好产品宣传与推广工作外，还需要在自身的品牌宣传上下功夫。中国网络消费者的消费理念在不断成熟，以劣充好、以低价欺骗消费者的行为将导致品牌信誉度受损，继而造成客户流失。

基于以上考虑，国内网络营销者越来越重视商品模板、店铺整体效果的设计以及服务质量和信誉度的不断提高，其自有品牌意识已经初步形成并不断加强。

步骤四 制定网络消费者购买决策

网络消费者在完成对商品的比较选择之后，便进入到购买决策阶段。与传统的购买方式相比，网络购买者在做购买决策时主要有以下三个方面特点：第一，网络购买者理智动机所占比重较大，而感情动机所占比重较小。第二，网络购物受外界影响小。第三，网上购物的决策行为与传统购买决策相比速度要快。

一般来说，网络消费者有三种性质的购买决策行为：试购、重复购买和仿效购买。购买决策同真正的购买行为并不是一回事。在一般情况下，消费者一旦做出了购买决策，就会执行这个决策并真正购买。据调查，网络消费者常常会因为购买速度方面的原因终止购物，放弃购物车里已经选择的商品。据艾瑞咨询对中国网络购物用户满意度分析，超过九成中国网络购物用户有过放弃购买购物车内商品的行为。缩减购物步骤能尽快促成购买行为，一个有效率的购买流程不应该超过9个步骤，应当使购物者在5分钟内完成购买行为。

步骤五 了解网络消费者购后行为

消费者购买商品后，往往通过使用商品来对自己的购买选择进行检查和反省，以判断这种购买决策的准确性。一般而言，所购商品能够及时送达，且完全符合自己的意愿，甚至比预期还要好，消费者不仅会重复购买，还会积极地向他人宣传推荐；相反，如果所购商品不符合其愿望，效用很差或遭遇网络欺诈，投诉无门，消费者不仅不会再购买，还会通过各种渠道发泄不满情绪，并竭力阻止他人购买。可见，购后评价往往能够决定消费者以后的购买动向。

影响网站用户流失的主要原因是产品质量不够好、信誉没保障、拥有不愉快的购物经历等。这说明对于网购网站来说严把质量关是最重要的，其次是拥有良好的用户体验，这样才能把用户留住。

为了提高企业的竞争能力，最大限度地占领市场，企业必须虚心听取顾客的反馈意见和建议。方便、快捷、便宜的电子邮件为网络营销者收集消费者购后评价提供了得天独厚的优势。企业在网络上收集到这些评价之后，通过计算机的分析、归纳，可以迅速找出工作中的缺陷和不足，及时了解消费者的意见和建议，制定相应对策，改进自己产品的性能和售后服务。

触类旁通

社交电商的基石

阿里巴巴的口号是"让天下没有难做的生意"，不可否认淘宝对于我国零售行业发展的革命性意义。但随着时间的推移，淘宝现在的生意却越来越难做了，因为竞争者越来越多，并且流量也越来越贵了。

于是有着庞大免费流量的微信，接过了淘宝的接力棒，成为我国最大的人口再就业基地。根据智研咨询发布的数据，中国近几年微商从业人员呈现爆发式增长，2017 年就已超过 2 000 万人。

而微商也从以往代理不知名小品牌，走到了如今为大平台贡献能量。凡是涉及分销返利、会员分级、团队管理的社交电商模式，几乎都是微商的天下。

到了有蜜团购主打的社群团购，除了换了个名词、不再局限于社区的地理范围之外，本质上都是依赖分销的模式，有蜜团购的商业模式也是通过小程序或直接在微信群内发布团购产品，团长通过卖货赚差价利润。顺丰小当家作为顺丰进军社交电商的产品，玩法也和其他社交电商平台类似，用户可以通过分享，无论是达成销售还是邀请新用户注册成功，都能拿到平台的返佣，平台也设立了会员分级机制，用以鼓励用户促成更多的分享和销售转化。

是否采用分销模式，对企业而言本质上是个数学问题，贯穿始终的是企业不变的核心经营逻辑——利润最大化。在电商 1.0 时代，因为流量的廉价，企业选择砍掉代理商以实现利润的最大化，而在流量价格不断攀升乃至成为巨大成本负荷的电商 2.0 时代，企业认为与其花巨资买流量不如给分销人员佣金返利，中间商赚差价。

从过去的传统分销商到如今的微商分销，从实体门店到线上个体，是效率和辐射面积的变化，信息传递速度更快、代理转化速度更快、下单的决策时间更短，而基于关系的无限传导效应，最终辐射到的人群也更为广泛。

讨论：社交电商下，网络消费者购买决策过程与传统决策过程的异同点。

任务 3　研究网络消费者满意度

任务要点

关　键　词：网络消费者、消费者满意、消费者抱怨、消费者满意度

理论要点：网络消费者满意和消费者抱怨及其影响因素，提升网络消费者满意度的方法，应对网络消费者抱怨的对策

实践要点：能分析具体的网络消费者满意和消费者抱怨行为

观察导入

直播电商平台满意度调查

中国消费者协会于2020年2月对直播电商购物消费者满意度进行了调查，受访者来源以华东一带居多，西南西北等地相对较少，其他省份样本分布相对均衡。从性别分布来看，男性受访者比例略高于女性受访者。其中，男性受访者占比58.1%，女性受访者占比41.9%。从受访人群的年代划分来看，"80后""90后"是购物主力军，更值得我们关注的是"00后"比"70后"的人群购物要多3个百分点，可见年轻群体对直播电商购物这类新鲜购物模式接受程度更高一些。调查样本的学历集中在大学专科和大学本科，占比83.3%，个人月收入以6000~10000元的收入水平居多，占比38.7%，职业大多为企业上班族，共占比55.7%。

从消费者观看直播时关注的内容来看，消费者最容易被"幽默搞笑类"和"兴趣生活记录类"内容所吸引，分别占比45.9%和44.8%。"创意特效类"和"高颜值、帅哥美女类"内容的关注度也都超过30%，可见消费者观看直播时更容易被"有趣"又"有颜"的内容吸引。从一周观看直播的时长调查结果来看，42.4%消费者观看直播时长为1~3小时，24.9%消费者观看直播时长为4~6小时。

调查结果表明，喜欢直播电商和喜欢传统电商的受访者占比分别为42.6%和34.9%，还有约两成消费者表示不确定。不难看出，越来越多的消费者能够接纳直播电商这一形式。根据受访者进一步反馈，大家之所以更喜欢直播电商购物，是因为社交直播间可以营造抢购氛围，增强社交性和互动性，使商品更加真实、直观，这三种原因共占比83.9%，另有15.4%消费者认为直播间营造的场景可以弥补体验感。

调查数据显示，受访者对于直播电商行业现状的整体感知满意度为79.2分，对于购物体验的整体满意度为81.9分，消费者认可度和满意度总体较好，但仍有较大的提升空间。对在直播电商购物体验的整体满意度是81.9分。

从消费者对各个平台的满意度评价来看，淘宝直播、天猫直播、京东直播等传统类直播电商购物满意度排名相对靠前，均在80分以上；抖音直播、蘑菇街和快手直播购物满意度排名相对居中；斗鱼、虎牙和拼多多直播满意度得分和排名相对靠后。

分析思考：对网络消费者购后满意度的调查有何意义？影响消费者对直播电商满意的因素有哪些？

项目 3 把握网络消费者购买决策

任务实施

步骤一
看看网络消费者购后是否满意

案例分析

投诉一：下单无货，退款迟缓。贺某称于 11 月 1 日在某购物平台下单购买一本《临床实用断层影像解剖学》，当即付款成功。但是一直到 11 月 16 日都没有任何消息，贺某主动打电话询问，客服回复缺货只能取消订单。然而退单以后迟迟不给退款，客服回复最晚 12 月 22 日可以退款成功，但是最后也没有退款。客服态度敷衍，下单无货，有欺诈消费者的嫌疑。

投诉二：以旧换新，拖走旧机，新机无货。杨某称于 12 月 19 日在某购物平台下单付款购买松下等离子电视一台，页面显示 12 月 28 日到货。由于杨某参加的是以旧换新活动，购物网站联系杨某拖走旧机后，杨某查询新机的到货时间，但购物平台回复说，没有现货，而且不能确定什么时候有货。杨某主动联系购物平台才知道没有货。这样的行为有欺诈嫌疑。

案例中的消费者都进行了投诉，他们对本次网购不满意。但随着我国网购人数的不断增加，网络营销者也在不断加大投入解决用户体验问题，提升网络消费者的满意度。

消费者满意是消费者对所购产品或服务期望的功效与实际功效进行比较后所形成的一种感受。消费者在购买某种产品或服务之前，会对这种产品或服务的表现或效果形成一定的期望，而在使用过程中或产品使用完毕后，消费者还会对产品的表现或效果形成感知。这一感知水平可能明显高于期望水平，也可能明显低于期望水平或与期望水平持平。而消费者是否满意，就取决于最初的期望水平和实际感知水平之间的比较。如果消费者实际感知的产品功效水平低于期望水平，消费者很可能会感到不满；而如果实际感知的水平高于期望水平，消费者就会产生满意甚至是忠诚的感觉。

知识拓展 3-11

网络消费者期望—实绩模型

期望—实绩理论模型是美国营销学家奥立佛（Richard L.Oliver）于 1980 年提出，是最有代表性的客户满意理论模型，这是一种考察顾客是否满意所提供产品的最具有影响力的模型。奥立佛认为，在消费过程中或消费之后，客户会根据自己的期望，评估产品和服务的实绩。如果实绩低于期望，客户就会不满；如果实绩符合或超过期望，客户就会满意。也就是说，顾客会根据自己的经历、他人的口头宣传、企业的声誉、广告宣传等一系列因素，形成对企业服务的期望，并将这种期望作为评估服务实绩的标准。顾客的期望为评估服务实绩提供了一个标准：如果服务实绩符合或超过顾客期望，顾客就会满意；服务实绩越高，顾客越满意。如果服务实绩未能达到期望，顾客就不满意。服务实绩越低，顾客越不满意。国内学者提出了网络消费者期望—实绩模型，如图 3-10 所示。

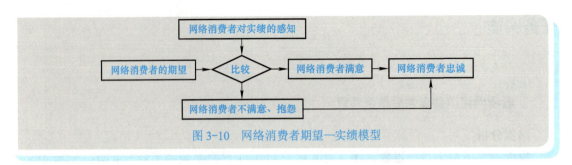

图 3-10　网络消费者期望—实绩模型

对于网络消费者而言，消费感受不仅包含对产品本身的期望水平，也包括对提供产品的网络商家的信誉、服务等方面的感知。网络消费者对购物网站的满意度不仅是对购物网站提供的商品功效的满意，更是对购物网站本身的认可，这就需要购物网站从自身的设备设施建设、物流系统建设、管理制度建设、售后服务建设等方面不断提升，加强购物网站品牌信誉，使得网络消费者可以获得更好的消费体验。

网络消费者的满意度不仅是传统消费意义上的满意，更多体现的是消费者对网站的口碑、打折的力度、购买产品的平台及方式等的评价。

步骤二

寻找影响网络消费者满意的因素

顾客满意是企业经营效益的决定性因素，也是决定企业成败的关键。传统意义上的消费者满意源于对所购产品或服务的期望功效与实际功效之间的对比，同时，还受交易公平性的认知和归因的影响。但是，网络购物不同于传统购物，相关的顾客满意度的研究既要对传统购物中影响双方交易的因素进行研究，又要对互联网的因素加以考虑。目前，影响网络消费者满意的因素主要包括以下几个方面。

知识拓展 3-12

消费者满意度

网络购物的消费者满意度是指在网络环境下消费者对长期以来所购买商品或服务以及消费体验的整体性评价。

本质上讲，消费者满意度反映的是顾客的一种心理状态，它来源于消费者对企业的某种产品或服务消费所产生的感受与自己的期望所进行的对比。也就是说"满意"并不是一个绝对概念，而是一个相对概念。企业不能闭门造车，留恋于自己对服务、服务态度、产品质量、价格等指标是否优化的主观判断上，而应考察所提供的产品或服务与消费者期望、要求等吻合的程度。消费者满意度是一种心理状态，是一种自我体验。对这种心理状态也要进行界定，否则就无法对消费者满意度进行评价。心理学家认为情感体验可以按梯级理论进行划分，相应可以把消费者满意程度分成七个级度或五个级度。七个级度为：很不满意（愤慨、恼怒、投诉、反宣传）、不满意（气愤、烦恼）、不太满意（抱怨、遗憾）、一般（无明显正、负情绪）、较满意（好感、肯定、赞许）、满意（称心、赞扬、愉快）和很满意（激动、满足、感谢）。五个级度为：很不满意、不满意、一般、满意和很满意。

1. 网站信息

网站提供的产品信息的质量、完整性、可靠性是决定顾客满意度的主要因素。网络购物与传统购物不同之处就在于顾客在选购商品时，不能通过看或触摸真实的商品来感知商品的特性，只能通过商家提供的信息对商品进行大概了解。在选购商品过程中，顾客希望获得更多关于商品的可靠信息，并在此基础上做出购买与否的选择。因此，商家所提供的产品信息的质量、完整性、可靠性就影响着顾客是选购该商品的意愿，从而会影响顾客的满意度。

2. 商品因素

商品是消费者在整个购物行为中最关注的要素，购买商品是购物行为的最终目的。网络商店提供商品的质量、种类以及对商品的介绍和销售信息，将会对顾客满意度产生影响。目前，网络消费者不满意的主要原因是商品品质问题，其中包括商品与图片描述不符，即卖家提供的产品质量不过关，商品是仿冒的或者是伪劣残次物品等。商品因素中，质量和价格是影响消费者满意的主要因素。

3. 操作过程的便利性

操作过程包括网页登录、购物导航、网站商品的分类、购物车功能等诸多方面。操作过程是否便利会对顾客满意度产生影响。网上商家众多，且提供的商品各异，顾客要从海量的网站信息中用最短的时间找到自己需要的商品，就要求网站的登录、导航服务和商品分类便于顾客寻找。购物车功能是网上商店里一种快捷购物工具，可以使顾客暂时把挑选的商品放入购物车，以删除或更改购买数量，或者对所挑选的相同商品进行比较和筛选，并对多个商品进行一次性结款。网站信息的质量也是极其重要的，网站要杜绝虚假不实的信息，保证买卖双方的利益不受侵害。若操作不便利，将会影响到消费者的网络购物体验，进而影响消费者满意度。

4. 网站设计

网站设计包括网站的风格、色彩、文本、图片、主题等元素的运用。具有友好性和创意性的网站设计能够使顾客对商家产生深刻印象和积极的评价，这些都会影响顾客对商家的态度，进而影响到顾客的满意度。

5. 支付方式

商家提供的可接受的支付方式越具有多样性，顾客就越能方便地购买商品。并且顾客比较注重交易的安全性和自己的隐私保护，因此商家应选择安全性较高的支付方式，并对顾客的信息和资料保密。

6. 物流配送

物流配送的效果会间接影响到网络购物的顾客满意度，一般包括物流配送的时间、费用、配送方式、包裹的完整性等。顾客总是希望能在最短的时间内收到自己购买的商品，而且是完整无损的。如果商品配送不及时或者传递过程中商品出现损坏，消费者就会感到失望。如果商品能够被及时快速且完整无损坏地送达，消费者就会感到满意。顾客所处的地理位置不同，对物流配送的方式会有不同的选择，并且希望配送费用在其可接受的范围内。

7. 售前售后服务

售前对于顾客互动需要的响应、售后商品的退换等都是网络购物前后影响顾客满意度的因素。网络购物过程中，顾客通常会根据商家的信誉度来选择商家。由于信息的不对称，顾客希望在购买之前能够更多地了解商品的情况，商家应该能及时对顾客的询问做出响应。如果商家向顾客提供定制化的服务，满足顾客的特定需求，将会促进顾客的重复购买行为。在虚拟环境中的交易，退换商品的过程比较复杂，也是影响顾客满意的重要因素之一。

8. 网络商家信誉

在消费者进行网络购物决策之前，往往会先考察该网络商店的信誉度。商家信誉好则表示商家的行为得到消费者的公认好评，如恪守诺言、实事求是、产品货真价实、按时付款等；而商家信誉差则会对网络购物的顾客满意度有影响，如欺骗、假冒伪劣、以次充好、延迟发货等。消费者进行网络购物之前，往往会先考察该网络商家的信誉。网上交易保障中心的《中国网购消费者满意度调查》报告显示，消费者口碑对于电商网站来说正变得日益重要，近六成消费者在网购前会通过咨询朋友或者网上搜索了解一个网站的诚信度和美誉度。天花乱坠的广告或促销活动已越来越难以留住客户。因此网络商家信誉会对网络购物的消费者满意度有影响。

9. 个性化服务

网络购物推荐、产品定制、在线设计等个性化服务，会提高顾客满意度水平。

步骤三

提高网络消费者满意度

在电子商务环境下，网络商家想获得持续的竞争优势就必须站在消费者立场上，了解消费者的主观需求，增强服务质量，实施全方位的消费者满意经营，主要从以下几个方面来提高网络消费者满意度。

1. 确保网站信息品质

网络商家应提高自身网站中信息的质量、完整性和可靠性。这些信息不仅包括产品信息，也包括与之有关的宣传促销信息、售后服务信息和服务信息等。例如当消费者看到网络营销商"三个工作日内到货"的承诺，必然会产生三天内收到所购商品的期望，若实际结果与此承诺不符，消费者必然产生失望情绪，不仅对产品失望，更是对购物网站的失望。

2. 保证商品质量

在购买商品时，消费者对商品的质量十分关注。网站提供的产品信息的质量是决定消费者满意度的主要原因。因此要想提高消费者满意度，必须保证信息的真实可靠，并且对商品进行充分描述，会增加消费者对商品的了解，当消费者认为自己对商品各方面充分了解时，会增加消费者对商品的消费。因此，提高商品信息的充分性至关重要，建议商家可以多提供一些实拍商品细节图、真人模特演示图、大小尺寸、适合人群等信息，使消费者能买到自己满意的商品，增加消费者满意度。CNNIC在对网购用户重复购买原因的调查中发现"网站售卖产品的种类丰富、方便一次性购买"是网购用户重复购买的第一因素。因此，提高商品质量、丰富商品种类也是网络商家提高消费者满意度的有效方法。

3. 提高交易流程的便利性

购物网站应不断提高网页的响应速度,网上消费者之所以选择网上购物,很大程度上是因为其方便性和快捷性,如果一个网站的加载时间很长,响应时间很慢,消费者往往会失去耐心并转到其他网站。在网站操作设计时,尽量考虑到消费者浏览的便利性,满足人性化需求。另外,简单好记的网站域名、对于产品信息的合理分类、检索便利也有利于消费者快速找到所需的商品。消费者在浏览过程中得到良好的购物体验,将有助于消费者满意度的提升。

4. 优化网页设计

电子商务网站是卖家和买家交易的主要场所,应具有一定的亲和力。所以电子商务网站一定要做到界面友好,便于用户收集信息。对于网站设计,具体考虑以下几个方面:主页栏目的制定要体现购物网站的外观风格,要弃旧图新、不断改进和完善栏目的制定方法及内容,给消费者以时尚、易于发现、服务周到的心理感受。图片风格要吻合商品的风格,确保与实际商品外观、特征相一致。网上出售商品,除了要有清晰漂亮且符合真实情况的商品照片外,还要有商品描述,商品描述不仅要详细,还要做到与实物相符,提供给消费者真实有效的商品信息,才能提高消费者的信任。

5. 合理选择支付方式

网络购物的主要支付方式有第三方支付平台支付、网上银行直接支付、第三方快捷支付、货到现金付款、货到刷卡支付、手机支付、银行汇款等。商家应选择安全性较高的支付方式,提供多种支付方式供消费者选择。

6. 完善物流配送

通常情况下,网络商家都是利用快递或EMS等物流方式将商品送达消费者手中。不同的物流方式、不同的物流公司,工作效率、送递时间在实际中的差别都是非常大的。消费者所在地域不同,对配送方式的选择也要有变化。配送的时间也是消费者在选择物流配送时要重点考虑的。确保包裹的完整性,就是要避免在配送过程中损坏商品。优质的服务能够大大提高购物的便捷性,节约消费者的时间,而这也是电子商务吸引消费者的重要原因。而且网络商家如果能够为消费者保证无忧安心的退换服务,消费者对商家的满意度通常会大幅增加。而退换服务的实现最终也需要良好的物流进行支撑,因此,网络商家有义务为消费者选择优质的物流配送公司来提高消费者的满意度。

7. 建立完善的网上售前售后服务体系

在售前,网络商家通过产品信息介绍以及与消费者的交流将商品的信息传递给消费者。准确、高效的售前服务能够帮助消费者做出购买决策。消费者在购买商品之前,会向商家询问商品的情况,商家应及时响应消费者的询问。所以网上购物只有拥有完善的客户服务系统(如呼叫中心、投诉中心、消费者服务补救中心等),创建服务优势,才能保持较高的消费者满意度,建立良好的客户关系。

售后,通常消费者希望网络商家能够提供无忧安心的跟踪服务。随着消费者维权意识的提高和消费观念的变化,消费者在选购产品时,不仅注意产品本身,在同类产品的质量和性能类似的情况下，更加重视产品的售前售后服务。只有企业的售前售后服务更加完善，对消费者的问题反应快速及时，消费者才会更加满意。尤其是在电子商务领域，由于消费者事先并不能检验所购买的商品，往往会对商品有一个比较高的期望，出现的问题往往会更多，这就要求网络商家的售后必须更加完善，才能提高消费者的满意度。

8. 建立网站信誉

购物网站应该做好自身的发展，给消费者提供尽可能好的服务。一方面，要积累客户对网站或网店的好评。另一方面，可以做一些认证，如 ISO 国际质量认证，获得一些证书和荣誉对网站或网店信誉的提高很有帮助。在实际交易过程中，需要网站或网店尽量提高自己的知名度与信誉度，处理好消费者退货、投诉等问题。此外，还应该做好网站或网店的推广。当购物网站具备良好的信誉之后，消费者往往会进行优先选择，并且会形成良好的印象，对消费者满意度的提升也会有很大的帮助。

9. 提供个性化服务

在电子商务环境下，个性化服务是指网站为单个客户提供与其需要相匹配的产品、服务和交易的环境。个性化服务重在健全信息，计算机网络技术正为此提供了便利，商家可以借助互联网与消费者进行一对一对话，建立配套的咨询系统，甚至让消费者参与产品设计。在这个个性化时代，人们都希望与别人有差异，彰显个人的优势。消费者可以通过网络向商家提出自己的要求，使网络商家能够识别消费者并为其提供个性化服务。因此，网络商家应设计出满足消费者个性化的网络平台，整合有用资源，让消费者体验一对一的优质服务。

步骤四

表达网络消费者不满意的情绪

有研究表明，消费者每四次购买行为中就有一次是不满意的。顾客之所以感到不满意，主要原因在于产品或服务的实际功效没有达到消费者的期望，同时还受公平性和归因的影响。

一般来说，当消费者产生不满的情绪之后，有多种表达方式，如图 3-11 所示。这些方式或造成客户流失，直接减少企业的销售额；或形成对企业不利的态度，影响企业的形象。因此，企业营销人员必须设法将消费者的不满降至最低水平，同时，一旦发现消费者有不满情绪，应马上采取有效的补救办法。

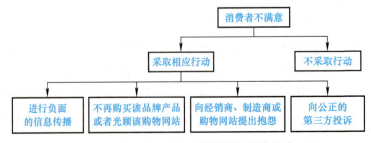

图 3-11 消费者产生不满情绪的表达方式

消费者表达不满意情绪的方式有以下几种。

1. 不采取行动

消费者产生不满情绪后,可能会有自认倒霉、破财免灾的想法,因此不采取什么行动。一项对2 400个家庭的调查发现,当遇到不满意的情形时,消费者采取行动的比重总体来看还不到50%。消费者之所以不采取行动,或是因为不满意的程度很低,或者是因为感到不满意的产品或服务对于消费者来说不是那么重要,消费者认为没有必要花时间和精力去采取行动。例如,对于低成本、经常购买的产品,只有不到15%的消费者会在不满意的时候采取行动,但是对于汽车这样的耐用品,在不满意的时候采取行动的比重超过50%。需要指出的是,消费者即使不采取行动,也会对该企业的产品或服务留下负面印象,形成不利的态度。

2. 采取相应行动

1)进行负面的信息传播。网络消费者可能会和家人或朋友谈及在购买某产品或接受某项服务时不满意的经历,并劝说他们不要再购买该产品或接受该项服务。

2)不再购买该品牌产品或者光顾该购物网站。当网络消费者感到不满时,很有可能会从此不再购买该品牌产品或光顾该购物网站。对于企业来说,这就造成了顾客的流失。

3)向经销商、制造商或购物网站提出抱怨。直接向购买的经销商、产品的制造厂商或购物网站表达不满和抱怨,要求解决问题或者给予补偿,甚至是采取退货行为。

4)向公正的第三方投诉。包括向新闻媒体陈述自己在购买和使用产品过程中的不愉快经历,向网上交易保障中心进行投诉(见图3-12),或是直接向法院提起诉讼。在我国,消费者协会是受理消费者投诉的主要机构,它在保护消费者合法权益方面起着越来越重要的作用。

图3-12 网上交易保障中心

在网络消费者感到不满时,并不一定只采取一种表达方式,很有可能会多种方式并用。例如,网络消费者在向经销商或制造商提出抱怨的同时,也会决定从此不再购买该产品,并且把这次不愉快的经历告诉其亲朋好友。当经销商或制造商没有给出令网络消费者满意的解决办法时,消费者还有可能转而向第三方进行投诉。

步骤五

寻找引起网络消费者抱怨的原因

网络消费者并不是在所有的情况下都会采取抱怨行为。一般情况下,网络消费者是否会产生抱怨,主要由以下三个方面决定。

1. 消费者自身的因素

研究发现,年龄、收入和受教育程度与抱怨行为之间存在中等程度的相关性。采取抱怨行为的消费者往往较为年轻,具有较高的收入,受教育水平也较高。另外,以前进行抱怨的经验与采取抱怨行为之间也有着密切的关系,有过抱怨经历的消费者更清楚如何表达他们的不满,也更有可能采取抱怨行为。在性格方面,越固执、越自信的人在某种程度上越容易产生抱怨,而比较注重个性和独立的消费者往往也比其他人更容易采取抱怨行为。此外,若消费者本身的攻击性很强,在面临不满意的时候,会更倾向于进行抱怨而不是自认倒霉。

2. 不满意事件本身的因素

并不是所有的不满意事件都会引发抱怨,如果不满意事件所涉及的产品或服务相对来说不是很重要,那么消费者就很有可能不采取抱怨行为。例如,如果网络消费者发现一天前所购的商品还没有发货,联系售后客服后,客服态度诚恳并表示会在未来24小时内安排发货,这时,该消费者虽然会感到不满,却不会采取抱怨行为。另外,如果导致网络消费者不满意的事件只是偶尔发生,而不是反复不断地出现,消费者采取抱怨行为的可能性也会比较低。例如,该网店发货速度一向及时,偶尔一次延迟发货了,网络消费者可能会采取原谅的态度,但是如果经常遇到这种情况,消费者往往就会感到极大的不满,进而采取抱怨行为。

3. 归因的因素

消费者通常会对不满意的事件进行归因,也就是判定谁应该为不满意事件负责。如果消费者将导致不满意的原因归结为网络商家而不是他们自己时,抱怨的可能性就会增加。另外,如果消费者认为导致不满意的问题在网络商家可控制范围之内,就很可能会采取抱怨行为。

步骤六

采取措施应对网络消费者抱怨

研究发现,很多企业遇到消费者的抱怨时常常采取推卸责任的做法,而这往往会进一步激化消费者不满的情绪。消费者希望商家能够首先采取实质性的行动解决问题、缓解自己不愉快的情绪，然后再对造成问题的原因进行解释。企业对于消费者抱怨的处理方式显著影响消费者的满意度。一般来说，如果消费者的投诉能够得到解决，54%～70%的投诉者还会继续从该商家购买；如果投诉得到快速解决，这一比例会上升到95%。

在电子商务环境下，网络商家要有效缓解消费者不满的情绪，可以从以下几个方面入手。

1. 提供便利条件，及时发现消费者的不满情绪

企业首先应该为消费者投诉提供便利条件。很多购物网站或网店都有在线评价、在线客服、论坛社区等。例如唯品会设有服务电话（400-6789-888），并向公众公布他们的电子邮箱，以促进与消费者的双向沟通，便于消费者进行投诉。

前面已经提到，当消费者感到不满时，并不总是会提出抱怨，有可能会采取停止购买或进行负面信息传播等方式表达自己的不满，从而使网络商家在不知不觉之间流失消费者。因此，企业应该对满意度进行跟踪，及时发现消费者的不满情绪。商家可以通过定期调查，在现有的消费者当中随机抽取样本，向其发送问卷或打电话咨询，以了解消费者对企业所提供产品或服务的印象。

2. 及时解决导致消费者抱怨的问题

一般来说，当消费者由于不满而提出抱怨的时候，其目的基本上有两个：第一，减少经济上遭受的损失，即当产品或服务的实际功效低于期望值而给消费者带来的金钱上的损失，消费者希望换货或直接退货；第二，减轻精神上所遭受的损害，即当产品或服务的实际功效低于期望值而给消费者带来焦虑、烦躁和个人形象方面的受损时，消费者会要求商家道歉或给予精神损害赔偿。为了及时处理消费者的这些要求，商家应该制定一套恰当的规则和程序，公开退换货的条件、流程，明确企业内部不同层级人员在处理消费者投诉上的权限，并向那些直接与消费者进行接触的人员进行授权，尽量使其在消费者产生抱怨的时候能够及时予以解决。

3. 分析导致消费者抱怨的原因

在解决导致消费者抱怨的问题的同时，商家还应该对问题进行分析，辨明到底问题的发生是由于偶然性的原因还是产品或服务本身设计上的原因、是商家自身的原因还是其他外部的原因。找出原因之后，再采取针对性的措施，从根本上防止同一问题的再次发生。这样不仅可以有效解决消费者抱怨的问题，还能够获得改进新产品或服务的思路。另外，在查明原因并采取解决措施之后，商家还应该将这些信息向消费者和社会公众公布，以求获得公众的谅解。如果造成消费者抱怨的原因是由于商家自身因素造成的，通过这样的处理，消费者的不满情绪往往可以降到最低。

4. 未雨绸缪，消除导致消费者抱怨的潜在诱因

在消费者提出抱怨后再予以解决，虽然也可以获得比较好的效果，但是由于消费者不满意的情形已经发生，所以不可避免地会有一定比例的消费者流失，给商家带来的不良影响也难以彻底消除。因此，商家应该尽量未雨绸缪，在问题还没有被消费者发现或还没造成严重影响的时候，就本着为消费者负责的精神，采取主动行动加以解决。这样不仅避免了问题的发生，还有助于树立商家形象，提高商家声誉。

触类旁通

直播电商购物全流程满意度

1. 直播电商购物全流程满意度

直播购物流程可以划分为宣传、主播、商品、支付方式、物流、售后等关键节点。针对不同节点调查了解消费者的满意度情况可以发现,消费者满意程度最高的是支付方式环节,为79.1分;满意度最低的是宣传环节,为64.7分。总体而言,消费者对直播购物各个环节的满意度都未达到80分,对于宣传和商品来源的担心情况相对突出,见表3-1。

表 3-1　直播电商购物全流程满意度

直播购物全流程		满意度指标	总　体
1	宣传	宣传方面满意度	64.7
2	主播	对主播的信任度	75.3
3	商品	商品满意度	77.8
		商品来源满意度	67.7
		无货不对版情况满意度	73.6
		无假冒伪劣情况满意度	72.7
4	支付方式	下单支付方式满意度	79.1
5	物流	物流时效性满意度	77.2
6	售后	售后退换货满意度	72.0
		评论留言反馈满意度	75.6
		投诉处理结果满意度	72.1

2. 直播电商购物平台出现的行为问题

从直播电商销售商品过程中出现的问题性质来看,主播夸大和虚假宣传、不能说明商品特性的链接在直播间售卖,这两点被提到的次数比较多。

从直播电商的支付渠道及方式来看,传统直播电商平台在平台内直接交易比较多,而社交直播电商平台大部分需要跳转到第三方平台来进行支付交易,如图3-13所示。值得注意的是,各直播电商平台中有过主播引导消费者绕过平台私下交易的情况,可能存在较大风险,消费者应当保持警惕。

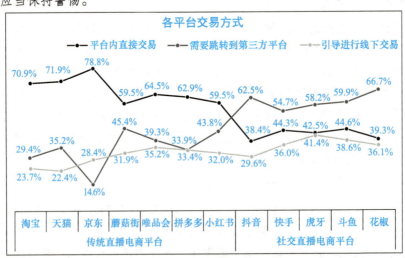

图 3-13　直播电商购物平台交易方式

讨论:该如何提升网络消费者对直播电商的满意度?

任务 4　维系忠诚客户

任务要点

关 键 词：品牌忠诚、重复购买、忠诚客户
理论要点：品牌忠诚的含义，测量品牌忠诚度的方法
实践要点：采用具体的方法建立消费者的品牌忠诚

观察导入

"开心果"会员制

2019年7月成立、2020年2月初正式开放内测的"开心果"由开心果网络科技有限公司打造，涵盖美容护肤、洗护健康、杀菌消毒、居家日常、食品酒水等五大品类。让消费者们觉得与众不同的是，"开心果"是国内首家推出"家庭会员制"的电商平台。

"开心果"实行"一人办卡，全家共享"的特色会员制度。支付189元成为年卡会员，并可绑定3名家庭成员，共享会员福利。如每月礼包、商品会员价、顺丰运费券等。另外，针对家庭组还有共享家庭购物车、共享家庭账户余额、一键代家庭成员下单、30天无忧退货服务等特色功能。

"开心果"承诺：首次开通189元的年卡会员可免费领取均价240元的家庭大礼包一份；会员支持"价格保护"政策，订单中任意商品在7日内发生降价，可申请价格保护补偿差额；会员"贵就赔"政策、年卡会员"省不满、退差额"承诺等。以上种种体现出"开心果"对会员服务的重视程度。

"开心果"通过"会员制"培养了一批忠诚度极高的用户，他们有周期性复购的习惯，同时使用多个产品和服务，带来稳定的收入。他们是最好的企业代言人，会乐于向其他人不遗余力地反复推荐企业和产品，不断带来新的客户；他们是企业的"护城河"，对于竞品的恶意抹杀主动应援反击，维护企业形象；他们更是"真爱粉"，对企业有着良好的信任基础，能够在服务中容忍企业的一些偶然失误，带来更多的商业机会。

分析思考：培养忠诚的消费者有何意义？如何培养一批忠诚度极高的网络消费者？

任务实施

步骤一

认识品牌忠诚

消费者满意是消费者忠诚的基础，消费者的满意度在很大程度上决定了消费者的忠诚度，消费者忠诚度是消费者满意度的直接体现，它能降低企业留住顾客的成本。尽管在网

络营销这个开放的环境中，满意度和忠诚度有时并不对等，但消费者忠诚仍然是企业盈利的保障。

在网络购物的环境下，消费者的品牌忠诚一方面是指对购物网站或网店的忠诚，另一方面是对产品品牌本身的忠诚。前者表现在，消费者会在同一购物网站或网店购买商品；后者表现在，消费者需要该类产品时会钟情于该品牌，但不一定在同一购物网站或网店内购买。

根据消费者对某品牌在情感上的偏好程度和在行为上的重复购买程度这两个维度，可以将品牌忠诚划分为四种类型。

1. 缺乏忠诚

缺乏忠诚的消费者在行为和情感上都没有特定的偏好品牌，他们购买的随意性很大，经常游离于各种品牌之间，购买行为往往受促销因素、购买情景以及他人的影响较大。

2. 虚假忠诚

虚假忠诚的消费者虽然有持续购买行为，但对所购买企业产品缺少积极的态度和偏好，之所以这些消费者持续地购买自己并不喜欢的品牌产品，一方面可能是因为这些消费者的长期购买习惯，另一方面也可能是因为企业的垄断行为或者市场上还没有出现类似的产品或替代品。虽然这类消费者的购买行为可以为企业带来利润，但是如果这类产品转换成本不高，一旦市场上出现了相似的竞争产品，这类消费者就可能轻易地转换品牌。

3. 潜在忠诚

潜在忠诚的消费者是那些对企业品牌有着积极的态度和偏好，但在行为上却很少购买或不购买企业品牌产品的消费者，之所以没有行为上的忠诚主要原因在于经济水平等其他实际条件的限制，一旦这群消费者突破这些限制和障碍，他们就会产生持续的购买行为从而变为忠诚的消费者。同时，潜在忠诚的消费者对于企业而言也是一个良好的口碑传播源。

4. 理想忠诚

理想忠诚的消费者是指那些对企业品牌不仅有着积极的态度，同时还有着持续购买行为的消费者。这些消费者在行为和情感上的忠诚不仅给企业带来稳定的利润和销售额，也给企业带来了良好的口碑宣传效应。

知识拓展 3-13

品牌忠诚和品牌忠诚度

品牌忠诚是指消费者在情感上对某一品牌具有偏好，并且持续购买该品牌。品牌忠诚的这一概念包括两重含义：1）从情感角度上，品牌忠诚表现为消费者在同类产品的各个品牌中对某一品牌具有强烈的偏好。这种偏好的形成，是因为该品牌的个性与消费者的生活方式、价值观念相吻合，消费者将其作为自己的朋友甚至是精神上的寄托，具有购买该品牌的强烈的欲望。2）从行为角度上，品牌忠诚表现为消费者在同类产品的各个品牌当中会持续地购买某一品牌。当然，品牌忠诚并不意味着消费者不会尝试其他品牌。但是，从总体上来看，消费者购买所忠诚的品牌的概率远高于购买其他品牌的概率。品牌忠诚的消费者是满意的消费者与重复购买的消费者的交集，如图3-14所示。

图3-14　品牌忠诚

品牌忠诚度是指消费者在购买决策中，多次表现出来对某个品牌有偏向性的（而非随意的）行为反应。它是一种行为过程，也是一种心理（决策和评估）过程。品牌忠诚度的形成不完全依赖于产品的品质、知名度、品牌联想及传播，它与消费者本身的特性密切相关。提高品牌的忠诚度，对一个企业的生存与发展、扩大市场份额极其重要。

消费者的品牌忠诚度类型并不是固定不变的，忠诚消费者可能会由于年龄、地位、经济条件等因素的改变或者某次产品消费经历的不满意等问题而转变成潜在忠诚消费者或者不忠诚消费者，同样不忠诚消费者也可以因为某些原因转变为忠诚消费者。就企业而言，最佳的策略在于尽可能保持忠诚消费者的数量，而不让其流失，同时通过营销手段和产品服务质量的提升使其他类型的消费者转变为忠诚消费者。

步骤二
测量消费者的品牌忠诚度

无论是消费者对品牌网站的忠诚度，还是对品牌产品的忠诚度，都可以用以下几种方式进行测量。

1. 消费者重复购买的次数

在一定时期内，消费者对某一品牌产品重复购买的次数越多，说明对这一品牌的忠诚度就越高，反之就越低。应注意在确定这一指标的合理界限时，必须根据不同的产品加以区别对待。

2. 消费者购物时间的长短

根据消费心理规律，消费者购买商品，尤其是选购商品，都要经过比较、挑选过程。但由于信赖程度有差别，对不同产品，消费者挑选时间的长短也是不同的。一般来说，消费者挑选时间越短，说明他对某一品牌商品形成了偏爱，对这一品牌的忠诚度高，反之则说明他对这一品牌的忠诚度低。在运用这一标准衡量品牌忠诚度时，必须剔除产品结构、用途方面的差异而产生的影响。

知识拓展 3-14

品牌忠诚度的价值

1. 降低营销成本,增加利润

忠诚创造的价值是多少？忠诚、价值、利润之间存在着直接对应的因果关系。营销学中著名的"二八原则",即80%的业绩来自20%的经常惠顾的顾客。对企业来说寻找新客户重要性不言而喻,但维持一个老客户的成本仅仅为开发一个新客户的七分之一。我国很多企业把大部分的精力放在寻找新客户上,而对于提高已有的客户的满意度与忠诚度却漠不关心。一个企业的目的是创造价值,而不仅仅是赚取利润。为顾客创造价值是每一个成功企业的立业基础。企业创造优异的价值有利于培养顾客的忠诚观念,反过来顾客忠诚又会为企业增长利润。

2. 易于吸引新顾客

品牌忠诚度高代表着每一个使用者都可以成为一个活的广告,自然会吸引新客户。根据口碑营销效应,一个满意的顾客会引发8笔潜在的生意；一个不满意的顾客会影响25个人的购买意愿,因此一个满意的、愿意与企业建立长期稳定关系的顾客会为企业带来相当可观的利润。品牌忠诚度高就代表着消费者对这一品牌很满意。

3. 提高销售渠道拓展力

拥有高忠诚度的品牌企业在与销售渠道成员谈判时处于相对主动的地位。经销商当然要销售畅销产品来赢利,品牌忠诚度高的产品自然受经销商欢迎。此外,经销商的自身形象也依赖于其出售的产品。因此,高品牌忠诚度的产品在拓展通路时更顺畅,容易获得更为优惠的贸易条款,比如先打款后发货、最佳的陈列位置等。

4. 面对竞争有较大弹性

营销时代的市场竞争正越来越体现为品牌的竞争。当面对同样的竞争时,忠诚度高的品牌因为消费者改变的速度慢,所以可以有更多的时间研发新产品、完善传播策略应对竞争者的进攻。

3. 消费者对价格的敏感程度

消费者对价格是非常重视的,但并不意味着消费者对各种产品价格的敏感程度相同。事实证明,对于喜爱和信赖的产品,消费者对其价格变动的承受能力强,即敏感程度低；而对于不喜爱的产品,消费者对其价格变动的承受能力弱,即敏感度高。据此也可衡量消费者对某一品牌的忠诚度。运用这一标准时,要注意顾客对于产品的必需程度、产品供求状况及市场竞争程度三个因素的影响。在实际运用中,衡量价格敏感度与品牌忠诚度的关系要排除这三个因素的干扰。

4. 消费者对竞争产品的态度

人们对某一品牌态度的变化,多是通过与竞争产品相比较而产生的。根据消费者对竞争对手产品的态度,可以判断消费者对其他品牌的产品忠诚度的高低。如果消费者对竞争对手的产品兴趣浓、好感强,则说明对企业品牌的忠诚度低；如果消费者对其他的品牌产品没有好感、兴趣不大,则说明对企业品牌产品忠诚度高。

5. 消费者对产品质量问题的态度

任何一个商家都可能因种种原因而出现产品质量问题，即使名牌产品也在所难免。如果消费者对某一品牌的印象好、忠诚度高，对商家出现的问题会以宽容和同情的态度对待，相信商家很快会加以处理。若消费者对某一品牌忠诚度低，则一旦产品出现质量问题，消费者就会非常敏感，极有可能从此不再购买这一产品。

知识拓展 3-15

重复购买率

重复购买率是指消费者对该品牌产品或者服务的重复购买次数，重复购买次数越多，则消费者对品牌的忠诚度就越高，反之则越低。

重复购买率有两种计算方法：一种是所有购买过产品的顾客，以每个人为独立单位重复购买产品的次数，比如有10个客户购买了产品，5个产生了重复购买，则重复购买率为50%；第二种算法是，单位时间内，重复购买的总次数占比，比如10个客户购买了产品，其中2个人有了二次购买，1个人有了三次购买，则重复购买次数为4次，重复购买率为40%。一般推荐企业采取第一种算法。

提高重复购买率的方法如下。

1. 设计好产品和产品线

以胶原蛋白产品为例，胶囊每天吃2粒，一瓶60粒吃1个月；口服液每天喝1支，一盒8支喝8天；谁的重复购买基础更好？大家一看便可知道。科学设计主销产品是重复购买率的重要保障。对于大部分企业，用什么产品主打市场，一开始就要想得明明白白。

也有些企业，产品本身的重复购买性就不强，比如衬衣、家电等。一件衬衣穿2年、一台电视看8年，怎么办？对于这类"先天不足"的复购产品，就是通过产品线的延伸设计来保障企业的后续盈利了。比如，凡客诚品后续增加了女装、鞋类、床上用品等品项。这都是为了增加重复购买率和交叉销售，使企业的财务更健康。设计好产品和产品线，是达到高重复购买率的第一要素。

2. 提升消费体验

第二要素是消费体验。虽然产品的质量要好，才能有源源不断的回头客。但消费者更看重的是购物体验，有时甚至越过对产品的质量感受。特别是功能效果无法表述清楚的产品，比如保健品、护肤品。所以，企业送到消费者手中的每一张纸、每一个包装都是一个无声的销售员，带给消费者意外的惊喜之后，必然使他发自内心对产品的忠诚。

3. 科学管理复购组

卓越业绩来自团队，优秀企业的关键在于会管理。如何科学分析企业的重复购买的相关数据，找到管理的要点并投入精力，是提高重复购买率的核心。当一个客户在一定时间段产生二次购买后，接下来的三次、四次购买会很自然地发生，只要开好头，其实复购人员不需要很多精力。所以把提高客户二购率作为保障重复购买最有价值的指标，制定相应的分配和管理政策，再配合相应市场推广手段的保障，重复购买率就有了切实可行的保障。

步骤三
建立网络消费者的品牌忠诚

一般来说,网络消费者品牌忠诚的建立需要一个过程,同传统消费者的品牌忠诚的建立大致相同,包括认知、认可、产生偏好以及忠诚四个主要阶段。

1. 认知阶段

消费者对购物网站品牌或产品品牌的认知是建立品牌忠诚的基础。在这一阶段,消费者倾向于选择已知的品牌,而不愿意选择从未听说过的品牌,其目的是减少购买的风险。消费者对网站、产品或服务的认知可以通过广告、商业新闻、口碑等多种途径,但还不能保证一定会购买。在认知阶段,消费者与商家之间的关系很弱,商家只有凭借优质的产品和出色的服务才有可能把消费者争取过来。

2. 认可阶段

消费者对商家的情况有了基本了解之后,接下来就需要决定是否购买。如果消费者进行了第一次购买,很可能表明消费者对产品持认可的态度。不过,这种认可只是一种表面的、脆弱的忠诚。消费者在购买之后,会对这次购买进行评估,以确定是否做出了明智的购买决策。如果消费者认为做出的购买决策达到了自己的期望、甚至超过了自己的期望,就会产生满意感,从而对商家产生信任感。

3. 产生偏好阶段

在获得了愉快的购买体验之后,消费者会逐渐对品牌产生偏好,并进一步产生重复购买的想法。在这一阶段,消费者与特定商家或品牌之间具备了情感上的联系,产生了一定程度的好感,不会轻易转向其他商家或品牌。不过,消费者对竞争对手还未形成足够的免疫力,可能还在寻找能够为其带来更高价值的产品或服务。

4. 忠诚阶段

如果商家能够加强对产生偏好的消费者的管理,巩固第三阶段的成果,让这种重复的购买行为持续下去,有些消费者就会逐渐形成行为习惯,重复购买某一网站或品牌的产品或服务,并对商家或品牌产生情感上的依赖,建立起与商家或品牌之间的情感纽带。这种纽带既包括消费者较高的重复购买行为,也包括感情的高度依赖和对竞争对手的"免疫力"。

总体来看,消费者品牌忠诚的建立是一个动态的过程。首先,消费者知道某一网站、产品或服务的存在,这就是认知过程;接下来是进行初次购买,这是一个认可过程;之后是对购买的产品、服务或购物网站进行价值评估,如果感到满意,就有可能决定重复购买,进而对产品产生偏好,形成对网站、产品或服务的依赖,进行重复购买,即产生了消费者忠诚。决定重复购买、实际发生重复购买行为和购买后的价值评估三者形成了一个封闭的循环图。消费者忠诚建立过程动态图,如图 3-15 所示。

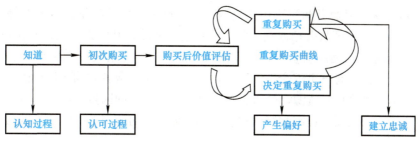

图 3-15　消费者忠诚建立过程动态图

触类旁通

会员制电商

随着移动互联网的普及和高速发展，流量趋于碎片化且转化进程放缓。电商获客成本高涨。流量红利告竭，电商已从增量市场转向精耕细作的存量市场，如何突破阿里巴巴、京东、拼多多三大平台降低获客成本？"会员制电商"顺势应运而生。

"会员制电商"的核心"会员制"，其本质并不是一种销售方式，而是一种客户关系管理的理念、制度和方式。会员制营销能稳固与客户关系，特别是与老客户的关系，提升客户满意度和忠诚度。

会员制适用于任何企业与店铺。尤其是具备以下几个特点的行业，实施会员制营销会收到较好的效果。

1）产品、服务具有社会性。产品、服务最好是消费品，尤其是针对某一类特定人群的消费品。

2）产品、服务具有重复消费的可能。会员制是为了长期留住客户而设，因此更适用于消费者长期重复消费的产品。但是也有特例，诸如房地产行业，多为一次性消费，会员制营销具有很强的阶段性。

3）产品、服务需要深度服务。消费者的第一次消费往往是刚刚开始，而不是终止，这样的产品更适合采取会员制营销。这也是减肥产品为什么热衷于会员制营销的原因，因为减肥不是一朝一夕的事情，需要有一个周期，更需要细致而周到的服务。

4）目标消费群体容易锁定，并且数量在服务能力之内。目标能够锁定，方可保证实效。不能为了暂时提高销量或扩大会员规模而忽视服务质量，要追求一个最佳的量值。

讨论：会员制会是整个电商乃至零售业行业的下一个风口吗？为什么？

 ## 项目小结

购买决策在消费者的购买行为中具有非常重要的地位。对于网络消费者来说，正确的决策可以使其以较少的时间和费用，购买到称心如意的产品，最大限度满足自身需求。对于网络商家而言，有必要弄清楚消费者的购买决策内容：谁来购买？购买什么？为何购买？何时购买？何地购买？如何支付？这些问题其实都体现在网络消费者购买决策的过程中。

网络商家应熟悉网络消费者购买决策的过程：需求产生、信息收集、方案选择、购买决策以及购后评价。网络商家只有把握住了每一个环节，才能为其营销策略的制定提供依据。

商界流传这样一句话：满意的顾客就是最好的广告。当消费者做出购买决策，购买使用后会对本次购买过程有一个综合性的评价，这就体现了消费者对购买过程的态度。对于网络商家来说，需要结合自身资源，分析影响网络消费者满意的因素，然后从网络消费过程的各个环节入手满足其需要，提高网络消费者的满意度，进而获得网络消费者的忠诚，以提升企业利润。

应知应会

一、选择题

1. 网络消费者扮演一种或多种角色，其中，实际执行购买决策的人称为（　　）。
   A．发起者　　　　　B．影响者　　　　　C．决定者　　　　　D．使用者
2. 网络购买过程的起点是（　　）。
   A．诱发需求　　　　B．收集信息　　　　C．选择方案　　　　D．评价方案
3. 网络消费者在完成对商品的比较选择之后，便进入（　　）阶段。
   A．评价方案　　　　B．购买决策　　　　C．购后评价　　　　D．收集信息
4. 通过网络论坛、邮件列表等网络传播工具获得信息的是（　　）。
   A．个人渠道　　　　B．商业渠道　　　　C．公用渠道　　　　D．经验渠道
5. 消费者通过消费产品和服务而获得的亲身感受最具有说服力，最能诱发（　　）。
   A．购买需求　　　　B．购买欲望　　　　C．购买需要　　　　D．购买满意度

二、填空题

1. 网络消费者可能扮演的角色有_____、_____、_____、_____和_____。
2. 了解购买什么，也就是确定购买的_____是什么，是消费者根据自己的购买动机，来选择具体某种商品来满足自己的需要。
3. 了解为何购买，也就是确定购买背后的_____是什么。
4. 消费者决策的核心问题是_____。
5. 了解何处购买，也就是确定购买的_____，或者说是选择_____。
6. 网络购买过程的起点是_____。
7. 顾客培养，是网络营销商为了在一段时间内延伸顾客购买的_____所提供的相关信息和诱因。
8. _____成为消费者购买的第二个环节。
9. 通过网络广告和检索系统中的产品介绍获得信息，属于_____渠道。
10. 网络消费者在完成商品的比较选择之后，便进入到_____阶段。
11. 网络消费者有三种性质的购买决策行为：_____、_____和_____。
12. 影响网站用户流失的主要原因是产品质量不够好、_____、_____等。
13. 对于网络消费者而言，消费感受不仅仅是包含对产品本身的_____，也应包括

对提供产品的网络商家的_____、_____等方面的感知。

14. _____是企业经营效益的决定性因素，也是决定企业成败的关键。

15. 顾客之所以感到不满意，主要原因在于_____，同时还受_____的影响。

三、简答题

简述网络消费者行为的决策过程。

拓展训练

训练一 体验网上购物

1．训练目的

通过体验网上购物，掌握网络消费者购买决策的内容及过程。

2．训练要求

以 2 人为一组，阅读某网络购物平台的购物流程：用户登录——选择商品——放入购物车——包装选择——填写收货信息——选择配送方式——选择支付方式——确认订单。

1）请尝试网上购物，或者相互交流曾经的网上购物体验，并与这个购物流程做对比，分析这一流程的优点和缺点。

2）讨论：消费者网上购物一般有哪几个步骤？

3）结合购物体验，将表 3-2 和表 3-3 填写完整。

表 3-2 购买决策的内容

购买决策的内容	此次购物体验
谁来购买	
购买什么	
为何购买	
何时购买	
何处购买	
支付方式	

表 3-3 购买决策的过程

决 策 过 程	此次购物体验
需求确认	
信息收集	
方案评价与选择	
购买决策的制定	
购后行为	

3．成果展示

以小组为单位，分享各自的网上购买决策过程。

训练二　提升客户忠诚度

1．训练目的

能针对具体情况提升客户忠诚度。

2．训练要求

登录 CNNIC 官网，下载并查看《第 48 次中国互联网络发展状况统计报告》，思考网上外卖、网络直播、在线教育如何提升客户忠诚度。

1）将表 3-4 填写完整。

表 3-4　对提升客户忠诚度的建议

应用		举例（平台）	对商家的建议
网上外卖	1		
	2		
网络直播	1		
	2		
在线教育	1		
	2		

2）结合自身的网购情况，谈谈是否对以上平台存在忠诚度？若有，属于哪一类忠诚？

3．成果展示

请个别同学分享提升网购平台忠诚度的建议。

项目 4

分析网络消费者行为的个性特征

随着互联网技术的飞速发展,网络作为一种新的载体,正在以一种惊人的速度和力量改变着人们的生活方式。目前,越来越多的人选择网络作为载体进行购物,通过网络消费来满足自己的需要。消费观念、消费方式和消费者的地位所发生的重大变化,使当代消费者心理与以往相比呈现出新的特点和趋势,其个性化需求越来越明显。

思考:如何对网络消费者的个性需求进行分析?

教学导航

学习目标

知识目标

理解网络消费者需求的特征;掌握网络消费者的个性心理特征、购买动机及个体特征;了解网络消费者个性需求的发展趋势。

能力目标

能开展网络消费者个性需求、购买动机及个体特征的分析。

本项目重点

网络消费者的个性需求。

本项目难点

网络消费者的购买动机。

任务引入

马斯洛需求层次理论

亚伯拉罕·马斯洛是美国著名的社会心理学家,是第三代心理学家的开创者,提出了融合精神分析心理学和行为主义心理学的人本主义心理学,并融合了美学思想。他的主要成就包括提出了人本主义心理学,提出了马斯洛需求层次理论,代表作品有《动机和人格》《存

马斯洛需求层次理论

在心理学探索》《人性能达到的境界》等。

各层次需求的基本含义如下。

1. 生理上的需求

这是人类维持自身生存的最基本要求，包括饥、渴、衣、住、行等方面的要求。如果这些需求得不到满足，人类的生存就成了问题。在这个意义上说，生理需求是推动人们行动的最强大的动力。马斯洛认为，只有这些最基本的需要满足到维持生存所必需的程度后，其他的需要才能成为新的激励因素，而到了此时，这些已相对满足的需要也就不再成为激励因素了。

2. 安全上的需求

这是人类要求保障自身安全、摆脱事业和丧失财产威胁、避免职业病的侵袭、接触严酷的监督等方面的需求。马斯洛认为，整个有机体是一个追求安全的机制，人的感受器官、效应器官、智能和其他能量主要是寻求安全的工具，甚至可以把科学和人生观都看成是满足安全需求的一部分。当然，当这种需求一旦被满足后，也就不再成为激励因素了。

3. 感情上的需求

这一层次的需求包括两个方面的内容。一是友爱的需求，即需要伙伴之间、同事之间的关系融洽或保持友谊和忠诚；希望得到爱情，希望爱别人，也渴望接受别人的爱。二是归属的需求，即拥有一种归属于一个群体的感情，希望成为群体中的一员，并相互关心和照顾。感情上的需求比生理上的需求要细致，它和一个人的生理特性、经历、教育、宗教信仰都有关系。

4. 尊重的需求

人人都希望自己有稳定的社会地位，要求个人的能力和成就得到社会的承认。尊重的需求又可分为内部尊重和外部尊重。内部尊重是指一个人希望在各种不同情境中有实力、能胜任、充满信心、能独立自主。总之，内部尊重就是人的自尊。外部尊重是指一个人希望有地位、有威信，受到别人的尊重、信赖和高度评价。马斯洛认为，尊重需求得到满足，能使人对自己充满信心，对社会满腔热情，体验到自己活着的价值。

5. 自我实现的需求

这是最高层次的需求，它是指实现个人理想、抱负，发挥个人的能力到最大程度，完成与自己的能力相称的一切事情的需求。也就是说，人必须干称职的工作，这样才会使他们感到最大的快乐。马斯洛提出，为满足自我实现需求所采取的途径是因人而异的。自我实现的需求是努力实现自己的潜力，使自己越来越成为自己所期望的人物。

这种理论的构成根据3个基本假设。

1）人要生存，他的需求能够影响他的行为。只有未满足的需求能够影响行为，满足了的需求不能充当激励工具。

2）人的需求按重要性和层次性排成一定的次序，从基本的（如食物和住房）到复杂的（如自我实现）。

3）当人的某一层级的需求得到最低限度满足后，才会追求高一级的需求，如此逐级上升，成为推动人继续努力的内在动力。

关注与思考：什么是网络消费者需求？它有哪些特征？

项目4 分析网络消费者行为的个性特征

任务分析

通过观察分析、案例研讨、角色扮演、实战训练等方式，初识网络消费者个性需求，理解并掌握网络消费者个性需求以及特征，能够对网络消费者个性需求进行分析。

任务1 认识网络消费者个性需求

任务要点

关 键 词：需要、需求、个性心理特征
理论要点：网络消费者需求特征
实践要点：开展网络消费者个性需求分析

观察导入

小猴进城

小猴想进城，可没人拉车。他想呀想，终于想出了一个好主意。他在车上系了三个绳套：一个长、一个短、一个不长也不短。他叫来了小老鼠，让他闭上眼，拉长套。又叫来小狗，让他闭上眼，拉短套。他最后叫来小猫，在小猫背上系了一块肉骨头，让小猫闭上眼，拉不长不短的绳套。小猴爬上车，让大家一齐睁开眼。

小老鼠看见身后有猫，吓得拉着长套拼命跑；小猫看见前面有只老鼠，拉着套使劲地追；小狗看见猫背上的肉骨头，馋得直往前撵。

小猴快快活活地坐在车里，不一会儿就进了城。

分析思考：该案例对研究网络消费者行为有何意义？应如何利用网络消费者需要的差异性和多样性？

任务实施

步骤一

看看网络消费者的需要是什么

需要是有机体内部的一种不平衡的状况，是客观事物作用于人的大脑而产生的一种欲望，它是产生一切行为的原动力。消费者需要是指在一定生产力水平和一定生产关系下，人们为了满足自己的生存和发展，对获得物质财富和精神财富的愿望或欲望。

需求是人们为了满足物质和文化生活的需要而对物质产品和服务的具有货币支付能力的欲望和购买能力的总和。

需要和欲望是人能动性的源泉与动力，人们购买产品、接受服务都是为了满足一定的需要。一种需要被满足后，又会产生新的需要。因此人的需要不会有完全满足和终结的时候。

99

正是需要的无限发展性,决定着需求的无限发展性,也决定了人类活动的长久性和永恒性。

《第45次中国互联网络发展状况统计报告》显示,2019年全国网上零售额达10.63亿,其中实物商品网上零售额达8.52亿,占社会消费品零售总额的比重为20.7%。网络消费者通过模式创新、渠道下沉、跨境电商等方式不断释放动能,形成了多个消费者增长亮点。社交电商、直播电商成为网络消费增长的新动能。

知识拓展 4-1

消费需要的分类

人类的消费需要十分复杂,可以从不同的角度,按照不同的标准对消费需要进行分类。

1. 按照消费需要的性质划分

1)生活消费需要。即消费者为满足个人生活的各种物质产品和精神产品的需要,又称为消费者需要。消费者需要是最终的消费需要,是营销心理学研究的重点。

2)生产消费需要。即生产者为满足生产过程中物化劳动和活劳动消耗的需要,也可称为生产者需要。

2. 按消费需要的内容划分

1)物质需要。即消费者对以物质形态存在的、具体有形的产品的需要。这种需要反映了消费者在生物属性上的欲求。

2)精神需要。即消费者为改善和提高自身素质,对观念的对象或精神产品的需要。这种需要反映了消费者在社会属性上的欲求。

3. 按消费需要的起源划分

1)生理需要。即与生俱来的、由消费者生理现象而引发的需要,是消费者为维持和延续生命,对于衣、食、住、睡眠、安全等基本生存条件的需要,又称为自然需要。

2)心理需要。即一定社会生活环境因素引发的、由消费者心理特性决定的需要,如社交需要、尊重需要、教育需要以及表现自我的需要等,也称为社会需要。

4. 按消费需要的实现程度划分

1)现实需要。即有明确的消费意识和足够支付能力的需要。

2)潜在需要。即朦胧的、没有明确意识的需要。这类需要经过一定时间或引发因素的刺激,会转化为现实需要。

5. 按消费需要的顺序划分

1)生存需要。即人类为维持自身的生存而产生的对衣、食、住、行等基本生活条件的需要。生存需要大多属生理需求,是人类最基本的需要。如果这类需要得不到满足,就会引起严重的社会问题。

2)享受需要。即人们为提高生活质量、增添生活乐趣而产生的对各种娱乐、享受消费品的需要,它包括物质享受需要和精神享受需要两种。

3)发展需要。即人们对发展体力和智力、提高个人才能所必需的消费品的需要。

6. 按消费需要的满足对象划分

1)个人需要。即消费者个人的各种需要。

2）社会公共需要。国家、社会为维护人民的共同生活与发展而实现的需要，如交通、通信、医疗、教育等各种社会事业的需要。这些公众共同的需要不能实现，人们的正常生活就会遇到许多困难和麻烦。此外，某些社会群体开展工作时也有各种需要。

7. 按消费需要的合理性划分

1）合理需要。即消费者为能够正常生活而产生的各种正当、合法和合理的需要。
2）不合理需要。即某些超越社会或家庭支付能力的或者不科学、不合法、不利于身心健康、有悖于社会道德等方面的需要。

步骤二
理解网络消费者需求的特征

由于电子商务的出现，消费观念、消费方式和消费者的地位正在发生着重大变化，当代消费者心理与以往相比呈现出新的特点和趋势。

1. 个性消费的回归

在过去相当长的一个历史时期内，工商业都是将消费者作为单独个体进行服务的。在这一时期内，个性消费是主流。只是到了近代，工业化和标准化的生产方式使消费者的个性被淹没于大量低成本、单一化的产品洪流之中。然而，没有一个消费者的心理是完全一样的，每一个消费者都是一个细分市场。心理上的认同感已成为消费者做出购买品牌和产品决策的先决条件，个性化消费正在也必将再度成为消费的主流。

2. 消费需求的差异性

不仅仅是消费者的个性化消费使网络消费需求呈现出差异性，不同的网络消费者因所处的环境不同而产生不同的需求，不同的网络消费者在同一层次上的需求也会有所不同。所以，从事网络营销的厂商要想取得成功，必须在整个生产过程中从产品的构思、设计、制造，到产品的包装、运输、销售，认真思考这种差异性，并针对不同消费者的特点，采取有针对性的方法和措施。

3. 消费主动性增强

消费主动性的增强来源于现代社会不确定性的增加和人类追求心理稳定和平衡的欲望。网上消费者以年轻人为主，主动性消费是其特征。

4. 对购物方便与购物乐趣的追求并存

在网上购物，除了能够完成实际的购物需求以外，消费者还能在进行购物的同时得到许多信息，并得到各种在传统商店没有的乐趣。另外，网上购物的方便性也会使消费者节省大量的时间和精力。

5. 价格仍然是影响消费心理的重要因素

正常情况下网上销售的低成本将使经营者有能力降低商品销售的价格，并开展各种促销活动，给消费者带来实惠。

6. 网络消费仍然具有层次性

网络消费本身是一种高级的消费形式，但就其消费内容来说，仍然可以分为由低级到高级的不同层次。在网络消费的开始阶段，消费者侧重于精神产品的消费，到了网络消费的成熟阶段，消费者在完全掌握了网络消费的规律和操作，并且对网络购物有了一定的信任感后，消费者才会从侧重于精神消费品的购买转向日用消费品的购买。

7. 网络消费者的需求具有交叉性

在网络消费中，各个层次的消费不是相互排斥的，而是具有紧密的联系，需求之间广泛存在着交叉的现象。

8. 网络消费需求的超前性和可诱导性

根据 CNNIC 的统计，在网上购物的消费者以经济收入较高的中、青年为主，这部分消费者比较喜欢超前和新奇的商品，也比较注意或容易被新的消费动向和商品介绍所吸引。

9. 网络消费中男性占据更大的比例

购物不是女性的专利，男性用户在网购市场中占据更大的比例。根据 2020 年中国消费者协会发布的《直播电商购物消费者满意度在线调查报告》显示，男性占比 58.1%，女性占比 41.9%。

> **步骤三**
> 抓住网络消费者的个性心理特征

> **知识拓展 4-2**
>
> **个性**
>
> 个性是指人在先天因素的基础上，在社会生活实践中形成的相对稳定的心理特征的总和。它包括个性倾向和个性心理特征，反映人的心理现象的个性一面，例如《红楼梦》中每个人物都各具风采。
>
> 个性倾向是推动人进行活动的心理动力系统，主要包括需求、兴趣、动机、理想、信念、世界观等。其中，需求是个性倾向的基础，而信念、世界观则是个性倾向中居于最高层次的构建部分，决定着一个人总的心理倾向，自我意识对人的个性发展具有重要的调节作用。
>
> 个性心理特征是个人身上经常表现出来的本质的、稳定的心理特征。它包括能力、气质、性格。其中，性格是个性心理特征的核心，体现了个体的独特风格、独特心理活动以及独特的行为表现。个性倾向和个性心理特征相互联系、相互制约，从而构成有机整体。

不同的网络消费者对网络消费的看法不一样，网络消费者属性结构可大致分为性别结构、年龄结构、学历结构、职业结构和收入结构。这些消费者对网络消费展现出了不同的消费特征。

1. 性别结构

截至 2020 年 3 月，我国网民男女比例为 51.9∶48.1，男性网民占比略高于整体人口中男性比例（51.1%），如图 4-1 所示。

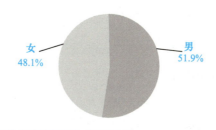

来源：CNNIC 中国互联网络发展状况统计调查　　　　　　　　　　2020.3

图 4-1　网民性别结构

2. 年龄结构

截至 2020 年 3 月，20～29 岁、30～39 岁网民占比分别为 21.5%、20.8%，高于其他年龄群体；40～49 岁网民群体占比为 17.6%；50 岁及以上网民群体占比为 16.9%，互联网持续向中高龄人群渗透，如图 4-2 所示。

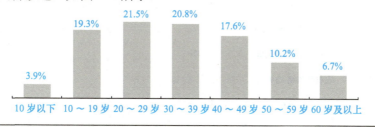

来源：CNNIC 中国互联网络发展状况统计调查　　　　　　　　　　2020.3

图 4-2　网民年龄结构

3. 学历结构

截至 2020 年 3 月，初中、高中/中专/技校学历的网民群体占比分别为 41.1%、22.2%，受过大学专科及以上教育的网民群体占比为 19.5%，如图 4-3 所示。

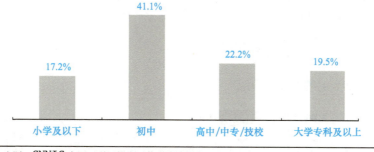

来源：CNNIC 中国互联网络发展状况统计调查　　　　　　　　　　2020.3

图 4-3　网民学历结构

4. 职业结构

截至 2020 年 3 月，在我国网民群体中学生最多，占比为 26.9%；其次是个体户/自由职业者，占比为 22.4%；企业/公司的管理人员和一般人员占比共计 10.9%，如图 4-4 所示。

5. 收入结构

截至 2020 年 3 月，月收入在 2 001～5 000 元的网民群体占比为 33.4%，月收入在 5 000 元以上的网民群体占比为 27.6%，有收入但月收入在 1 000 元以下的网民群体占比为

20.8%，如图 4-5 所示。

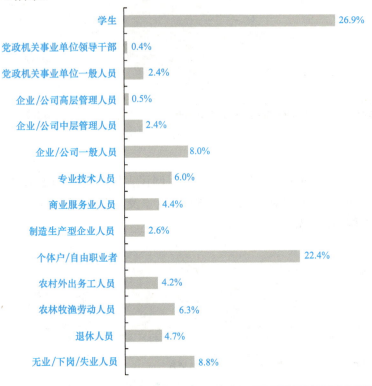

来源：CNNIC 中国互联网络发展状况统计调查　　　　　　　　　　　2020.3

图 4-4　网民职业结构

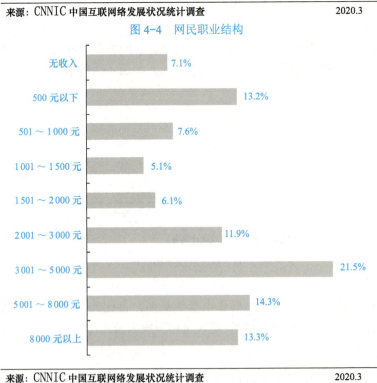

来源：CNNIC 中国互联网络发展状况统计调查　　　　　　　　　　　2020.3

图 4-5　网民个人月收入结构

步骤四
把握网络消费者个性需求的发展趋势

随着市场经济的发展,当今企业面临着国内外激烈的竞争,买家市场已经来临。在买家市场上,消费者将面对各种各样的商品和品牌选择,这一变化使当前消费者和以前相比有一定的改变。网络消费者个性需求发展呈现以下几个趋势。

1. 消费者更主动

网络商品信息获取的方便性,促使消费者能通过各种途径获取商品相关信息,并且进行分析比较。比如消费者购买 iPad,会在京东商城、新蛋网、易迅网、一号店等 B2C 网站进行比较,也会通过一些问答平台,查看相关评论,获取已经购买者的反馈。通过分析比较,消费者心理得到平衡和满足感,增强了对所采购商品的信任,也减少了风险和购买之后后悔的可能。

2. 购物的方便性和趣味性的追求

信息社会的高效、现代生活的快节奏让消费者购物以方便性为目标。传统的购物方式下,一个买卖过程需要几分钟或者长达数个小时,加上购买商品的往返路途和逗留时间,使得消费者必须在时间和精力上付出很多,而网络购物只需要轻轻单击鼠标,完成交易,还能享受送货上门的服务,节省了他们的时间。对于自由职业者和家庭主妇等群体,由于时间比较充裕,希望通过网络购物来消遣时光和寻找生活的乐趣,而网络正好满足了他们的需求,让他们能保持与社会的联系,减少孤独感,满足他们的心理需求。

3. 消费者的个性化

在市场经济条件环境下,同类商品很多,消费者有了更多的选择,有的消费者不满足现有的商品,更希望能根据自己的需求,定做自己的个性商品。从理论上说,消费者的心理不可能完全一样,也就是说个性化消费潜力非常巨大。

4. 价格还是重要因素

低价对消费者有很大的吸引力,从近年团购网的火爆、节假日商城活动打折时候排队的人群就看得出来。虽然网络营销者总是通过各种营销手段来减弱消费者对价格的敏感度,但价格对消费者心理有重要影响,当价格降幅超过了消费者的心理界限,消费者难免改变当初的购物原则。

触类旁通

箱包借力互联网　满足消费者时尚个性需求

随着人们生活和消费水平的提高,箱包逐渐成为人们出门不可或缺的饰品,箱包的功能也逐渐从实用性为主转化为以装饰性为主,甚者成为一种名利和地位的象征。箱包的购物也逐渐成为一种热潮,近年来随着网购的火热与便利,网络购物成为人们消费的一种新形式。

互联网的发展显然已经成为一种必然的趋势,随着互联网逐渐向更多传统行业的渗透,传统的箱包行业也应当主动发力,有所作为。更何况,当前市场竞争也逐渐增强,传统的营销模式确实存在的一定的弊端,制约着行业更好地发展。电子商务凭着低成本、高效率的优势，以及全天候、全方位和零距离的特点，确实给传统行业带来了新的视角。那么箱包作为传统的行业获益也是必然的。

将传统的箱包移到线上，也更能够了解到消费者的需求和爱好。消费者的购买信息和品位的改变能够分析出消费者的真正需求。当然，线上平台也给经营者和消费者之间建立了一个很好的对接的方式，消费者根据自身的使用，也为商家提供了更加合理的建议，促进整个行业的发展，也进一步增加消费者的信任。箱包的更换频率是非常大的，我们可以根据消费者过往的消费信息，为消费者推荐更加适合消费者品味的产品，减少消费者的购物时间，留住消费常客。

目前，已经有越来越多的箱包企业加盟到网络平台中，建成了"箱包"的网络营销平台。当然，这也进一步促进了整个行业的竞争。在这个越来越标榜个性的时代，"箱包"的网络营销平台应涵盖简约、复古、卡通等的各式各样的风格，满足消费者时尚、张扬个性的需求。相信，随着互联网的快速发展，"箱包"的网络营销平台也将逐渐壮大，被更多消费人群熟知，开拓出新的消费市场。

讨论： "箱包"的网络营销平台为什么会成功？（提示：请从网络消费者需求入手）

任务2　洞悉网络消费者购买动机

任务要点

关 键 词：需求动机、心理动机
理论要点：需求动机和心理动机的内容
实践要点：分析网络消费者的购买动机

观察导入

"新国货"浪潮汹涌背后——得4亿年轻人得天下

2019年的"618"已落下帷幕，一大批本土品牌在大促期间的表现，用"惊艳"一词来形容毫不夸张。来自天猫的数据显示，超过3.7万个新品牌6月首日交易额同比去年翻倍，其中东来顺、光明等老字号表现更加抢眼，成交额涨幅同比超300%。

而它们，都可以用一个词概括：新国货。

说起新国货，很自然联想起到以下两个典型代表：李宁，通过注入新的活力和时尚元素，一举打造成了年轻群体竞相拥趸的潮流符号，在街上如果有人穿着印有"中国李宁"的T恤，路人时不时都会投来注视的目光；又如故宫，不仅跨界玩得好，口红、钥匙扣等各类周边文创产品更是卖的火爆，故宫的这一运营思路堪称古典和现代的融合，商业与艺术共生的典范。

所以，我们今天要探讨的主题是：新国货浪潮愈涌愈烈，线上零售品牌和广大卖家们如何拥抱这一趋势，抓住时代赋予的机遇？

1. 用数据说话，新国货浪潮汹涌

为了证明新国货这股浪潮并非一时兴起，而是这几年不断受到关注且得到印证的消费新趋势，我们先来看几组数据和调查报告。中经社经济智库、中传－京东大数据联合实验室联合发布《2019"新国货"消费趋势报告》，报告显示：中国品牌在下单金额、下单商品销量的同比增幅均高于国际品牌，且在下单金额的同比增幅上，2018年中国品牌商品的优势更加明显。另一项来自全球知名品牌和营销咨询公司铂慧（Prophet）的调研数据也显示，过去几年中国消费者最喜欢的50个品牌里，国货比重已经在逐年提高，截至2018年已上升至30个，占据主导地位。阿里巴巴发布的《2020年中国消费品牌发展报告》显示，过去一年，国人购物车里装着的有八成是国货。例如，完美日记天猫店2017年才上线，只用了三年的时间，年销售额就做到了30亿元，最新一轮的估值已经达到了140亿元。花西子诞生于2017，同年8月入驻天猫，并开设花西子旗舰店。在2018年，花西子的销售额仅有4 319万，但其2019年销售额高达11.3亿，同比暴涨了25倍。

总之，新国货浪潮愈涌愈烈，越来越多的新兴品牌和老字号正极力抓住这一机会上演销售奇迹。

2. 浪潮背后是中国消费趋势变迁

我国超过4亿的90后、00后年轻人群是消费需求最旺盛的群体。而这一批年轻人，刚好成长于国家经济腾飞的时代，物质和精神世界都极大丰富，拥有强烈的民族自信心和自豪感，也很早就透过互联网了解世界，对于舶来品并没有盲目崇拜的心理。他们又几乎都走向社会，消费能力强，如何满足他们的消费口味成为许多企业和品牌经营策略的重心。在这样的大背景下，"新国货"概念应运而生，并且这股风潮愈刮愈烈，越来越多人加入大军之中。

苹果手机刚面世那几年，几乎一家独占手机高端市场份额。但这几年，国产手机品牌的崛起对它造成不小的竞争压力，国产品牌不论是制造工艺和设计，还是形象推广都提升了几个档次，以前是堆硬件、拼价格战，现在开始讲格调，很合年轻人的胃口，因此也越来越受到他们的喜爱。

3. 三大维度，把握这一消费趋势

所谓"得年轻人得天下"，因为他们代表着未来，代表着潮流趋势。定位是年轻群体的新国货，自然也就蕴藏着巨大的消费市场潜力。只不过要想俘获年轻人的心，首先要摸清他们的脾气和秉性，按照他们的套路出牌才有机会赢得市场和口碑。现在的年轻人崇尚个性自由，不喜欢随大流，如何在品牌中融入有趣和潮流的元素，放低姿态与他们接轨，让他们感觉品牌就是在表达自我是品牌运营的关键。

关于年轻群体的定位已非常清晰，重点是在"新"上面做文章，可从以下三个维度去着手：新审美，符合新一代消费者的审美，产品设计和包装上要下功夫，可以不高端奢华，但一定要有"颜值"，比如花西子的雕花口红；新技术，应用新技术提升行业服务效率，能在品牌中融入中国的元素，根植于中国本土文化，同时又不失现代的科技感和时尚感，比如手机界的华为和vivo；新连接，用新的连接方式触达和服务消费者，重视新媒体的推广和传播，擅长和其他品牌跨界合作，借势营销，比如各种联名款T恤。

分析思考：网络消费者购买"新国货"的动机是什么？当下网络消费者购买动机有哪些？

任务实施

步骤一

认识动机

动机是推动人进行活动的内部原动力（内在的驱动力），即激励人行动的原因。引起动机有内外两类条件，内在条件是需要，外在条件是诱因。需要经唤醒会产生驱动力，驱动有机体去追求需要的满足。由此可见，需要可以直接引起动机，导致人们朝特定目标行动。

人的需要导致人们产生实现需要的动机，而动机又导致人们采取某种行为来满足人的需要，因此，动机是联系人的需要与行为的纽带或桥梁。如果一个人仅有需要而无动机，就不可能产生行为，这种需要只能是潜在的需要、无法满足的需要。需要是动机的基础和源泉，它通常在主观上以意志或欲望的形式存在于人的内心中，一旦有了要实现这个需要的条件和意识，就会产生动机。

但动机不等于需求，需求比动机的层次更加抽象，只有当需求和具体满足需求的事务建立起联系时，需求才会转化为动机。在网络购买活动中，能使网络消费者产生购买行为的某些内在的驱动力分为两大类：需求动机和心理动机。

步骤二

寻找网络消费者的需求动机

需求动机指人们由于各种需求，包括低级的和高级的需求而引起的购买动机。根据马斯洛需求层次理论（生理需求、安全需求、社交需求、尊重需求和自我实现需求），网络消费者的需求分析如下。

1）从满足生理需求的角度讲，消费的商品包括食品、饮料、鞋帽、服装等。

2）从满足安全需求的角度讲，消费类型五花八门，如自卫防身用品、为了保护自己家庭财产而购买防止偷盗的安保用品、保险服务等。

3）社交的需求反映在人们结交朋友、参与社交活动、赠送礼品以及在公共场合的消费等。

4）为满足自尊需求，消费的商品类型也比较多，如各类名牌商品、名贵商品、稀有商品，以及为了改变或美化自我形象的各类美容化妆品、服装服饰等。

5）追求自我实现的人在消费时，不在意这些商品而在意这些商品的消费具有一定的独特性，比如为了实现自己在摄影方面的才能，购买一些摄影器材或相关商品。

网络消费者的需求动机是指由需要而引起的购买动机。网络技术的发展使现在的市场变成了网络虚拟市场，但虚拟社会与现实社会毕竟有很大的差别，所以在虚拟社会中人们希望满足以下三个方面的基本需要：兴趣需要，即人们出于好奇和能获得成功的满足感而对网络活动产生兴趣；聚集需要，即通过网络给相似经历的人提供了一个聚集的机会；交流需要，即网络消费者可聚集在一起互相交流买卖的信息和经验。

知识拓展 4-3

网络消费者的三个基本需要

1．兴趣需要

兴趣需要即人们出于好奇和能获得成功的满足感而对网络活动产生兴趣。这种兴趣主要来源于两种内在驱动力：一种是探索，从各种各样的信息和咨询到千奇百怪的娱乐活动，可以说是包罗万象。另一种是成功，当人们在网络上找到自己需要的资料、软件、游戏，自然会获得一种成功的满足感。

2．聚集需要

人类是以聚集而生存的动物。在现代社会，由于人们生活节奏的加快，常常没有整块的时间在一起聚集，而通过网络却能够给相似经历的人提供聚集的机会。这种聚集不受时间和空间的限制，并形成有意义的人际关系。

3．交流需要

聚集起来的网民自然产生交流的需要。随着这种信息交流频率的增加，交流的范围不断扩大，从而产生示范效应，带动对某些种类的产品和服务有相同兴趣的成员聚集在一起，形成商品信息交易的网络，即网络商品交易市场。这不仅是一个虚拟社会，而且是高一级的虚拟社会。在这个虚拟社会中，参加者大都是有目的的，所谈论的问题集中在商品质量的好坏、价格的高低、库存量的多少、新产品的种类等。他们所交流的是买卖的信息和经验，以便最大限度地占领市场，降低生产成本，提高劳动生产率。对于这方面信息的需要，人们永远是无止境的。这就是电子商务出现之后迅速发展的根本原因。

步骤三

探究网络消费者的心理动机

心理动机主要是由后天的社会性或精神需要所引起的为满足维持社会生活，进行社会生产和社会交际，在社会实践中实现自身价值等需要而产生的各种购买动机。

按照消费者的感性和理性可以把网络消费者的心理动机分为：理智动机、感情动机和惠顾动机三个方面。

第一，理智动机。理智动机是指消费者对某种商品有了清醒的了解和认知，在对这个商品比较熟悉的基础上所进行的理性抉择和做出的购买行为。这种购买动机具有客观性、周密性和控制性的特点。拥有理智动机的消费者往往是具有比较丰富的生活阅历、有一定文化素养、比较成熟的中年人。他们在生活实践中养成了爱思考的习惯，并把这种习惯转化到商品的购买当中。这类网络消费者首先注意的是商品的先进性、科学性和质量，其次才注意商品的经济性。

第二，感情动机。感情动机是指由于人的喜、怒、哀、乐等情绪和道德、情操、群体、观念等情感所引起的购买动机。这种动机可以分为两种类型：一种是由人们喜欢、满意、快乐、好奇而引起的情绪动机。例如，在淘宝上突然发现一件自己很喜欢的衣服，很容易产生冲动性的感情动机。另一种是由于人们的道德感、群体感等引起的情感动机。例如，在网上为身处异地的父母购买老年用品等。

第三，惠顾动机。惠顾动机（信任动机）是指消费者基于感情和理智的经验，逐步建立起对特定商品、厂商或者商店产生的特殊的信任和爱好，使消费者重复地、习惯地前往购买的一种行为动机，它具有明确的经常性、习惯性特点。由惠顾动机产生的购买行为一般是网上消费者在做出购买决策时心中已经有了购买目标，已经确定了所要光顾的卖家。具有惠顾动机的网络消费者，往往是某一网站或某一网店的忠实浏览者。他们不仅自己经常光顾这一网站或网店，还会向自己的亲朋好友推荐，甚至在网店的产品出现瑕疵或服务出现漏洞时也予以谅解，他们已经成为该网站或网店的忠实顾客。

另外，按照消费者的购买目的，还可以把网络消费者的心理动机分为求实心理动机、求新心理动机、求美心理动机、求名心理动机和求廉心理动机。

触类旁通

生活服务 O2O 用户的七大核心需求

生活服务 O2O 无论是线上企业向社区生活的线下布点，还是传统手艺如美甲、车辆保养等被大量 O2O 化，都已经有成型的商业模式，58 到家、河狸家、美食到家等更是炙手可热。无论是什么样的生活服务 O2O，都需要以提供优秀的"用户体验"为核心，基于线上做互动沟通，基于线下做体验设计，认清生活服务 O2O 用户的核心需求是做好生活服务 O2O 的前提。

一、生活服务 O2O 用户消费界定

生活服务 O2O 大多是基于用户的生活需求而产生的，其业务涵盖家政、家居、美食、教育、医疗等多个细分领域，而用户的消费场景也和所需业务紧密衔接在一起，或在家中消费，或在办公室消费，或在休闲场所消费，但无论怎样，其服务消费多与生活需求密切相关，生活服务 O2O 消费中社区消费是重点，服务提供是核心，抓好社区消费、提升服务特色就能很好地把准生活服务 O2O 的运作脉搏。

二、用户核心需求

1．用户核心需求之一：有实惠

（1）价格合理

用户使用生活服务 O2O 类的服务时，无论是网上下单、线下支付，还是线下体验、线上支付、家中享受，都希望"生活服务价格"保持相对的合理性，最起码不比市场的平均价格高，最好还要略低一下；价格可以低，但服务绝对不能打折。

（2）有特惠吸引

既然是互联网经济，是生活服务 O2O，很多用户尤其是社区用户希望有一些特价优惠活动，可以是"下单有礼""分享有礼"，也可以是"消费卡购买优惠"等，比较好的当然是从体验券、下单优惠、分享有礼到消费卡购买优惠等一条龙的服务，这样用户才能享受特惠的服务。

2．用户核心需求之二：服务好

（1）服务有特色

生活服务 O2O 服务提供者提供的不仅是市面上已有的服务，更应该是特色的服务。服务特色可以是多种多样的，可以是服务技师有较高的技艺水平、可以是服务时间可定制、可以是服务场所可由用户选定，可根据用户的需求确定服务时间、服务地点、服务层次等，以更好、更优地提供O2O生活服务。特色的O2O生活服务必会引来用户的更多关注。

（2）服务性价比高

生活服务O2O服务性价比在用户看来，必须足够高。用户可以用同样的价格买到更多的服务、更好的服务、更高的服务；可以用同样的价格享受更多次的美容、美体和教育等服务；可以自我设定服务时间、服务地点等；可以自我选定自己欣赏的服务技师等。将更多的服务选择权给用户，充分发挥用户的"服务自主权"。

3．用户核心需求之三：可信赖

（1）企业要靠谱

O2O生活服务前期沟通是在网络上完成的，用户并没有亲眼见到品牌的实际状况和信誉水平，对生活服务提供者的服务水平、服务层次等没有清晰认知，用户需要更多的"决策安全感"，让用户感到生活服务O2O企业是靠谱的、有实力的，企业可以通过展示品牌声誉、企业历史、知名股东历史等让用户有充分的信任感，如果有线下体验店那是最好的，也更能获得用户的信任。

（2）熟人评价好

O2O生活服务的用户多数是上网经验丰富的人群，其对网络购物相当熟悉，有自己的网络购物及生活主张，对服务评价欲强，其已经对淘宝、天猫等服务习以为常，对服务评价等比较关注，因此用户往往会希望企业开放"服务评价"系统，可以让消费者就"服务状况"进行各方面评价，一方面表达对所享受服务的评价，另一方面也给欲选择生活服务者以"明确启示"，同时其评价后也希望有一定的"会员积分激励"，"服务评价到位""熟人评价好"的企业必会得到用户的高度认可。

4．用户核心需求之四：有内容

（1）服务内容精细而专业

生活服务O2O企业提供的服务价值是无形的，用户能感受到的是企业通过页面描述的服务程序、服务细节、服务评价等，通过这些用户会自我判定"O2O生活服务"的价值。从期望来看，用户还是希望服务内容描述是精细的、专业的，从服务的每个环节、每个细节到服务的特色表达，再到用户的细节评价等，通过精致的图片、细节的展现、生动的案例描述出来、表达出来，"精细而专业的服务内容"必会赢得用户的芳心。

（2）表达要有趣、有料

移动互联时代，生活服务O2O品牌与用户沟通需要更多的"娱乐精神"，需要更多的有趣传递、有料表达。用户希望在官网介绍时更多融入互联网的语言，如亲、小伙伴等，相信用户会更加喜欢。同时把服务的过程多些情趣，细节上多些"爆料"，例如美食服务中对"快递小哥"的生动描述、到家烹饪服务中与大厨的互动等，这些有趣、有料的内容相信很容易引发用户共鸣。

5．用户核心需求之五：感触好

（1）线上线下感触一致

生活服务O2O的线上线下协同一直是业内运作的重点，也是O2O模式成败的关键所在。用户希望服务描述和服务体验大致相当，服务流程大体一致。O2O生活服务中没有大的服务环节缺失，没有大的服务缺项，没有让用户产生大的失落感。

（2）线下有实体触点

O2O 生活服务更多是线上企业在运作，其往往比较关注线上的官网浏览、微商城下单、服务描述、商品评价等网络沟通体验，但对线下实体终端的情境化体验等关注度还是比较少的。虽然 O2O 生活服务仍然是以网络驱动现实、线上预约、线下服务且支付等为主的，但用户普遍希望有更多的实体终端可以体验，一方面多些信任感，另一方面可以现场进行体验，即使是在现场下单也是可以考虑的。

（3）线上体验良好

从生活服务 O2O 行业整体来看，目前线上企业运作是主流，用户的网站浏览、下单预约、消费评价等还是在线上完成的，线上体验的好坏很大程度上决定了"O2O 生活服务"成交与否；用户希望在浏览速度上更快，预约更便利，消费评价更显眼，同时希望能提供更多基于已有浏览页面和服务需求的定制化推荐。

6. 用户核心需求之六：能制约

（1）服务可反馈

生活服务 O2O 行业毕竟还是新兴行业，其服务的好坏用户希望可以更多地给予评价，一方面这些评价让用户有一些自己反馈的渠道，另一方面也可以让其他用户有一些消费借鉴，所以用户的服务评价、服务评分等环节不可缺少。生活服务 O2O 品牌可以将服务评价细分为到达时间、服务态度、服务环节、服务礼仪等关键指标，这样既提高了用户制约服务人员的能力，也有利于生活服务 O2O 企业提升自身服务水平。

（2）后付款制约

从生活服务 O2O 的运作来看，大部分 O2O 企业是通过网络预约下单、线下服务体验并支付等运作的，以快的打车、河狸家等为代表的生活服务 O2O 运作模式渐成为行业主流。用户体验此类 O2O 生活服务时，更希望采取后付款、后评价、后打分等方式对"生活服务"有一定的制约，并且希望此种制约能够落到实处，能对服务提供商、服务提供者等有制约，同时也给自己带来积分换物、优惠服务等相关实惠。

7. 用户核心需求之七：可分享

（1）社群可交流

从本质意义上来看，生活服务 O2O 打造的是一个"生活服务价值群"，用户基于自己的生活需求选取线上线下互动的方式以获得服务，省钱的同时更希望相互交流。这表现在用户既能及时分享自己的服务评价，又能自组自己的社区群，找到同兴趣、同情境、同评价等方面的"知音"。当然，自媒体的发布更在情理之中，这就要求生活服务 O2O 企业及时构建自己的"品牌社群"，建设自己的"消费微社区"，一方面给用户构建一个自由交流的空间，另一方面听取用户的意见，改进并提升自己的现有服务。

（2）分享设计通畅

分享设计更多在于强化"交互"层面，用户在浏览、购买和消费生活服务的同时，希望能更多地分享出去，告诉社群成员、亲属、朋友等自己的"生活服务 O2O"消费感触。用户希望在浏览到"自己喜欢"的页面时可以立即分享给"自己的小伙伴"，希望在"消费评价"的同时共享到"自己的微信朋友圈"，希望在"社区"中找到相同兴趣或相近爱好的朋友，这些"交流互动"的需求需要生活服务 O2O 企业在页面中设计更多分享按钮，在商品评价中放置必要的"晒圈、晒图和讲故事"的交互,在社区频道设置更多必要的数据端口。

思考: 如果你是生活服务O2O用户,你有什么需求需要被满足?如何满足这些需求?

任务3 分析网络消费行为的个体特征

任务要点

关 键 词: 网络消费行为的个体特征、个体网络经验
理论要点: 网络消费行为的个体特征
实践要点: 开展网络消费行为的个体特征分析

观察导入

"新国货"消费趋势

"新国货"是创新驱动、品质为先,拥有良好产品与服务体验,并融入更多健康、绿色、智能要素和市场竞争力与适应能力较强的国产品牌。京东大数据研究院首席数据官表示,电商平台正在打通需求与供给,拉动中国品牌商品结构性升级,并持续挖掘全国消费潜力。

《2019"新国货"消费趋势报告》数据显示,中国消费结构正发生新一轮的升级与变革,消费者对品牌品质的关注度正在提升,更多高品质、高价值的中国品牌商品受到消费者青睐,2018年度销售规模前100名的中国品牌产品下单用户数同比增幅高于京东全站。

与此同时,国民消费观念也悄然发生转变,对国货品质的信任度正在提升,如图4-6所示。2018年,一二线城市消费者对国产品牌的消费占比增速超过进口品牌,增幅高于三线及以下城市。此外,新用户对于国产品牌的认知和购买力更强,特别是年轻用户以及女性用户。

借助电商平台对用户消费行为进行大数据分析,有助于国产品牌明确发展方向,灵活调整发展策略。在国产品牌的未来发展中,电商平台、互联网平台将发挥更大的作用,用先进的数字技术推动国产品牌走向全球、走进更多消费者的心中。

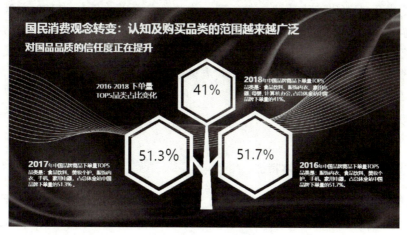

图4-6 国民消费观念转变

分析思考: "新国货"的兴起,顺应了哪些网络消费者行为的个性需求?

任务实施

步骤一　认识个性心理

个性心理是指个体的整个精神面貌，它是个人心理活动的稳定的心理倾向和心理特征的总和。它导致一个人对其所处的环境相对一致并持续不断的反应。个性是在个体生理的基础上，在一定社会历史条件下，通过参加社会实践活动并受外界环境的作用逐渐形成和发展的。个性的形成既受先天因素如生理和遗传的影响，又与后天因素如社会环境、成长经历有关。后天因素对个体个性心理特征的形成、发展和转变有决定性意义。

步骤二　了解个性心理特征

个性心理特征指在一个人身上经常、稳定地表现出的心理特点。它主要包括能力、气质和性格，它集中地反映了个体的精神面貌和类型差异。能力是人们顺利完成某种活动的心理特征；气质是指由神经特点所决定的，在活动中所表现出来的心理活动的速度、强度、稳定性和指向性的特点；性格是指个体对事物持稳定的态度和习惯化了的行为方式。

知识拓展 4-4

希波克拉底的体液理论

希波克拉底是古希腊著名的医生，他认为体液是人体性质的物质基础。希波克拉底认为人体中有四种性质不同的液体，它们来自于不同的器官。其中，黏液生于脑，是水根，有冷的性质；黄胆汁生于肝，是气根，有热的性质；黑胆汁生于胃，是土根，有渐温的性质；血液出于心脏，是火根，有干燥的性质。人的体质不同，是由于四种体液的不同比例所致。格林（盖伦）（Galen，130～200）是欧洲古代医学的集大成者，也是罗马帝国时期著名的生物学家和心理学家。他从希波克拉底的体液说出发，创立了气质学说，他认为气质是物质（或汁液）的不同性质的组合。当时他说气质共有13种。在此基础上，气质说继续发展，成为经典的四种气质，即胆汁质、多血质、黏液质和抑郁质。

希波克拉底的体液理论

步骤三　认识网络消费行为的个体特征

网络消费者在购买活动中所产生的感觉、知觉、记忆、思维、情感和意志等心理过程，体现了人类心理活动的一般规律。现在网络消费者以年轻人居多，他们个性化的消费需求越来越凸显出来。他们的购买行为或购买决策不仅会受网络文化的影响，还会受其个体特征的影响，诸如性别、年龄、受教育程度、经济收入水平、使用互联网的熟练程度等。

1. 性别

在传统实体市场中，男女性的购物行为存在着较大的不同，这种不同也同样出现在电子商务市场中。例如，男性网络消费者在购物时理性成分居多，往往在深思熟虑之后才做出购买决策；而女性网络消费者购物时感性成分比较多，往往在浏览到自己喜欢的商品时就会下意识地放入到购物车（ShoppingCM）中。另外，男性网络消费者的自主性较强，他们往往会亲自去寻找关于商品价格、质量、性能等方面的信息，然后做出判断；而女性网络消费者的依赖性较强，她们在做出购物决策时往往会比较在意其他人的意见或评价。

2. 年龄

互联网用户的主体是年轻人，处于这一年龄阶段的消费者思想活跃、好奇、易冲动、乐于表现自己，既喜欢追逐流行时尚，又喜欢展现独特的个性。这些特征在消费行为上表现为时尚性消费和个性化消费两极分化的趋势，因此在电子商务市场中一些时尚或个性化的商品就显得更受消费者的欢迎。

3. 受教育程度和经济收入水平

由于受教育程度和经济收入水平具有正相关关系，因此将这两种因素对网络消费者行为的影响放在一起讨论。统计数据表明，互联网用户中大多数人都接受过高等教育，平均收入水平要略高于总人口平均收入水平，那么网络消费者的受教育程度和收入水平是如何影响其消费行为的呢？由于网络消费者的受教育程度越高，在了解和掌握互联网知识方面的困难就越低，也就越容易接受网络购物的观念和方式，越是受过良好的教育，网络购物的频率也就越高。另外，绿地在线公司的研究发现，网络消费者的收入越高，在网上购买商品的次数也就越多。

4. 使用互联网的熟练程度

网络消费者对互联网的熟悉程度或使用互联网的熟练程度同样也会影响其行为，为了便于分析，此处仅从网络消费者的每周上网时间角度进行分析。当消费者刚刚接触网络时，对互联网的认识处于比较低的水平，操作应用也不是很熟练，这时的消费者对互联网充满兴趣和好奇，其行为主要是通过实验和学习力求掌握更多的互联网知识，但由于对互联网还存在比较高的恐惧心理，因此网络购物行为发生的比率较低。随着消费者每周上网时间的增加，对互联网也就越来越熟悉，操作应用也会越来越熟练，而消费者对互联网的恐惧心理也逐渐消除，这时的消费者把互联网看作一种日常事物，并开始进行各种各样的网络购物活动。

随后，网络消费者的行为就开始出现分化：一部分消费者由于刚开始时的新奇和神秘感已逐渐消退，就会逐渐削减每周上网时间直至某一固定水平，只在必要时才会上网，并且形成了固定的网站（网络商店）浏览和消费习惯，这里把这部分消费者称为喜新厌旧者。另一部分消费者仍在互联网上花费大量的时间，他们把网络空间看作现实社会的替代品，在互联网上学习、交流、购物、娱乐等，因为他们认为可以在网上找到更多的乐趣而且也更方便。

触类旁通

四种气质类型的消费行为

1. 胆汁质类型消费者

胆汁质类型消费者在购买过程中反应迅速,一旦感到某种需要,购买动机就很快形成,而且表现比较强烈;决策过程短,情绪易于冲动,满意与否的情绪反应强烈并表现明显;喜欢购买新颖奇特、标新立异的商品;购买目标一经决定,就会立即导致购买行动,不愿花太多时间进行比较和思考,而事后又往往后悔不迭。

2. 多血质类型消费者

多血质类型消费者在购买过程中善于表达自己的愿望,表情丰富,反应灵敏,有较多的商品信息来源;决策过程迅速,但有时也会由于缺乏深思熟虑而做出轻率选择,容易见异思迁。他们善于交际,乐于向营业员咨询、攀谈所要购买的商品,甚至言及他事。因此,对这类消费者施加影响比较容易起作用。

3. 黏液质类型消费者

黏液质类型消费者在购买过程中对商品刺激反应缓慢,喜欢与否不露声色;沉着冷静,决策过程较长;情绪稳定,善于控制自己;自信心较强,不易受广告宣传、商品包装及他人意见的干扰影响,喜欢通过自己的观察、比较做出购买决定,对自己喜爱和熟悉的商品会产生连续购买行为。

4. 抑郁质类型消费者

抑郁质类型消费者在购买过程中对外界刺激反应迟钝,不善于表达个人的购买欲望和要求;情绪变化缓慢,观察商品仔细认真,而且体验深刻,往往能发现商品的细微之处;购买行为拘谨、神态唯诺,不愿与他人沟通,对商家的推荐介绍心怀戒备,甚至买后还会疑心是否上当受骗。

以上是四种气质类型的典型表现。而在现实生活中绝对属于某种气质类型的消费者并不多,大多数消费者是以某一种气质类型为主,兼有其他气质特征的混合型。

思考:如果你是网上商店的客服,面对这四种类型的网络消费者,你该提供什么样的导购服务?

项目小结

网络环境下消费者呈现出个性消费的回归、消费需求的差异性、消费主动性增强、对购买方便性与购物乐趣的追求并存、价格仍然是影响消费心理的重要因素、网络消费仍然具有层次性、网络消费者的需求具有交叉性、网络消费需求的超前性和可诱导性、网络消费中女性占主导地位等特点。而且影响消费者行为特征的因素也是多方面的,包括产品本身的因素、消费者心理因素、网络自身的因素、消费者的个人收入因素以及社会因素等。

互联网的产生和迅速发展对市场营销产生了深刻而重要的影响,同时消费行为变化也必然要求企业制定新的市场营销策略以适应这些变化。正确认识这些影响对于企业适应新环境、更好地细分市场、采用先进的营销手段和方法、满足消费需求具有重要的意义。

应知应会

一、多项选择题

1. 消费需要按照性质可分为（　　）。
   A．生活消费需要　　B．生产消费需要　　C．物质需要　　D．精神需要
2. 消费需要按照内容可分为（　　）。
   A．生活消费需要　　B．生产消费需要　　C．物质需要　　D．精神需要
3. 消费需要按照起源可分为（　　）。
   A．生理需要　　B．现实需要　　C．心理需要　　D．潜在需要
4. 消费需要按照实现程度可分为（　　）。
   A．生理需要　　B．现实需要　　C．心理需要　　D．潜在需要
5. 消费需要按照顺序可分为（　　）。
   A．生存需要　　B．生活需要　　C．发展需要　　D．享受需要
6. 消费需要按照满足对象可分为（　　）。
   A．个人需要　　B．合理需要　　C．不合理需要　　D．社会公共需要
7. 消费需要按照合理性可分为（　　）。
   A．个人需要　　B．合理需要　　C．不合理需要　　D．社会公共需要

二、填空题

1. 需要是有机体内部的一种不平衡的状况，是_____作用于人的大脑而产生的一种_____，它是产生一切行为的_____。
2. 需求是人们为了满足物质和文化生活的需要而对_____和服务的具有货币_____的欲望和_____的总和。
3. _____购买动机具有客观性、周密性和控制性的特点。
4. _____动机又称为信任动机。
5. 需求动机指人们由于各种需求，包括_____需求而引起的购买动机。根据_____，需求分为_____、安全需求、_____、尊重需求和_____。
6. 在虚拟社会中人们希望满足以下三个方面的基本需要：_____、_____、_____。
7. _____的需要反映在人们结交朋友、_____、赠送礼品以及在公共场合的_____等。
8. _____即网络消费者可聚集在一起互相交流买卖的信息和经验。
9. 心理购买动机主要是由后天的_____、_____所引起的为满足维持社会生活，进行_____和_____，在社会实践中实现自身价值等需要而产生的各种购买动机。
10. 按照消费者的感性和理性可以把网络消费者的心理动机分为：_____、_____和_____三个方面。
11. _____是指消费者基于_____和_____的经验，逐步建立起对特定商品或厂商或者商店产生的特殊的信任和爱好，使消费者重复地、习惯地前往购买的一种_____，它具有明确的经常性、习惯性特点。

12. 按照消费者的_____，还可以把网络消费者的心理动机分为：_____动机、_____动机、求美心理动机、_____动机和求廉心理动机。

13. _____消费者在购买过程中对商品刺激反应缓慢，喜欢与否不露声色，沉着冷静，决策过程较长。

14. _____消费者在购买过程中反应迅速，一旦感到某种需要，购买动机就很快形成，而且表现比较强烈。

拓展训练

训练　分析网络消费行为的个体特征

1．训练目的

能运用所学知识对具体的网络消费行为的动机、个体特征进行简单的分析。

2．训练要求

以 2 或 3 人为一组，设组长一名。

1）访问卓越网，随机浏览图书、玩具、手机三类产品，并尝试放入购物车。

2）每组分别选择一类商品，设计调研问卷，调查该类商品的网络消费者的购买动机及其个体特征。

3）所有小组成员都必须独自接受问卷调查。

4）各小组成员分析调查问卷数据，形成调查报告。

3．成果展示

各小组代表汇报小组讨论结果，在老师的点评下，进一步完善调研报告。

项目 5

解构网络消费者行为的群体特征

伴随着经济的飞速发展,网络时代应运而来,同时,网络也必然将成为企业未来不可忽视的一种营销途径。网络市场有别于传统市场,它是一个虚拟的组合,由一类时常在网络上活动的人群组成。近几年来,它得到了迅猛的发展,网民的数量以几何倍数增长,已经具有相当大的规模,它的发展越来越趋于多元化。现今是市场理念占主导地位的时期,谁能更准确地把握消费者的消费心理与行为特征,谁就有可能在变幻莫测的市场竞争中抢占先机,在竞争中占据优势地位,最终获得胜利。

思考: 网络消费者群体主要具备哪些特征?

教学导航

学习目标

知识目标

掌握网络消费者群体特征;掌握网络消费者群体的心理变化趋势和特征;理解网络消费者模仿与从众行为的表现。

能力目标

能简要分析网络消费者群体消费的心理反应。

本项目重点

网络消费者群体的特征。

本项目难点

网络消费者模仿与从众行为的表现及其影响。

任务引入

中小城市青年群体消费现状

相比大型城市的白领阶层,中小城市青年群体居住在开支较低、物价相对便宜的城市,实际可支配收入相对更高,已成为消费市场的主导力量和消费升级的主力群体。

艾瑞咨询《2019中国中小城市购物中心消费者研究》核心摘要包括：

1）中小城市消费者具备充足的时间进行娱乐与消费。服装、餐饮、电影、儿童游乐、黄金珠宝类消费需求强劲，其中，儿童娱乐项目受欢迎程度（47.5%）远高于儿童培训类项目（25.3%）和早教类项目（17.1%）。

2）中小城市市场发展空间大，电影院线和母婴行业渠道下沉趋势凸显。

3）城镇化发展、人均可支配收入的增长和对生活品质要求的提高激发中小城市的商业开发潜力。城镇化率每提高1个百分点，可以吸纳1 000多万农村人口进城，从而带动1 300多亿元的消费需求。

4）购物中心渠道下沉，2017年新增项目的数量、体量占比均在中小城市达到最高。三、四线城市新增的购物中心数量占新增总量的58%。

5）中小城市购物中心开业率低、空置率高。现有购物中心的布局、模式、运营专业化程度、品牌匹配度等领域与消费者心理诉求存在差异。

关注与思考：什么是网络消费者群体？他们有何特征？

任务分析

通过观察分析、案例研讨、角色扮演、实战训练等方式，初识网络消费者的群体特征，理解并掌握网络消费者群体及其行为的内涵和特征，开展网络消费者行为群体特征研究的意义。

任务1 认识网络消费者群体

任务要点

关 键 词：网络消费者群体、群体特征
理论要点：网络消费者群体特征
实践要点：能认识网络消费者群体特征及发展趋势

观察导入

中国品牌消费群体画像

《2019"新国货"消费趋势报告》认为"新国货"是"创新驱动、品质为先"，拥有良好产品与服务体验，并融入更多健康、绿色、智能、文化要素和市场竞争力与适应能力较强的国产品牌。同时围绕"新国货"在电商平台的发展趋势，报告认为中国品牌的发展正在呈现出全新的特点，即"新结构""新观念""新地域""新人群"和"新动力"，其品牌消费群体画像也十分清晰，如图5-1~图5-3所示。

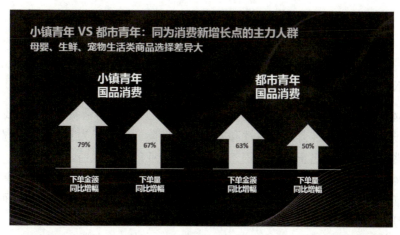

图 5-1　下单金额及下单量对比

图 5-2　下单量占比差异

图 5-3　中高收入群体与中低收入群体对比

分析思考：如何寻找网络消费群体，它有哪些特征？

任务实施

步骤一

寻找网络消费群体

消费群体的形成能够为市场提供明确的目标。通过对不同消费者群体的划分，可以准确地细分市场，从而减少经营的盲目性和降低经营风险。明确了为其服务的消费群体，就可以根据其消费心理，制定出正确的营销策略，提高企业的经济效益。

消费群体的形成对消费活动的意义在于调节、控制消费，使消费活动向健康的方向发展。消费由个人活动变为群体活动的同时，将使消费活动的社会化程度大大提高，而消费的社会化又将推动社会整体消费水平的提高。

网络消费群体是指通过互联网在电子商务市场中进行消费和购物等活动的消费人群，随着电子商务的迅猛发展，通过网络来消费的人数比例在逐年上升。网络消费者一般具有独立且个性化的消费态度，他们往往由于具有参与生产和销售的愿望，对市场变化也较为关注，对于所购产品和服务具有强烈的真实可靠性要求。同时，由于时间、注意力和信任度的缺乏而对于供应商和生产商具有极度的不信任感。

知识拓展 5-1

消费群体分类

1. 按不同年龄划分

1) 婴幼儿消费群体：年龄范围在 0～5 岁，是年龄最小的消费群体。

2) 少年儿童消费群体：年龄范围在 6～15 岁，这个年龄阶段的消费者生理上逐渐呈现出第二个发育高峰。

3) 青年消费群体：年龄范围在 16～30 岁，这个年龄阶段的消费群体实际上可分为青年初期和晚期两个时期。

4) 中年消费群体：年龄范围在 31～60 岁，这个年龄阶段的消费者，心理上已经成熟，有很强的自我意识和自我控制能力。

5) 老年消费群体：年龄范围在 61 岁以上（含 61 岁），这个年龄阶段的消费者在生理和心理上均发生了明显变化，是具有特殊要求的消费者群体。

2. 按性别不同划分

1) 女性消费群体：国外的一个调查资料表明，由妇女购买的家庭消费品占 55%，男士购买的占 30%，男女共同购买的占 11%，孩子购买的占 4%。我国的成年女性，多从事自己的职业，在消费中的比重比国外略低，但家庭购买仍然是以女性为主。

2) 男性消费群体。

3. 按不同职业划分

1) 农民消费群体。

2) 工人消费群体。

3) 知识分子消费群体。

4) 行政单位工作人员消费群体。

步骤二
分析网络消费群体的特征

消费者行为以及购买行为永远是营销者关注的一个热点问题，对于网络营销者也是如此。网络用户是网络营销的主体，也是推动网络营销发展的主要动力，它的现状决定了今后网络营销的发展趋势和道路。如果要参与网络市场营销工作，就必须对网络消费者的群体特征进行分析以便采取相应的对策。

1. 注重自我

由于目前网络用户多以年轻、高学历用户为主，他们拥有不同于他人的思想和喜好，有自己独立的见解和想法，对自己的判断能力也比较自负。所以他们的具体要求比较独特，而且变化多端，个性化越来越明显。因此，从事网络营销的企业应想办法满足其独特的需求，尊重用户的意见和建议，而不是用大众化的标准来寻找大批的消费者。

2. 头脑冷静，擅长理性分析

由于网络用户是以大城市、高学历的年轻人为主，不会轻易受舆论左右，对各种产品宣传有较强的分析判断能力，因此从事网络营销的企业应该加强信息的组织和管理，加强企业自身文化的建设，以诚信待人。

3. 喜好新鲜事物，有强烈的求知欲

这些网络用户爱好广泛，无论是对新闻、股票市场还是网上娱乐都具有浓厚的兴趣，对未知的领域保持永不疲倦的好奇心。

4. 好胜，但缺乏耐心

因为网络消费者以年轻人为主，因而比较缺乏耐心，当他们搜索信息时，经常比较注重搜索所花费的时间，如果连接、传输的速度比较慢，他们一般会马上离开这个站点。

网络消费者的这些特点，对于企业网络营销的决策和实施过程具有一定的影响。营销者要想吸引顾客，保持持续的竞争力，就必须对本地区、本国以及全世界的网络消费者情况进行分析，了解他们的特点，制定相应的对策。

网络购物的消费者群体有其鲜明的特征。《2019"新国货"消费趋势报告》指出：男性关注高端商品，女性更爱绿色和健康；18～25岁消费者爱买高端商品，26～45岁消费者爱买健康类商品，46岁以上消费者爱买绿色商品；中等收入群体更喜欢购买国货；苹果手机人群更易选择国际品牌商品，华为、小米等手机人群更易选择国产品牌商品。

步骤三
把握网络消费群体发展趋势

截至2020年3月，我国网民规模达9.04亿，较2018年底增长7 508万，互联网普及率达64.5%，较2018年底提升4.9个百分点。我国网络消费群体的增长还远远没有触顶，尤其是对于将成为未来网民增长重要群体的中年人群，还有较大的渗透空间。但是我国的

社会经济发展水平和互联网普及现状，决定了网络消费群体实际的增长趋势会受制于诸多客观因素。

截至 2020 年 3 月，我国网络购物用户规模达 7.10 亿，较 2018 年底增长 16.4%，占网民整体的 78.6%。2019 年，全国网上零售额达 10.63 万亿元，其中实物商品网上零售额达 8.52 万亿元，占社会消费品零售总额的比重为 20.7%。

2020 年 1～2 月，全国实物商品网上零售额同比增长 3.0%，实现逆势增长，占社会消费品零售总额的比重为 21.5%，比上年同期提高 5 个百分点。网络消费作为数字经济的重要组成部分，在促进消费市场蓬勃发展方面正在发挥日趋重要的作用。

此外，截至 2020 年 3 月，我国手机网民规模达 8.97 亿，较 2018 年底增长 7 992 万，我国网民使用手机上网的比例达 99.3%，较 2018 年底提升 0.7 个百分点。

触类旁通

"夜淘宝"全面上线

淘宝频繁更迭，继上线"捧场购"功能后，2023 年 7 月 17 日晚 8 点整，"夜淘宝"全面上线。在 618 大促后，平台沉淀大量消费数据，或许从中看到大促并未完全承接暑期市场的潜在消费，如防晒用品，否则很难解释一款近十亿级的国民应用会在大促结束一个月后立即上线新版本。

淘宝在经历信息流、游戏化、直播化数轮改造后，早已饱和的主界面上很难再为中小商家腾出经营空间。加之在货架电商逼近上限、品牌商家站内外投放预算接近的大背景下，淘宝比任何时候都更需要一次全面的调整。从这个角度讲，内置新界面是所有策略中最稳妥的办法，既规避了全面改版所带来的阵痛，也能通过平行界面为试水"兴趣电商"创造条件。具体到页面布局与信息流逻辑，布局上向抖音看齐，内容上向快手学习，交互与促活手段上则颇似拼多多。作为综合电商的头部，淘宝改版似乎想用"集成"来寻找增长。"夜淘宝"改版的同时应对内外三个变化：顺应新的消费趋势、回归中小商家叙事以及构建兴趣电商场域。

本次针对暑期更新被认为是 2020 年淘宝全页面信息流化后动作最大的改版。按照过往经验来看，春节与大促改版往往停留在增加活动入口、页面风格、功能调整，而这次淘宝改版的动作幅度与想象空间超过以往。"夜淘宝"入口位于淘宝 APP 首页右上角中，仅在 20：00 以后开放，这一时段是移动互联网流量最充沛的时间节点。Questmobile 数据显示，2023 年 5 月典型行业用户活跃时段在 20：00 达到高峰，然而综合电商在该时段的流量相对平稳，因此改版显然是希望能够贴合夏季夜间消费娱乐趋势。

改版后的界面包括了直播夜现场 Live、夜间乐园、今夜片单、仲夏夜市四个话题。实际上是按照话题 / 场景，重构站内信息流与商品的呈现形式。所谓直播夜现场 Live 实际上是整合站内直播；夜间乐园整合小程序中的游戏、小说以及饿了么；今夜片单为站内短视频与KOL；仲夏夜市则是淘宝买菜的入口。

"猜拳砍价"是夜淘宝活动最核心的玩法，用户端、消费者有三次猜拳砍价的机会，以获取低价商品，其目的是增加交易的趣味性。商家端，平台建议参与的商家除公域券后价之外，再设置两个分别为"惊喜优惠"和"专享优惠"的低价档（其中最低价不低于九折），按照招商信息的说法，次低价会有30%的人成交，最低价为70%。

夜淘宝以"内容"为底色，为用户呈现沉浸式的视觉体验，归根到底，这仍然是电商平台做内容的逻辑。即通过直播、短视频以及小游戏，给用户打造一个"逛、玩"的场景，进而拴住用户，并在这个过程中通过内容种草、秒杀砍价方式等激发潜在碎片化消费，帮助中小商家打开新的市场。值得注意的是，夜淘宝对内容的呈现并非只集中于以往淘宝"逛逛"的好物种草，而是更全面地囊括了本地生活、视频娱乐、内容种草等多领域的内容。可见，淘宝的内容化战略正在脱离功能属性，全面布局内容，以留住用户。

"夜淘宝"项目负责人表示："这也是淘宝天猫变革的一次尝试。淘宝被定位为一个人来人往、丰富有趣的街区，未来五年将汇聚上千万商家、上亿创作者和各种服务商，推动淘宝的'生态繁荣'。"相比于传统淘宝单调的商品陈列，场景化的夜淘宝更像是一条条立体的街区，消费者在这里玩乐、购物两不误，内容呈现丰富了平台生态，人来人往之际也促进了交易。

请讨论：案例中体现了哪些网络消费者的群体特征？结合案例，谈谈我国网络消费者群体的发展趋势。

任务2　洞察网络消费者群体的心理

任务要点

关　键　词：参照群体、家庭消费心理、社会阶层、流行
理论要点：网络消费者群体的心理行为
实践要点：分析网络消费者群体的心理反应

阿什齐实验

观察导入

阿什齐实验

将8名被试者带进一个房间，让他们看见白板上面画的4条线，其中3条紧挨在一起，

第4条线离3条线有一定的距离。然后询问被试者，3条放在一起的不等长线段中，哪一条和第4条线一样长。受试者需要公开宣布他们的判断，其中7个人是实验者安排，他们都宣布错误答案。一无所知的那名被试者安排在最后宣布答案。在一种受控的情境下，安排37名真正的被试者，每名被试者作18次试验即报告18次，每次报告时都没有其他人提供任何信息。结果，37人中只有两人总共犯了3次错误。在另一试验中，真被试者分别安排在其余成员均是"假被试者"的试验组里，在听到"假被试者"一致但错误的判断后，37人总共犯了194次错误，而每种错误都与群体所犯的错误相同。

分析思考：网络消费者群体的心理会受哪些因素的影响？

任务实施

> **步骤一**
> **看看不同网络消费者群体的心理**

1. 不同年龄网络消费者群体的心理

目前，我国20～39岁的青年网络消费群体占到了总网络消费群体的78.9%，是我国网络消费的主力军，其特殊性和重要性体现在以下几个方面。

（1）巨大的消费潜力

青年是一个潜力巨大的消费群体。这不仅因为青年人数众多，还由于青年的消费需求广泛，内容丰富。国际上统计数字表明，青年约占总人口的1/5。目前，我国青年人数近3亿，约占总人口的1/4。这说明，青年是一个人数众多的消费群体。从青年需要来看，青年早期正是长身体的最佳时期，需要更多的食物来满足其生理需要，高脂肪、高蛋白、高热量的食品最受他们欢迎。进入青年中、后期，青年人的社交活动日趋频繁，与异性交往增多，对能够满足社交需要的消费品有旺盛的需求，如时装、化妆品、音响、电影、体育比赛、文艺小说、旅游及各种休闲物品等。到结婚前夕，青年为购买结婚用品而形成消费高峰，此时的消费支出远远超过以往的任何时期，也远远超过其他的消费群体。因此，可以说，青年对消费品的需求相当广泛，从满足低层次的生理需要的产品，到满足较高层次的心理、精神和文化需要的产品，都是青年消费的对象。

（2）较强的独立购买能力

青年的感知能力、抽象思维能力、判断力以及对环境的适应能力均已到达了新的高度，自我意识的发展日渐完善，逐渐摆脱了对家长的依赖，因此相对于少年儿童而言，青年已成为独立的购买行为决策者，具备了独立购物的能力，开始了自主性消费。同时，在整个家庭消费中，青年的消费选择和决策所起的作用也越来越大，家长们也往往主动与他们商量，再做出购买决策。参加工作后，青年有了稳定的收入来源，再加上没有任何经济负担，这为青年进行自主消费、满足自身各种不同需求提供了重要的物质基础。

（3）极大的影响力

在改革开放的时代里，社会变革、文化变迁以及价值观念的转换，率先体现在青年身上。在市场经济发展过程中，商品信息的传递、市场行情的起伏也首先在青年的消费行为中显现。

因此，青年的消费观念、消费倾向对其他消费群体具有极大的影响力。一种新颖、时髦的产品面世，青年往往是捷足先登的消费者。由青年的消费开始，然后逐渐影响其他消费群体对新产品的肯定和接受。不仅如此，随着青年在家庭中影响力的扩大，青年逐步成为家庭消费的"第二代主人"。同时，伴随着青年结婚生子建立起自己的小家庭，担当父母的角色，他们又成为家庭消费的"第三代媒介人"，其消费观念、购买行为则直接影响到下一代。因此，争取一个青年消费者，不仅可能赢得一个终生顾客，其影响还可能延续到下一代。

（4）消费意愿强烈，具有时代感和自我意识

青年消费者经常表现出这样一种消费心理：大家都没有的自己要有，某些人有的自己必须有，大家都有的自己不想有。这是一种典型的标新立异、争强好胜、表现自我的心理。

（5）消费行为易于冲动，富有情感性

由于青年时期的人并未彻底成熟，加上阅历有限，个性尚未完全定型。他们内心丰富、热情奔放，冲动性消费明显多于计划性消费。另外，青年消费者的消费兴趣具有很大的随机性和波动性，一会儿喜欢这种商品，一会儿又喜欢另外一种。这都反映出其消费的冲动性和情感性。

青年网络消费者呈现了明显的特征，中年消费者也有其独有的消费心理特征：人数众多，人员素质高；消费角色的多重性；注重理财，量入为出，理性消费；注重商品的实用性、价格及外观的统一；理性消费远超过情绪性消费，计划消费远超过冲动消费；尊重传统，较为保守，对新产品缺乏足够的热情；注重商品使用的便利性。老年消费者的消费心理特征：对商品有使用习惯，对厂牌、商标的忠实度高；购买商品要求方便，得到良好的服务；需求构成发生变化；一般不愿意接受网购；注重健康、增加储蓄；部分老年消费者抱有补偿性消费心理。

2. 不同性别消费者群体的消费心理

1）女性群体的消费心理特征：追求美与时尚；追求实用与情感并重；追求商品的便利性与生活的创造性；追求自尊与被他人尊重；有较强的自我意识；攀比炫耀心理。

2）男性群体的消费心理特征：购买速度快，决策迅速果断；购买频率少，购买金额大；求实心理重，不特别注重商品外观；注重大体而忽略细节，情感不外露；购买时表现大方，随意性强。

步骤二

把握网络消费者群体的心理变化趋势和特征

1. 追求方便、快捷和省时的消费心理

据调查，最先参与网上购物的消费群体为大城市中"朝九晚五"的白领一族。对于惜时如金、工作繁忙的白领来说，在传统的商品购买，对于一个购买愿望的实现过程短则几分钟，长则几小时，需要消耗消费者大量的精力在不同的商场和柜台中选择比较，且对于商品的信息往往因面对的不同销售员而发生不对称现象，但网上购物弥补了这个缺陷。能够很轻松地实现即时购物、信息充分、随时随地。

2. 追求价格优势的消费心理

价格始终是消费者最为敏感的因素之一。网上销售相比传统商店销售而言，不需要固

定的场所,省去了昂贵的店面租金。因而,在追求的毛利润率相同的情况下,网上销售比普通的实体店铺销售可以定出相对较低的价格。这种相比实体店铺相对较低的价格对消费者来说,是非常具有吸引力的。

3. 追求安静平和的消费心理

在购物的过程中,消费者非常看重心情的愉悦、归属感的满足等高层次的需要。在一些实体销售店铺中,有些促销人员的"热+冷"的销售态度使得消费者对商品望而却步。那些促销人员通常会在消费者走进商店时热情地拥上去推荐商品,而在消费者流露出不愿购买的心情时,这种热情往往在几秒钟内转变为冷淡……大部分消费者对这种"密集炮轰"式的简单的营销手段感到排斥和不信任。很多消费者希望在购物过程中能保持随意、轻松、自由的心态。相比之下,那些通过网上选购来实现购买活动的消费者就要轻松许多。他们可以随意地选择自己感兴趣的商品,轻松地打开其他网上购物店铺的页面进行比较,自由地选择关闭网页或者下单。这样的购物活动,使消费者能够在完全安静的环境中完成购买行为。

4. 追求个性化的消费心理

消费品市场发展到今天,大部分的产品都需要去满足消费者的想象力,需要去满足消费者的个性化消费。消费者所选择的商品可能已不单是商品的实用价值,更需要体现消费者个体的自身价值。产品如何做到多变、创新,并能够刺激起消费者强烈的好奇心,成了每个产品开发商所必须要考虑的问题。在网上销售中,许多的店铺会提供一些在实体商场、店铺所不能买到的有特色的商品。这类商品的崇尚者在购买物品时,重视"时髦""奇特"和"潮流"。他们常常会通过网上购物来满足自己追求个性化的消费心理。

5. 追求名牌但同时重视价格的消费心理

前面提及,价格是非常重要的心理因素。在网上购物消费者群体中,同样也有一种与传统购买活动中相似的消费者,他们需要通过购买名牌来显示自己的地位和威望,他们认为一定品牌的商品会提高生活质量,同时体现社会地位。但是通常具有一定品牌影响力、在传统方式中销售的商品其价格非常昂贵,而由于网上销售中相对低的成本使得其有机会制定较传统店铺略微低廉的价格,这样,这种"少花钱多办事"的心理动机会引起网上购物行为。

> **步骤三**
> **分析参照群体对网络消费行为的影响**

参照群体是指对个人的行为、态度、价值观等产生直接影响的群体,它通常在个体形成观念、态度和信仰时给人以重要的影响。例如,在阿什齐实验中,假被试者是真被试者的参照群体。

参照群体具有规范和比较两大功能。前一功能在于建立一定的行为标准并使个体遵从这一标准,比如受学校同学的影响,中学生会在服装式样、网络购物平台等方面形成某些观念和态度。个体在这些方面所受的影响对行为具有规范作用。后一功能,即比较功能,是指个体把参照群体作为评价自己或别人的比较标准和出发点。例如个体在选择网络购物平台时,可能以自己崇拜的人作为参照和仿效对象,选择一样的网络购物平台。

> **知识拓展 5-2**
>
> ### 参照群体的类型
>
> 参照群体包括成员群体和非成员群体。成员群体指个人是其成员的参照群体；非成员群体指个人不是其成员的参照群体。非成员群体又包括渴望群体（aspiration reference groups）、规避群体（dissociative referencegroups）和中性群体（neutral reference groups）。渴望群体指消费者想要成为其成员的非成员群体；规避群体指消费者想与之完全划清界限的非成员群体；中性群体指消费者不属于某个群体，既不渴望成为该群体的成员，也不觉得一定要与该群体划清界限。

人们总希望自己富有个性和与众不同，然而群体的影响又无处不在。不管是否愿意承认，每个人都有与各种群体保持一致的倾向。看一看班上的同学，你会惊奇地发现，除了男女性别及其在穿着上的差异外，大部分人衣着十分相似。如果一个同学穿着西服来上课，大家通常会问他是不是要去应聘工作，因为人们认为这是他穿着正式的原因。参照群体对消费者的影响，通常表现为3种形式，即行为规范性影响、信息性影响、价值表现上的影响。

1. 规范性影响

规范性影响是指由于群体规范的作用而对消费者的行为产生影响。无论何时，只要有群体存在，无须经过任何语言沟通和直接思考，规范就会发挥作用。规范性影响之所以发生和起作用，是由于奖励和惩罚的存在。为了获得赞赏和避免惩罚，个体会按群体的期待行事。广告商声称，如果使用某种商品，就能得到社会的接受和赞许，利用的就是群体对个体的规范性影响。同样，宣称不使用某种产品就得不到群体的认可，也是运用规范性影响。

2. 信息性影响

信息性影响指参照群体成员的行为、观念、意见被个体作为有用的信息予以参考，由此在其行为上产生影响。当消费者对所购产品缺乏了解，凭眼看手摸又难以对产品品质做出判断时，别人的使用和推荐将被视为非常有用的证据。群体在这一方面对个体的影响，取决于被影响者与群体成员的相似性，以及施加影响的群体成员的专长性。例如，某人发现好几位朋友都在网购某品牌精油，于是她决定试用一下，因为这么多朋友使用它，意味着该品牌一定有其优点和特色。

3. 价值表现上的影响

价值表现上的影响指个体自觉遵循或内化参照群体所具有的信念和价值观，从而在行为上与之保持一致。例如，某位消费者感到那些有艺术气质和素养的人，通常是留长发、蓄络腮胡、不修边幅，于是他也留起了长发，穿着打扮也不拘一格，以反映他所理解的那种艺术家的形象。此时，该消费者就是在价值表现上受到参照群体的影响。个体之所以在无需外在奖惩的情况下自觉依群体的规范和信念行事，主要是基于两方面力量的驱动。一方面，个体可能利用参照群体来表现自我，来提升自我形象。另一方面，个体可能特别喜欢该参照群体，或对该群体非常忠诚，并希望与之建立和保持长期的关系，从而视群体价值观为自身的价值观。

知识拓展 5-3

衍生生态圈助力

偶像风潮之下,还衍生出了众多生态圈。例如"某某书"APP是年轻人的生活方式平台和消费决策入口,该平台通过"明星入驻""为明星应援"吸引粉丝关注。这种"蹭热度"引流的方式,不仅火了平台自身,还火了平台内部的很多营销号。

明星同款不仅是某种具有自然属性的物质,更是一种精神产品,它变成一种有个性、有魅力、有风韵、有生命、有象征意义的消费者不可缺少的产品。

该平台里一些营销号的玩法是,购买明星同款进行测评,最终写一篇推文分享来引流,吸取粉丝的关注。

知识拓展 5-4

参照群体的效应

1. 名人效应

名人或公众人物如影视明星、歌星、体育明星,作为参照群体对公众尤其是对崇拜他们的受众具有巨大的影响力和感召力。对很多人来说,名人代表了一种理想化的生活模式。正因为如此,企业花巨额费用聘请名人来促销其产品。研究发现,用名人作支持的广告较不用名人的广告,产品评价更正面和积极,这一点在青少年群体上体现得更为明显。

运用名人效应的方式多种多样。例如可以用名人作为产品或公司代言人,即将名人与产品或公司联系起来,使其在媒体上频频亮相;也可以用名人作证词广告,即在广告中引述广告产品或服务的优点和长处,或介绍其使用该产品或服务的体验;还可以采用将名人的肖像使用于产品或包装上等作法。

2. 专家效应

专家是指在某一专业领域受过专门训练、具有专门知识、经验和特长的人。医生、律师、营养学家等均是各自领域的专家。专家所具有的丰富知识和经验,使其在介绍、推荐产品与服务时较一般人更具权威性,从而产生专家所特有的公信力和影响力。当然,在运用专家效应时,一方面应注意法律的限制,例如有的国家不允许医生为药品作证词广告;另一方面,应避免公众对专家的公正性、客观性产生怀疑。

3. "普通人"效应

运用满意顾客的证词证言来宣传企业的产品,是广告中常用的方法之一。由于出现在荧屏上或画面上的证人或代言人是和潜在顾客一样的普通消费者,这会使受众感到亲近,从而使广告诉求更容易引起共鸣。有一些公司在电视广告中展示普通消费者或普通家庭如何用广告中的产品解决其遇到的问题,如何从产品的消费中获得乐趣等。由于这类广告贴近消费者,反映了消费者的现实生活,因此它们更容易获得认可。

4．经理型代言人

自20世纪70年代以来，越来越多的企业在广告中用公司总裁或总经理作为代言人。例如，克莱斯勒汽车公司的总裁在广告中对消费者极尽劝说，获得很大成功；雷明顿（Remington）公司的总裁、马休特连锁旅店的总裁均在广告中促销其产品。我国广西三金药业集团公司在其生产的桂林西瓜霜上使用公司总经理和产品发明人的名字和肖像，也是这种经理型代言人的运用。

步骤四
认识社会阶层与消费心理

1. 社会阶层的含义

社会阶层指具有相同或类似社会地位的社会成员组成的相对持久的群体。同一层次的成员在价值观、爱好、兴趣和行为方式上具有相似性，不同阶层的消费者间存在差异。产生社会阶层的最直接原因是个体获取社会资源的能力和机会的差别。

2. 社会阶层的特征

1）社会阶层的多维性：美国学者认为，社会阶层不单是由某一个变量（如职业、收入）所决定的，还由包括这些变量在内的多个因素决定。它包括经济层面、政治层面和社会层面等。

2）社会阶层的层级性：任何社会都存在着经济、政治和社会的不平等，社会成员按照不平等的各种标准进行分层，从而形成生活方式和生活机会各不相同的社会阶层。

3）社会阶层展示一定的社会地位：一个人的社会阶层和他特定的社会地位紧密相连，处于较高社会阶层的人，必定拥有较多的社会资源，在社会生活中有较高的社会地位。他们会通过各种方式展示其与其他社会成员不同的一面。

4）社会阶层对行为的限定性：社会交往较多地发生在同一社会阶层内，而不是不同阶层之间。同一阶层内社会成员的交往，会强化共有的规范和价值观，从而阶层内成员间的影响加强。

5）社会阶层的同质性：同一社会阶层的成员在价值观和行为模式上具有共同点和类似性。同质性意味着处于同一社会阶层的人媒体接触习惯、消费的商品、购物场所具有类似性。

6）社会阶层的动态性：随着时间的推移，同一个体所处的社会阶层会发生变化。社会成员在不同阶层之间的流动，主要由两方面促成：一是个人的原因，如个人通过勤奋学习和努力工作，赢得社会的认可和尊重，从而获得更多的社会资源和实现从较低到较高社会阶层的迈进。二是社会条件的变化。

3. 社会阶层的消费者行为差异

（1）支出模式上的差异

不同社会阶层的消费者所选择和使用的产品是存在差异的。某些阶层消费者的支出行为从某种意义上带有"补偿"性质。一方面，由于缺乏自信和对未来并不乐观，他们十分看重眼前的消费；另一方面，较低的教育水平使他们容易产生冲动性购买。

(2) 休闲活动上的差异

社会阶层从很多方面影响个体的休闲活动。一个人所偏爱的休闲活动通常是同一阶层或临近阶层的其他个体所从事的某类活动，他采用新的休闲活动往往也是受到同一阶层或较高阶层成员的影响。虽然在不同阶层之间，用于休闲的支出占家庭总支出的比重相差无几，但休闲活动的类型却差别颇大。

(3) 信息接收和处理上的差异

信息收集的类型和数量也随社会阶层的不同而存在差异。处于最底层的消费者通常信息来源有限，对误导和欺骗性信息缺乏甄别力。出于补偿的目的，他们在购买决策过程中可能更多地依赖亲戚、朋友提供的信息。中层消费者比较多地从媒体上获得各种信息，而且会更主动地从事外部信息收集。随着社会阶层的上升，消费者获得信息的渠道会日益增多。

(4) 购物方式上的差异

人们的购物行为会因社会阶层而异。一般而言，人们会形成哪些商店适合哪些阶层消费者惠顾的看法，并倾向于到与自己社会地位相一致的商店购物。在网络购物中也如此，某些网络购物平台或网上商店适合一类社会阶层。

知识拓展 5-5

社会阶层的营销策略步骤

依据社会阶层制定市场营销策略的具体步骤：

1）决定企业的产品及其消费过程在哪些方面受社会地位的影响，然后将相关的地位变量与产品消费联系起来。为此，除了运用相关变量对社会分层以外，还要收集消费者在产品使用、购买动机、产品的社会含义等方面的数据。

2）确定应以哪一社会阶层的消费者为目标市场。这既要考虑不同社会阶层作为市场的吸引力，也要考虑企业自身的优势和特点。

3）根据目标消费者的需要与特点，为产品定位。最后是制定市场营销组合策略，以达成定位目的。

不同社会阶层的消费者由于在职业、收入、教育等方面存在明显差异，因此即使购买同一产品，其趣味、偏好和动机也会不同。如同是买牛仔裤，有的消费者可能看中的是它的耐用性和经济性，而有的消费者可能注重的是它的自我表现力。所以，根据社会阶层细分市场和对产品定位是有依据的，也是非常有用的。

事实上，对于市场上的现有产品和品牌，消费者会自觉或不自觉地将它们归入适合或不适合哪一阶层的人消费。应当强调的是，处于某一社会阶层的消费者会试图模仿或追求更高层次的生活方式。因此，以中层消费者为目标市场的品牌，根据中上层生活方式定位可能更为合适。网络消费者在选择网购平台时，也会考虑平台的定位。

步骤五

寻找网络消费流行的心理原因

消费流行指社会上消费者群体在较短的时间内，同时模仿和追求某种消费行为方式，使这种消费行为方式在整个社会中到处可见，从而使消费者之间相互发生连锁性感染，成为一种风气。

一方面，某些消费流行的发生是出于商品生产者和销售者的利益。他们为扩大商品销售，努力营造出某种气氛，引导消费者群体进入流行的潮流之中。另一方面，有些流行现象是由于消费者群体的某些共同心理需求造成的。大部分消费者群体在这一共同心理的影响下，主动追求某种新款商品或新的消费风格，从而自发推动了流行的形成。

不断攀升的网络购物人群，表明越来越多的网民将进行网络消费，网络消费正成为一种比较时尚的消费方式。网络消费流行的社会心理原因如下。

1. 网络消费的便捷性迎合了快节奏的生活方式

随着社会经济的发展，社会生活方式的节奏也在加快。对于惜时如金、工作繁忙的白领来说，传统消费要经历从家到店铺的路程、在商店走动和停下来选择商品、付款结算、包装商品、取货送货等一系列的过程，消费者为购买商品必须付出时间、精力和体力。而网上商店365天、24小时营业、网上支付或者货到付款的支付方式、送货上门等服务带给消费者许多的便利，在一定程度上弥补了传统消费的缺陷，能够很轻松地实现随时随地消费。

2. 网络消费的乐趣暗含了享乐主义消费价值倾向

1）感官享受的乐趣。Hoffman和Novak（1995）认为，个体在浏览网站与计算机互动时，会产生沉浸的状态，忘却时光的流逝，仿佛亲临现场，产生喜悦的感受。目前，一些商家通过制作精美的图片，以及动之以情的促销策略，再配以轻松舒缓的音乐，让人有身临其境的感觉，可以起到某种情感唤醒的作用，使消费者产生乐趣。

2）社交的乐趣。对消费者而言，网络消费可以在商品或服务的购买过程中与店主进行虚拟互动，享受商家温情脉脉的服务，满足个体人际交流的需要。同时还可以通过网络社区或聊天室等与其他消费者互相交流购买心得，分享更多的商品信息，增加人际交流。最后，网购者还能与亲朋好友一起分享网购时有趣新奇的信息以促进彼此之间的情谊。

3）议价的乐趣。消费者在购买过程中最有乐趣的莫过于寻求物超所值的商品，可以尽情与商家议价，匿名情形下无需考虑议价有失面子的问题，体验寻求折扣与优惠的乐趣。

4）冒险的乐趣。网络消费具有一定的风险性，尤其是对于那些从没有进行过网络消费的消费者来说，网络消费能刺激和满足其对新鲜事物的好奇心，并激发其体验探索冒险的乐趣。

3. 网络消费个体的认同需要

消费是一种操纵符号的行为。网络消费也可以视为一种符号消费，人们通过消费方式的选择体现自己的身份、地位和品位，建构着自我认同的社会阶层。网络消费的主体具有高学历、高收入的特点，也就是现代所谓的社会精英，他们的生活方式往往表现出某种殊荣和优越，成为社会群体文化的符号象征，成为人与人之间相互认同或区分的标记，为众人的效仿创造了一种无形的压力。以致社会的其他阶层也会效仿进行网络消费，"消费"的目的，只是为了让自己保持与社会中某个优势群体的所谓一致性，从心理上提升消费者自我形象、角色地位、群体归属的认同需要。

知识拓展 5-6

促进网络消费持续发展的营销策略

1. 注重网站建设，打造互动的人机界面

网站是网络商店进行网络营销的基础，通过有特色的网站，一方面可以树立企业形象；另一方面可以吸引新顾客，沟通老顾客，而这一点又直接影响到网络营销的效果。首先，网络商店无法像传统商店那样，通过地点的选择与利用门面、招牌、橱窗设计及外部灯光使用等要素引起消费者的注意和产生心理联想，因此，网络商店的外部形象设计能否满足消费者寻新求异的心理，是吸引消费者登录浏览商店、产生和形成购买行为的基础。其次，由于网络商店所经营的多数商品，消费者只能通过视觉或听觉来感知商品的相关信息，所以产品的特点介绍越详细、产品展示图片越清晰，用户的兴趣才有可能越高。最后，要注意简化流程操作，不能去考验用户的耐心，而应该尽量让消费者心情愉悦地进行每一步操作，并快速得到想要的结果。

2. 设计个性化产品，提供个性化服务

要充分发挥互联网在网络消费中的营销优势，利用网络的一对一交互式功能，进一步了解消费者需求及其变化，提供附加值高的信息，引导消费者在网上参与产品设计，共同创造和满足个性化的需求。网络商店经营的重点不在于吸引人潮，而是如何挖掘那些想要在网上购物的人，这就要求企业提供人性化服务。例如热情地招呼好每一位在线顾客，适时提供良好的产品建议，注重培养顾客的安全感与信任感，以含蓄的方式建立网上社团并在社团内建立情感纽带等，同时要建立更加快捷迅速、服务周到的售后服务机制。具体做好如下几方面工作：

1）积极主动地沟通，开展深层次的客户服务。在网店的日常经营过程中，应积极回复买家的提问，主动进行市场调查，及时寄发简洁的成交与发货确认信息，诚信经营，树立起网店良好的品牌形象与信誉。同时，重视一对一沟通，针对每个客户的特征和要求提供不同的服务，客户的意见能得到及时处理，让客户时时感到被关心和重视。这种沟通有助于满足消费者实现自我价值的需求，建立企业与消费者的良好互动关系。

2）运用灵活的销售策略，满足客户多元化消费价值倾向。在提倡个性化营销的今天，消费者都希望自己是与众不同的，因而，应把顾客作为独特个体进行营销，比如根据顾客的浏览特点、购买记录，有针对性地定期为其推荐适合的产品，这些都可以通过技术手段实现。还可以把实体店铺营销和网络营销结合起来。例如在办理某服装类企业的会员卡后，可以拿小票在网上注册进行积分，积分累积到一定程度则可以享受较高的减免优惠，而不上网的顾客也可以凭会员卡直接在店铺享受商品折扣；顾客在网上买的商品，只要店铺有货，就可以进行调换，方便了不同要求的消费者，大大增强了客户的忠诚度。

3）优化企业物流配送系统，完善售后服务。网络消费者大多是为了追求快捷便利的购物服务，配送问题是实现网络销售的关键问题。企业可以选择自己建立配送中心，也可以把业务外包给专业的物流公司，但要确保货物尽快到达消费者手中。同时，通过网络在线服务，企业应为消费者提供更为周到的售后服务。例如消费者可以从网上下载使用说明，通过论坛与购买同样产品的消费者沟通等方式。

4. 网络消费吻合了个性化消费的回归

网络消费的时尚性和消费的私密性吻合了个性化消费的回归,因此受到消费者的青睐而得以流行,主要表现在以下内容:

1)网络消费的时尚性。就网络消费形式来说,是一种时尚而新颖的消费方式;就消费内容来说,代表了需求的变化倾向。

2)网络消费的私密性。对于那些购物经验少、又不愿意自己的消费过程被人干扰、对消费的商品不想让人知道的消费者,网上购物的隐秘性恰可满足无需与人面对面互动的尴尬,消费者无拘无束地运用网络满足内心欲望,又可享受完全安静、不受打扰的主动消费,无需在意社会礼节规范的标准。

5. 网络购物耦合了个体自我实现的需要

个体消费商品的符号价值其实就是消费者的一种"自我实现",或是为了体现"自我价值"的消费,也包括"炫耀"的因素在内。部分网络商店实行会员制度,满足了消费者的自我价值的需要。而且向他人炫耀在网络上买到物超所值或省时便宜的商品,备受他人的羡慕,成为信息分享领导者,也满足了自我实现的需要。

6. 网络消费符合了个体释放压力的需要

随着社会结构的转型,个体的生存压力也在增大,网络消费可以轻易地脱离现实而进入另一个虚拟世界,处于一种抽离状态,即网络消费能提供从例行性日常生活中转换的一个机会,并具有消遣娱乐的功能,网络消费可以暂时使消费者脱离现实,转换心境,能快速达到压力释放与自我满足的状态。虚拟世界里的消费主要是在网络游戏中的消费,对部分消费者而言主要是为了满足一些幻想,从而调整自己的心理状态。越是紧张、充满着激烈竞争的社会,人们就越需要通过幻想和憧憬来达到舒缓的目的和愿望。而网络消费者的年龄大多处于18~30岁,相对来说,该年龄阶段的幻想倾向更明显。网络消费往往能满足年轻人释放压力的要求。

触类旁通

奢侈品网购的困境

在人们的印象中,高贵的奢侈品似乎天生就与大众化的互联网格格不入。在消费升级背景下,网购奢侈品已成为新趋势。为此,奢侈品牌开始转变观念,积极拥抱互联网。然而,消费者网购奢侈品的体验并不理想。如何保证产品的质量、做好服务仍是各大电商平台需要思考的问题。

如今,奢侈品大牌都陆续开设了网络旗舰店,阿里巴巴、京东在各自平台也开设了奢侈品官方授权的旗舰店,寺库、迷橙等垂直类奢侈品电商平台也在卖力吆喝。种种迹象表明,网络渠道成为奢侈品业绩增长的新战场。要客研究院在发布的《中国奢侈品电商报告2019》显示,2018年全网奢侈品电商销售突破1 400亿元,并且将持续高速增长。国际四大会计师事务所之一的毕马威对我国10 150名消费者进行了调查,数据显示,受惠于智能手机普及率的持续快速增长,我国的网上和移动端奢侈品消费已呈现爆炸式的增长。调查还发现,有越来越多的奢侈品消费者愿意通过网络购买各种类别的奢侈品。调查指出,很多类别的奢侈品平均消费开支都出现了增长。平均消费金额出现增长的热门类别包括手袋(109%)、女装(58%)和化妆品(18%);消费金额出现大幅增长的类别为手表(126%)和珠宝(65%)。整体而言,手表和珠宝占网络奢侈品销售的份额较小。化妆品是最受欢迎的网购产品,其次是女鞋、箱包皮具、女装及配饰。

调查发现,45%的受访者表示,他们的奢侈品大多是通过网络渠道购买。他们还表示,对于单价在4 200元人民币以下的商品,可以放心在网上支付,相比2014年调查的1 900元人民币大幅增长121%。

管理咨询公司麦肯锡《2019年中国数字消费者趋势报告》显示,低线城市电商支出在2016年就已赶超一二线城市。相较大城市消费者,中小城市的价位敏感度更低,对价位较高的奢侈品和限量款等更感兴趣。

除了奢侈品,还有越来越多消费者在网上购买奢侈服务,主要是网上预订酒店和餐厅,其次是境内外旅行。调查还指出,海外网购奢侈品出现大幅增长,有48%的消费者在过去一年曾在海外网购奢侈品,其中2/3的消费者表示过去一年增加了海外网购奢侈品的数量。

该报告指出,中国消费者目前对中国奢侈品电商的整体评价虽然有所提升,接近五成消费者对奢侈品电商服务表示满意,但也有42%的消费者表示不满意。具体来看,消费者对平台电商的满意度要高于垂直电商。

讨论:谈谈奢侈品网购人群的心理特征。

任务3 探析模仿与从众行为

任务要点

关 键 词:模仿,从众
理论要点:网络消费模仿与从众行为
实践要点:分析网络消费模仿与从众行为

观察导入

直播进入新阶段

随着网络技术的不断发展,"直播"已经成为商贸流通企业的标配,特别是受新冠肺炎疫情影响,传统线下销售模式受到冲击,线下店铺经营受阻,企业纷纷试水网络直播,网络直播成为线下店铺复工的工具,网红带货、店主直播、导购直播等多样化的网络直播纷纷涌现。

当下,直播已经发展成电商新产业,直播带货呈现极强的爆发性,正在创造一个千亿级的新市场。

每年的"618"是重要的年中大促,而2020年的618活动作为疫情管控常态化下首个大型线上促销节，其意义更不相同，消费者积压已久的购买欲望呼之欲出。

在直播逐渐成为电商行业标配趋势下，可以看到直播形式已经逐渐占据各平台的主力位置。6月15日，快手联合京东零售共同启动"双百亿补贴"，并在6月16日以"京东快手品质购物节"的形式落地第一场大型活动。这是快手电商首次启动大规模补贴计划。2020年618大促直播成为新亮点，此前淘宝、拼多多抖音等已纷纷加入，随着京东与快手的联合，"直播大战"有愈演愈烈的趋势。

明星进入平台直播已经成为常态化，淘宝天猫、京东、拼多多都在邀请明星进入直播间。与最初明星进入直播间表现不同，无论是在成交量和专业度上，目前明星直播的成绩都有所提升。

分析思考：直播带货为何能刺激销量？

任务实施

步骤一

了解模仿行为

小雨在"职校生网络服务平台"上网购了一件白色连衣裙，自己穿着很好看，于是穿上了白色连衣裙。周围的同学觉得小雨的白色连衣裙很好看，于是都向小雨了解在哪家网店购买的，女孩们买后也穿上了白色连衣裙。为何会出现这样的现象？

所谓模仿，是指在没有外界控制的条件下，个体受到他人行为的影响，仿照他人的行为，使自己的行为与之相同或相似。所以模仿是自觉地或不自觉地效仿一个榜样。

模仿是人类普遍存在的一种心理现象，从个体对他人的无意识的动作到衣、食、住、行，及对他人的风度、性格、工作方法、生活方式，乃至对整个社会生活有关的风俗、习惯、礼节、时尚等，都存在着模仿。例如歌迷总是模仿自己喜欢的歌星，模仿他们的腔调唱歌，模仿他们的穿着等，而许多歌星是从模仿别人唱歌开始的；而影迷们喜欢模仿他们崇拜的电影明星的装束打扮；还有模仿小品明星的。总之，衣着、发型、交际风度等，都是模仿的对象。

模仿行为有其独有的特点：
1）模仿行为的发出者，一般是时尚的追逐者。
2）模仿是一种非强制性的行为，可以给消费者带来愉悦和满足。
3）模仿可以是理性思考后的行为，也可以是感性驱使的行为表现，因人而异。
4）模仿行为发生的范围广泛，形式多样。
5）模仿行为常以模仿个体或少数人的形式出现。

步骤二

了解从众心理

从众是指个体在社会群体的无形压力下，不知不觉或不由自主地与多数人保持一致的社会心理现象，通俗地说就是"随大溜"。

从众指个人受到外界人群行为的影响，而在自己的知觉、判断、认识上表现出符合公众舆论或多数人认可的行为方式。通常情况下，多数人的意见往往是对的，但缺乏分析、不做独立思考、不顾是非曲直地一概服从多数，则是不可取的，是消极的"盲目从众心理"。

学者阿什齐曾进行过从众心理实验，结果在测试人群中仅有1/4～1/3的被试者没有发生过从众行为，保持了独立性。可见它是一种常见的心理现象。从众性是与独立性相对立的一种意志品质；从众性强的人缺乏主见，易受暗示，容易不加分析地接受别人意见并付诸实行。

知识拓展 5-7

推销中的阿什齐模式

把一些小企业的老板带到一个地方参加销售展示。当每种设计被展现时，演示的推销员迅速浏览群体中每个人的表情，以便发现最赞赏该设计的那个人（例如他不断点头），然后询问点头者的意见。推销员请他详尽地发表评论意见，同时观察其他人的神情，以发现更多的支持者，并询问下一个最为赞同者的意见。一直问下去，直到那位起先最不赞成的人被问到。这样，鉴于第一个人的榜样作用，以及群体对最后一个人产生的压力，推销员使群体中的全部或大部分人公开对该设计做出了正面的评价。

1. 从众类型

根据外显行为是否从众，以及行为与内在的自我判断是否一致，可以将从众分为三类：

1）真从众：这种从众不仅在外显行为上与群体保持一致，内心的看法也认同群体。真从众是个人与群体最理想的关系，它不引起个人心理上的任何冲突。

2）权宜从众：在有些情况下，个人虽然在行为上保持了与群体的一致，但内心却怀疑群体的选择是错误的，真理在自己心中，只是迫于群体的压力，暂时在行为上保持与群体的一致。这种从众，就是权宜从众。

在实际生活中，权宜从众是从众的一种主要类型。这类从众由于外显行为同内心观点不一致，个人处于认知不协调的状态。

3）不从众：不从众的情况有两类。一类是内心倾向虽与群体一致，但由于某种特殊需要，行动上不能表现出与群体的一致。这是表里不一致的假不从众情况。另一类不从众是内心观点与群体不一致，行动上也不从众。这是表里一致的真不从众情况。

2. 从众的原因

1）行为参照：许多情境中，人们由于缺乏进行适当行为的知识，必须从其他途径来获得行为引导。根据社会比较理论，在情境不确定的时候，其他人的行为最具有参照价值。而从众所指向的是多数人的行为，自然就成了最可靠的参照系统。

2）对偏离的恐惧：对于群体一般状况的偏离，会面临群体的强大压力乃至严厉制裁。研究证明，任何群体都有维持群体一致性的显著倾向和执行机制。对于同群体保持一致的成员，群体的反应是喜欢、接受和优待，对于偏离者，群体则倾向于厌恶、拒绝和制裁。

3）群体的凝聚力：群体的凝聚力是指群体对其成员的总吸引力水平。高凝聚力群体的成员，对自己所属群体有强烈的认同感。他们与群体有密切的情感联系，有对群体做出贡献和履行义务的要求。群体的凝聚力越高，成员对群体的信任和依赖就越高，从众的可能性也就越大。

知识拓展 5-8

从众心理的典故

一位名叫福尔顿的物理学家，由于研究工作的需要，测量出固体氦的热传导度。他运用的是新的测量方法，测出的结果比按传统理论计算的数字高出500倍。福尔顿感到这个差距太大了，如果公布了它，难免会被人视为故意标新立异、哗众取宠，所以他就没有声张。没过多久，美国的一位年轻科学家在实验过程中也测出了固体氦的热传导度，测出的结果同福尔顿测出的完全一样。这位年轻科学家公布了自己的测量结果以后，很快在科技界引起了广泛关注。福尔顿听说后以追悔莫及的心情写道：如果当时我摘掉名为"习惯"的帽子，而戴上"创新"的帽子，那个年轻人就绝不可能抢走我的荣誉。福尔顿的所谓"习惯的帽子"就是一种"从众心理"。

从众心理的典故

3. 影响从众的因素

（1）群体因素

1）群体的规模：一般来说，群体规模越大，持有一致意见或采取一致行为的人数越多，则个体所感到的心理压力就越大，也就越容易从众。

2）群体的一致性：如果群体中只有一个人持不同意见，则他要承受巨大的压力。而如果群体中还有另外一个人持反对意见，则前者所面临的从众压力大大缓解，从而明显降低从众的程度。总之，一致性程度越高，个体越倾向于从众。

3）群体的凝聚力：群体的凝聚力越强，群体成员之间的依恋性及对群体规范和标准的从众倾向也越强，个体会为了群体的利益而与群体意见保持一致。个体在有共同目标的群体中更容易从众，认为不如此就可能达不到目标。

4）个体在群体中的地位：个体在群体中地位越高，越有权威性，就越不容易屈服于群体的压力。一般来说，地位高的成员经验丰富、资力较深、能力较强、信息较多，能够赢得低地位者的信赖，他们的看法和意见能对群体产生较大影响，并使低地位者屈从，而地位低的成员则不可能影响他们。

（2）个体因素

1）知识经验：个体对刺激对象越了解，掌握的信息越多，就越不容易从众，反之则越容易从众。知识经验多的个体拥有更强的自信心，他倾向于把自己看成是群体中的专家而不愿从众。

2）个性特征：个人的智力、自信心、自尊心、社会赞誉需要等个性心理特征，与从众行为密切相关。智力高的人，掌握的信息比较多，思维灵活，自信心较强，不容易发生从众行为，而智力低的人则容易从众。有较高社会赞誉需要的人，特别重视别人的评价，希望得到他人的赞誉，较易从众。性格软弱，暗示性强的人也容易表现出从众倾向。

3）性别差异：长期以来，人们认为女性比男性更容易从众，许多实验也证明了这一点。但进一步的研究则指出，过去的实验之所以得出女子更容易从众的结论，是因为实验材料大多为男子所熟悉而为女子所陌生，如政治、球赛等。如果选用有利于女性的实验材料，如烹调、服装等，则男性和女性都表现出较高的从众倾向，比例差别很小。

（3）情境因素

1）信息的模糊性：刺激越模棱两可、任务越困难，人们越容易从众于群体的判断。因为在刺激模糊的情境下，人们本身就很难做出准确判断，只要有外在的引导，就很容易相信。

2）从众行为的公开性：虽然在很多情况下，人们都认为自己的判断是正确的，群体的判断是错误的，但是一旦要求他们公开表态，他们就会给出和他人一样的答案。

3）预先表述：个人独立意见的事先表述越清晰，从众行为的发生可能性就越低。因此可以说，个人独立意见的事先表述极为有力地降低了从众行为。个人事先把独立性意见说得越明确，越难表现出随后的从众行为，反之则相反。

4）权威人士的影响力：权威人士的行为对于从众的发生有很大的影响力。研究发现人们更容易听从权威者的意见，而忽视一般成员的观点。高地位者之所以能影响低地位者，是因为他被认为有权力和能力酬赏从众者而处罚歧义者。此外，高地位者比低地位者显得较自信能干，经验丰富，能得到较多的信息，这样就赢得了低地位者的信赖。

（4）文化差异

由于文化背景的不同，不同民族的成员从众的程度存在差异。在不同的文化和社会背景下，人们所表现出的从众行为是有差异的，说明文化差异对从众现象确实存在影响。

步骤三

寻找网络消费模仿与从众的表现

1. 网络消费模仿

网络消费模仿是指当网络消费者对他人的网络消费行为认可并羡慕、向往时，便会产生仿效和重复他人行为的倾向，从而形成网络消费模仿。在网络消费活动中，经常会有一些消费者（如名人、消费专家等）做出示范性的网络消费行为。这些特殊网络消费者的示范性行为会引起其他网络消费者的模仿，模仿者也以能仿效他们的行为而感到愉快。

在消费心理领域，网络消费模仿是一种常见的社会心理现象。从外在的表现上看，是在非强制因素作用下按照某参照对象所产生出的相同或类似行为的活动。从内在本质看，是一种学习方式，是一个学习过程。

2. 网络消费模仿的特征

1）普遍性。如人与人之间的相互模仿；落后与先进间的模仿；乡村与城市间的模仿；国家与国家间的相互模仿等。总之，网络消费模仿是人类社会的一个普遍现象。

2）从众性。在网络消费领域中，从众性表现为网络消费者自觉或不自觉地模仿和跟从大多数网络消费者的消费行为，以保持自身行为与多数人行为的一致性，从而避免个人心理上的矛盾和冲突。

3）跟随性。在网络消费活动中，经常会有一些网络消费者做出示范性的消费行为。这些网络消费者的示范性行为会引起其他网络消费者的模仿和跟随，模仿者也以能仿效他们的行为而感到愉快。

3. 影响网络消费模仿的相关因素分析

1）群体因素。网络消费者不仅是一个社会人，还是一个具有特定的社会位置和群体归属的人。群体的内聚力、一致性越强，群体领袖人物的权威性越高，影响力越大，模仿行为越容易发生。此外，网络消费个体在群体中的地位越低，越容易被影响，也越容易采取模仿行为。

2）个体因素。一般来说，容易发生模仿行为的网络消费者大多对社会舆论和他人的意见十分敏感，缺乏自信，网络消费个人缺乏足够的知识经验，导致他做出判断时往往依赖他人提供的意见，从而容易引发模仿行为。

3）文化因素。人们对社会名人（娱乐明星、体育明星、权威人士等）的吃、穿、住、行等方面会进行模仿。这种模仿行为的大众化逐渐演变为一种追赶时尚与先进的社会消费文化、文化的发展变化经常导致市场上某种消费时尚及商品的流行，这在网络消费品市场表现尤为突出。

4. 网络消费从众行为的表现

从众是个人的观念与行为由于群体直接或隐含的引导或压力向与多数人相一致的方向变化的现象，网络购物中的从众，更多的是群体的隐含引导所导致的变化。其从众行为的本质，是个体受到社会某种影响之后产生的一种适应性行为或反应。个体在收到群体的暗示或提示时，会被引导做出群体要求或期待的行为或为符合情境做出一定的反应。从众行为作为个体处理与群体关系或与情境关系的一种方式，是个体在日常生活中调节自我的反应、适应社会环境的一种重要心理机制。

在网络购物中，由于人们无法获得商品的全面信息，因而会较大地受到群体的影响，从而比线下购物更容易形成从众行为。

触类旁通

居民"双十一"网购消费特点分析

"双十一"网购大促销正在掀起一浪又一浪的网购热潮。2019年"双十一"过后，国家统计局临潼调查队针对175户城乡居民家庭开展了网购问卷调研。结果显示：网购已成为大部分市民生活消费的重要方式，"双十一"消费的特点是：购买种类多样化、购物金额小额化、消费观念理性化。

一、网购调查对象基本情况

（一）网购对象人员分布

本次调查中，网购居民达到被访城乡居民的67.8%，网购人群达到三分之二。网购居民以城镇居民网购群体为主，如图5-4所示。

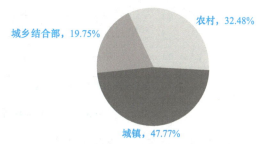

图5-4 2019年"双十一"网购居民居住区区域分布

（二）网购家庭收入层次

2018年人均年收入在8 000～50 000元是城镇居民家庭网购的主体，占到82.7%。年人均20 000元以内是农村居民网购的主体，占53.8%。

二、网购消费基本特点

(一) 网购消费金额特点

1. 居民网购消费金额分布

总体上看，500 元以内消费是最主要构成，为 65.81%。居民网购以 500 元以内小额度消费为主，如图 5-5 所示。

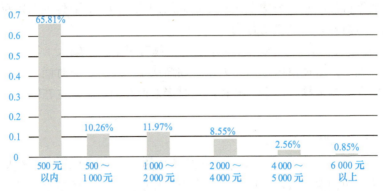

图 5-5　2019 年城乡居民"双十一"网购消费金额分布

2. 居民两年网购金额变化

从 2018 年和 2019 年"双十一"网购金额对比看，2019 年 500 元以下小额度消费的人数增多，同比增加近 7 个百分点；500～2 000 元减少了 6 个百分点，小额消费趋势更加明显。

(二) 网络购物商品分类及价格对比

1. 服装和日用品成为网购热点

本次"双十一"网购中，59.0% 的网购居民在网上购买了服装鞋帽类，55.6% 的网购居民购买了日常家居用品类，22.2% 的居民购买了食品类，12.8% 的居民购买了各类家用电器类。"双十一"的网购消费中以服装鞋帽、日常家居用品为主，如图 5-6 所示。

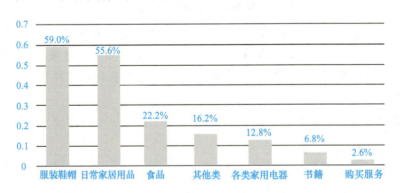

图 5-6　2019 年城乡居民"双十一"网购消费类别

2. 实体店的商品对比行为变化

网购用户除了在线上对商品货比三家，同时还与实体店的线下价格进行对比。14.5% 的购买者是在实体店观测完商品，然后通过网络去购买。64.1% 的购买者是偶尔与实体店对比。21.4% 的购买者仅仅是线上对比，不与实体店对比。

(三)网购居民心理变化特点

1. 提前关注"双十一"网购促销

关注很长时间进行价格比较的购买者占23%,关注但是没有花太多时间去比较价格的购买者占24%,跟风购买的购买者占53%。

2. 网购消费心理逐渐回归理性

网购消费的实惠便宜、快捷便利使得消费者更容易产生冲动购买行为。7.7%的网购居民表明自己有冲动购买行为,购买了一些多余的、不常用的商品,囤货无用还浪费。22.2%的网购居民表明自己虽然有冲动购买行为,但是购买的商品还是能够在近期使用。表明自己网购心理很理性,为家庭需要,买后就能用,价格很合适,购买不后悔的居民占比68.4%,近七成的网购居民非常理性,如图5-7所示。

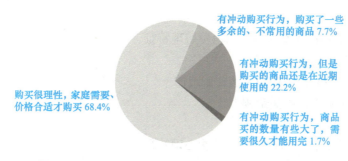

图5-7　2019年城乡居民"双十一"网络购买行为占比

三、"双十一"网购热度不减的原因

(一)网购价格实惠,促销让利更大

一是网络商品较实体店商品价格略低。二是网络商品品种繁多,适合消费者对比选择。

(二)网购服务加强,购物体验很好

一是随着网络售后服务制度的不断完善,售后服务水平的提高,逐渐打消网购居民的后顾之忧。二是近年来网络技术不断完善,网络质量不断提高,网络用户数量大幅上涨,致使网络消费人群增加。

(三)网购方便快捷,覆盖城乡居民

一是生活节奏的加快,为了更加节省时间和精力,越来越多的人加入网购。二是农村居民离城区较远,去实体店仍有不变,随着快递服务覆盖面扩大,解决了偏远地区网购商品的配送问题,增加了网购消费者的构成。

讨论：在"双十一"网络大促活动中存在哪些模仿和从众行为？

项目小结

我国网民数量不断增加,网络购物的使用率不断提高,网络购物的发展潜力巨大。截至2020年3月,我国网络购物用户规模达7.10亿,然而仍然有网民未曾尝试过网络购物,

如何能让更多消费群体接受网络购物，就需要探讨消费群体对于网络购物过程中的群体心理特征。

分析和探讨网络消费者群体行为是网络市场营销成功的基础，网络营销人员通过了解网络消费者群体如何引起需求、寻找信息、评价行为、决定购买和买后行为的全过程，获取有利于满足网络消费者群体需要的有用线索；通过了解购买过程的各种参与群体及其对购买行为的心理特征与变化，就可以为其目标市场设计有效地市场营销计划。了解网络消费者群体行为可以有效地制定市场策略，包括市场细分、广告、包装、商标、价格、零售渠道等。

应知应会

一、选择题

1. 以下哪项不是描述女性群体的消费心理特征（　　）。
   A．追求实用与情感并重
   B．追求商品的便利性与生活的创造性
   C．购买频率少，购买金额大
   D．追求自尊与被他人尊重
2. 以下哪项不是描述男性群体的消费心理特征（　　）。
   A．购买速度快，决策迅速果断
   B．求实心理重，不特别注重商品外观
   C．注重大体而忽略细节，情感不外露
   D．追求自尊与被他人尊重

二、填空题

1. 幻想群体是指_____。
2. _____的形成能够为市场提供明确的目标。
3. 消费群体的形成对消费活动的意义，在于_____、_____消费，使消费活动向健康的方向发展。
4. 网络消费者一般具有独立且个性化的消费态度，他们往往由于具有参与_____和_____的愿望，对市场变化也较为关注，对于所购产品和服务具有强烈的真实可靠性要求。
5. 从众可分为三类：_____、_____、_____。
6. 从众的原因有三方面，分别是_____、_____、_____。
7. 影响从众的因素主要有_____、_____、_____。
8. 影响从众的个体因素包括_____、_____、_____。
9. 网络消费模仿的特征包括_____、_____、_____。

三、简答题

1. 简述网络消费者群体特征。
2. 我国网络消费的主力军的特殊性和重要性体现在哪几个方面？
3. 简述网络消费者群体的心理变化趋势和特征。

拓展训练

训练一　开展童装网络市场调研

1．训练目的

了解网络消费群体，掌握网络消费群体分析方法。

2．训练要求

以 2 或 3 人为一组，设组长一名。拟为童装企业撰写一份有关童装行业开展网络营销活动与传统营销活动的比较分析报告获得了企业的高度评价。接下来，企业想就本企业所生产的童装产品针对网络市场消费群体做一次有效的网络市场调研并分析该群体对童装个性化需求的特征。

1）完成一份简要的 PPT 讲稿，注意，使用相关网络市场调研工具。

2）完成表 5-1 的填写。

表 5-1　网络调研工具

工 具 名 称	能够实现的基本调研功能
邮箱	
邮件列表	
专业网络调研软件	
教师评语	

3．成果展示

以小组为单位，在班内展示所使用的调研工具以及 PPT 讲稿。

训练二　分析网购童装群体的需求特征

1．训练目的

理解网购童装消费群体的整体需求特征。

2．训练要求

1）确定网购童装消费群体的整体需求特征。

2）选择有效的消费者细分标准，要对网购童装需求特征进行详尽分析。

3）写出分析报告并制作简要的 PPT 讲稿。

4）讨论：消费者细分标准、要素。

3．成果展示

1）针对网络消费群体网购童装的需求特征进行详尽的描述。

2）利用 PPT 分享网购童装群体的需求特征。

3）填写表 5-2。

表 5-2　训练体会和感受

名　称	体会和感受
消费者群体分析标准和要素	
消费者群体分析方法	
教师评语	

训练三　调研网络消费流行现象

1．训练目的

培养观察分析网络消费流行的能力；根据顾客群体对网络消费流行的心理特点，制定营销策略。

2．训练要求

以 2 或 3 人为一组，调查你所接触的一个网络消费流行现象。

1）记录所用的调查方法和调查到的内容。

2）运用所学理论对该现象进行分析：原因、对企业的建议。

3）以小组为单位，利用 PPT 将该消费现象和分析内容进行总结。

4）在全班组织一次交流与研讨。

3．成果展示

以小组为单位，在班内进行 PPT 演示交流。

项目 6

探究影响网络消费者行为的外部因素

2020年一季度我国实现实物商品零售额1.85万亿元，同比增长5.9%，增速同比下降15.1个百分点，但仍保持正增长，且高于社会商品零售额整体增速21.7个百分点，不同于往年1～2月间线上零售占比下降的情况，2019年12月以来实物商品网上零售额占社会商品零售额比重持续增长，2020年一季度累计占比达23.6%，同比增长5.4个百分点。分品类来看，一季度食品类商品表现较强，累计同比增长32.7%，增速同比提升8.1个百分点；服装类和日用类商品表现则相对较弱，累计同比增速分别为−15.1%和10%，增速分别同比放缓34.2和11.3个百分点。实物商品网上零售天猫、京东和拼多多均实现了交易额正增长，服装占比较高的唯品会出现了小幅回落。阿里披露2020年一季度天猫实物商品GMV同比增长10%，增速环比放缓12个百分点，其中快消品和消费电子同比增速达25%；拼多多一季度GMV同比增长约99%，或与上年同期基数较小且ARPU小幅上升有关；京东未披露整体GMV数据，仅从产品销售收入情况来看，2020年Q1家电3C品类销售收入776亿元，同比增长10%，增速同比放缓5个百分点，其他一般商品销售收入525亿元，同比增长38%，增速同比上升11个百分点；唯品会一季度GMV为289亿元，同比下降14%，或因其服装箱包等主要品类销售受疫情影响较大。

思考：影响网络消费者行为的外部因素有哪些？

教学导航

学习目标

知识目标

了解政策法律环境、经济环境、社会文化环境、技术和物流环境、人口环境等外部环境；理解外部环境对于网络消费者行为的影响。

能力目标

能利用外部环境促进网络消费者行为。

本项目重点

利用外部环境促进网络消费者行为。

本项目难点

技术和物流环境对网络消费者行为的影响。

任务引入

疫情期间，没有网络营销基础的餐饮店怎么办

传统餐饮行业，会选择在人流密集的菜市场、步行街、商超等位置开店，一般依靠自然流量就能过得比较滋润。

一位老板阿林经营一家颇有名气的炸鸡店，平时生意都很好，顾客络绎不绝，排队火爆。过年期间，他精心准备了一连串的线下活动，准备大干一场，不巧遇上一场疫情，他只能每天面对冰柜里的生鲜肉食，唉声叹气。

不少餐饮店压根儿不开门营业——开门也没有客人上门消费，员工工资、房租、水电还得继续支出，根本入不敷出。

关注与思考：
1）疫情期间，餐饮业面临的网络营销的外部环境有哪些？
2）餐饮业如何利用网络营销来扭转局面？

任务分析

通过观察分析、案例研讨、角色扮演、实战训练等方式，理解并掌握外部环境对网络消费行为的影响。

任务1　分析政治和经济环境对网络消费行为的影响

任务要点

关 键 词：政策法律环境、经济环境
理论要点：政策法律环境和经济环境对网络消费者行为的影响
实践要点：如何有效利用政策法律环境和经济环境促进网络消费

观察导入

2019年国民经济和社会发展统计

中国经济总量逼近100万亿元大关，人均国内生产总值首次突破1万美元！2020年2月28日，国家统计局发布《2019年国民经济和社会发展统计公报》，一笔笔沉甸甸的数据，彰显着经济社会发展的新成绩。综合国力迈上新台阶，大国发展基础不断巩固。初步核算，2019年中国国内生产总值990 865亿元，稳居世界第二位；人均国内生产总值70 892元，按年平均汇率折算达到10 276美元，首次突破1万美元大关，与高收入国家差距进一步缩小。

2019年，中国国内生产总值比上年增长6.1%，明显高于全球经济增速，在经济总量1万亿美元以上的经济体中位居第一；对世界经济增长贡献率达30%左右，持续成为推动

世界经济增长的主要动力源。

经济结构持续优化，发展协调性稳步提高。2019年内需对经济增长贡献率为89.0%，其中最终消费支出贡献率为57.8%，比资本形成总额高26.6个百分点。社会消费品零售总额比上年增长8.0%，规模首次突破40万亿元。弱项短板领域投资得到加强。2019年技术产业和社会领域投资分别比上年增长17.3%和13.2%。

全面开放力度加大，对外经贸逆势增长。2019年中国货物进出口总额31.6万亿元，比上年增长3.4%，连续两年超过30万亿元。在全球跨境投资大幅下降的情况下，2019年中国实际使用外商直接投资金额9 415亿元，比上年增长5.8%。广阔的市场空间和不断优化的营商环境，使中国持续成为外商投资的热土。

社会事业全面进步，人民生活持续改善。居民收入与经济增长基本同步，居民人均收入水平首次突破3万元。

"综合来看，在世界经济增长趋缓、国内经济下行压力加大的背景下，中国经济巨轮坚定前行，高质量发展蹄疾步稳，充分彰显了中国经济稳定向好的基本面和中国特色社会主义制度优势，也充分展示了大国经济持续发展的韧性、潜力和活力。"国家统计局副局长如此说。

分析思考：我国的经济发展状况如何？我经济的持续发展对网络消费行为有什么影响？

任务实施

步骤一

熟悉政策法律环境

政策法律环境对企业营销活动的影响主要表现为国家政府所制定的方针政策。2021年《"十四五"电子商务发展规划》（以下简称《规划》）发布，《规划》对"十四五"时期电子商务发展所面临的环境、总体思路、主要任务和保障措施进行了全面描述。从其最核心的内容看，规划的重中之重是推动电子商务向高质量发展阶段迈进。

电商渗透率持续上升，2020年，网上零售额占社会商品零售额的比重达到了24.9%，是全球所有国家中占比最高的。这也使我国网上零售额长期居于全球第一，占全球的份额达到了39%。正是考虑到前期高速增长所带来的基数效应，在《规划》中"十四五"电子商务发展不再追求高速度，预期到2025年，我国电子商务交易额将增长到46万亿，较2020年增长23.7%；网上零售额将增长到17万亿，较2020年增长44.1%。

电商平台拼多多、京东、阿里等向低线城市的扩张及国际化步伐的迈进，促进了交易规模的增长。交易额方面，阿里、京东、拼多多位居前列。另外短视频平台快手、抖音在电商方面也有较快发展，其中快手电商2021年全年电商交易总额（GMV）达6 800亿元，同比增长78.4%。

近年来深刻影响电商行业的法律法规政策见表6-1。

表 6-1　近年来深刻影响电商行业的法律法规政策

法 律 法 规	颁 发 单 位	施 行 时 间
《电子商务法》	国务院	2019 年 1 月
《网络交易监督管理办法》	国家市场监督管理总局	2021 年 5 月
《关于促进平台经济规范健康发展的指导意见》	国务院	2019 月 8 月
《优化营商环境条例》	国务院	2020 年 1 月
《关于跨境电商综合试验区零售出口企业所得税核定征收有关问题的公告》	国家税务总局	2020 年 1 月
《网络直播营销行为规范》	中国广告协会	2020 年 7 月
《市场监管总局关于加强网络直播营销活动监管的指导意见》	国家市场监督管理总局	2020 年 11 月
《社交电商企业经营服务规范》	中国服务贸易协会等	2021 年 2 月
《网络交易监督管理办法》	国家市场监督管理总局	2021 年 5 月

步骤二

了解经济环境

任何网络消费都离不开实体经济的发展，不然就等同于空中楼阁，近几年我国的网络消费的经济环境呈现如下趋势：

1. 实体工业的迅猛发展

国家统计局发布的 2019 年国民经济和社会发展统计公报。初步核算，全年国内生产总值 990 865 亿元，比上年增长 6.1%。其中，第一产业增加值 70 467 亿元，增长 3.1%；第二产业增加值 386 165 亿元，增长 5.7%；第三产业增加值 534 233 亿元，增长 6.9%。实体工业的发展为网络消费的迅速增长提供了一个坚实的基础。

2. 消费者的个人可支配收入明显上升

2019 年，全国居民人均可支配收入 30 733 元，比上年名义增长 8.9%，扣除价格因素，实际增长 5.8%。其中，城镇居民人均可支配收入 42 359 元，增长 7.9%，扣除价格因素，实际增长 5.0%；农村居民人均可支配收入 16 021 元，增长 9.6%，扣除价格因素，实际增长 6.2%。全国居民人均消费支出 21 559 元，比上年名义增长 8.6%，扣除价格因素，实际增长 5.5%。其中，城镇居民人均消费支出 28 063 元，增长 7.5%，扣除价格因素，实际增长 4.6%；农村居民人均消费支出 13 328 元，增长 9.9%，扣除价格因素，实际增长 6.5%，如图 6-1 所示。

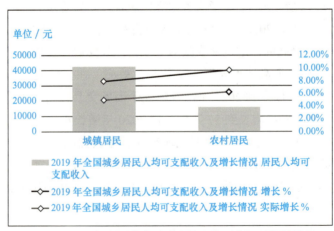

图 6-1　2019 年全国城乡居民人均可支配收入及增长情况

3. 我国网络购物呈现区域发展不平衡现象

开展在线销售应用的企业主要集中在东部地区，而中部、西部地区在线销售比例均低于整体占比。电子商务的服务企业主要集中在长三角、珠三角及北京等经济发达地区，而且出现日益集中的趋势。同时消费者网购行为的城乡发展也呈现不平衡的态势。

知识拓展 6-1

2019 年的"双十一"

2019 年"双十一"全网成交额为 4 101 亿元，超过 2018 年"双十一"的交易额 3 143 亿元，同比增长 30.1%，同比增速也高于 2018 年时的 24%。具体看各平台，2019 年天猫"双十一"全天成交额 2 684 亿元，同比增长 25.71%，天猫"双十一"物流订单量达到创纪录的 12.92 亿；京东 2019 年"双十一"全球好物节（11 月 1 日到 11 月 11 日）累计下单金额为 2 044 亿元，同比增长 27.90%；苏宁"双十一"当天全渠道订单量增长 76%，苏宁金融移动支付笔数同比增长 139%。

根据菜鸟网络的数据，由此产生物流订单 12.92 亿单，同比上涨 24%，增速符合预期。京东宣布全球好物节（从 11 月 1 日零时起至 11 月 11 日 23 时 59 分 59 秒）期间累计下单 2 044 亿元，同比大幅超越 2018 年。从物流效率来看，2019 年"双十一"发出一亿个包裹用时 8h，比 2018 年提前 59min，比 2013 年已经缩短 40h。

触类旁通

直播带货"7 天无理由退货"执行情况总体较好

2014 年 3 月 15 日新修订的《消费者权益保护法》开始实施。"新消法"最抢眼的规定是赋予消费者"后悔权"：消费者通过网络购买的商品，自收到货品 7 天内，都可以无理由退货。

北京市消费者协会 2020 年 6 月 16 日发布的《直播带货消费调查报告》显示，直播带货"7 天无理由退货"规定执行情况总体较好，但也存在部分虚假宣传、信息公示不全以及售后没有保证等损害消费者权益问题。

北京市消协此次直播带货体验调查共选取了淘宝、天猫、京东、苏宁易购、拼多多、小红书、蘑菇街、抖音、快手和微博等 10 个直播平台作为体验调查对象。体验人员以消费者身份在每个直播平台各进行 3 次模拟购物体验，共完成 30 个直播带货体验调查样本。

报告指出，本次体验调查的 30 个直播带货样本中，有 29 个体验样本均能够做到"7 天无理由退货"，只有 1 个体验样本"无理由退货"遭到拒绝。体验人员在苏宁易购直播平台购买一款"周黑鸭锁鲜乐享卤鸭脖"时，平台商品信息和订单页面均标注支持"7 天无理由退货"，但在商品详情页底部有小字提示"锁鲜产品不支持'7 天无理由退货，发出后不支持修改地址'"。体验人员在购买过程中没有看到提示，收到商品后以"7 天无理由退货"申请退货，商家以提示"因保鲜盒装保质期短已发货不支持退款"为由，拒绝了退款申请。

讨论：你是如何看待直播带货 7 天无理由退货？你认为国家应如何提高该项政策的执行力度？

任务 2　分析社会文化对网络消费行为的影响

任务要点

关 键 词：文化环境、信任危机
理论要点：网络文化环境；提高网络信任度
实践要点：能够分析网络文化环境对网络消费环境的影响

观察导入

网络文化与青年

2019年10月21日上午，第六届世界互联网大会"网络文化与青年"论坛在浙江乌镇举办。140余位中外政府官员、国际组织和青年组织代表、互联网企业代表、网络文化领域专家学者以及青年文化创业者，围绕加强各国青年间的文化交流与合作、推动网络文化健康发展进行了交流分享，深入探讨了互联网技术的发展对网络文化产业的重要影响。

国家互联网信息办公室副主任在致辞中表示，中国政府高度重视网络文化对青年健康成长的重要作用，积极推动网络文化创新发展，采取有力措施促进网络环境日益优化、文化科技加速融合、优秀作品不断涌现、国际交流深入推进，努力为青年营造风清气正的网络空间。他表示，大力发展积极健康、向上向善的网络文化，让互联网更好帮助青年实现自身发展、创新创业、服务人民、贡献社会，是信息时代的必然要求，也是国际社会的共同责任。要以优秀文化引领青年，充分运用互联网汇集和展示人类文明成果，大力推进网络文化交流互鉴，让互联网成为青年一代继承优秀传统、发展先进文化、涵养人文情怀、强化道德观念、实现理想追求的精神家园。要以优质产品服务青年，把握数字化、网络化、智能化发展机遇，鼓励和支持优秀网络文化产品的创作、生产和传播，积极推动网络文化内容、技术、模式和业态创新，为青年提供更多优质的精神文化产品。要以文明素养塑造青年，在培育良好网络素养方面进一步务实合作，帮助青年正确认识互联网、深入学习互联网、积极运用互联网，引导青年网民形成良好的安全意识、文明的网络素养、必备的防护技能。要以有效治理保护青年，共同应对互联网新技术新应用带来的挑战，积极推动网络法制建设，协商制定网络资源、技术应用等领域的国际规则标准，加强行业自律，压实互联网企业平台主体责任，为青年健康成长保驾护航。

分析思考：

1）什么是网络文化？
2）青年和网络文化之间的关系是什么？
3）网络文化对网络消费行为会产生何种影响？

任务实施

步骤一
了解传统社会文化环境

社会文化环境指一个国家、地区或民族的传统文化,通常由信仰、习俗、价值观念、行为方式、社会群体及相互关系等内容组成。

人们的某种社会生活,长期保持后必然会形成某些特定的文化,包括价值观、世界观、道德规范、风俗习惯等。例如元宵节,我们都会吃元宵、赏花灯、猜灯谜、舞龙灯等。社会文化环境要求我们提供目标市场所在区域文化相对应的产品和服务,才能得到更多的回报。

知识拓展 6-2

> **本土化策略**
>
> 本土化策略即全球适应主张,是企业力图融入目标市场,努力成为目标市场中的一员所采取的策略。它要求企业不是把自己当成外来的市场入侵者,而是当作目标市场中固有的一员融入当地文化,它强调企业以适应环境来获得更大的发展空间。本土化应该是一个过程而不是一个目的。一个事物为了适应当前所处的环境而做的变化,通俗地说就是要入乡随俗。本土化这一概念也广泛用于不同的行业。本土化是现代营销观念的反映,它的核心是企业一切经营活动以消费者为核心,而不是以商家的喜好、习惯为准绳,企业规范必须随地区性变化引起的顾客变化而变化。

步骤二
了解网络文化环境

网络文化是指网络上的具有网络社会特征的文化活动及文化产品,是以网络物质的创造发展为基础的网络精神创造。网络文化是一种只在互联网上流通,而较少为非网民所知的独有文化。由于网络连通了全世界,各地的自身文化在网上被人认识之外,也同时在网上被同化、融合、产生,甚至衍生成现实世界的文化,因此网络文化变化和传送的速度很快。

网络空间有着自由、开放、多样等特点,网络文化也将呈现以下的特点。

1. 网络文化的开放性

对能够上网的人来说,网络是完全开放的,没有条条框框的限制,可以自由发表自己的见解。同时网民完全不受身份的限制,可以根据自己的需要获取相应的资源。这种极大的宽容与自由,形成了网络文化在形式与内容上的开放性特征。

2. 网络文化的虚拟性

虚拟性是指网络世界的存在形态是无形的,它以图像、声音、信息等电子文本作为自己的存在形式。在网上人们可以用匿名或虚拟身份,因此不必考虑自己发表言论而造成的实际后果。在这里,并不存在现实世界中的身体属性、阶级属性以及地域属性所造成的各种沟壑。

3. 网络文化的个性化

网络文化不仅可以为网民提供度身定制的个性化服务，还尊重个性化的自我创造，观点、思想、价值观都可以根据个人的意愿在网上发表。

4. 网络文化的不可控性

目前网络文化是无法用行政命令、简单的道德伦理以及法制规范来控制的。这种不可控性代表了网络文化所有特征的实质，人们利用这一载体不受限制地发泄人性内在的多元性、复杂性和隐蔽性。但随着对网络认识的不断深刻，以及网络经济的不断发展，网络文化最终还是可控的。

> **步骤三**
> **分析网络文化对网络消费者行为的影响**

1. 网络文化的发展为消费者生活提供了更多的选择

通过互联网，消费者可以获取自己感兴趣的信息，选择消费者最理想的教育、医疗、交友、娱乐及购物等方面的信息。用户为完成购物或与之有关的任务而在网上虚拟的购物环境中浏览、搜索相关商品信息，从而为购买决策提供所需的必要信息，并实施决策和购买。例如李敏周末想要去看一场电影，可以首先搜索周末有哪些电影上映，查看一下影片介绍和相关影评，选择想看的影片，然后进行网上购票选座，周末直接去看电影就可以了。我们可以充分享受互联网带来的方便与快捷。

2. 网络文化的发展使消费更加理性化

在网络文化极度发展的今天，消费者更趋向于理性选择自己的消费方式，这种理性消费方式主要表现在：

1) 理智地选择价格。
2) 大范围地选择比较，即通过"货比千家"，精心挑选自己所需要的商品。
3) 主动地表达对产品及服务的欲望。消费者不再被动地接受厂家或商家提供的商品或服务，而是根据自己的需要主动上网去寻找适合的产品。即使找不到也会通过网络系统向厂家或商家主动表达自己对某种产品的欲望和要求。

3. 网络文化衍生社会化媒体营销

随着整个互联网经济的快速发展，以网络为传播平台的营销行业如雨后春笋般迅速壮大，其整体服务水平也呈现出阶梯式的增长，并诞生了以网络技术为基础的精准营销模式。

社会化媒体营销就是利用社会化网络、在线社区、博客、百科或者其他互联网协作平台和媒体来传播和发布资讯，从而形成营销、销售、公共关系处理和客户关系服务维护及开拓的一种方式。一般社会化媒体营销工具包括论坛、微博、博客、SNS社区等，图片和视频通过自媒体平台或者组织媒体平台进行发布和传播。

移动互联网时代使社会化媒体与生活的联系更加紧密，营销传播开始迈向崭新的时代，一股全新营销浪潮迎面来袭，其核心就是注重媒体渠道的创新、体验内容的创新以及沟通方式的创新，强调虚拟与现实的互动。

社会化媒体区别于传统传播介质（报纸、杂志、电视、广播），主要通过互联网技术实现信息的分享、传播，通过不断的交互和提炼，对观点或主题达成深度或者广度的传播，其影响力传统媒体往往无法达成，更遑论赶超。以 SNS、微博、博客、微电影等为代表的新媒体形式，为企业达成传统广告推广形式之外的低成本传播提供了可能。

据 CNNIC 研究报告指出，随着网络购物市场的爆发式增长，越来越多的卖家涌入网购平台，而买家的增长速度却未与其对应，网购平台不得不通过社会化网站导流，增加客户流量来源。研究显示，社会化因素诱发消费动机，社会化购买已经发展为消费者网络购物的一种消费模式。社会化因素对网购的促进作用使得社会化网购成为推动网购市场增长的新动力。

电商网站在进行社会化营销时可从以下三个方面着手。

1）链接。链接是社会化网络营销中的核心属性，营销效果取决于信息的传播情况，表现为链接的效力和广度。

2）互动。让品牌与消费者之间产生私密的互动对话能营造出一种朋友聊天的体验。微博、微信更能直接提升服务体验的附加值，在传播中更容易成为爆点。

3）痕迹。社会化媒体上容易留下用户的个人信息、兴趣偏好、网购行为习惯，根据这些信息可以实现实时推荐和精准营销。

步骤四

看看网络文化如何催生网络信任危机

所谓网络信任危机是指计算机网络中人与人之间缺乏必要的信任，人们对网络安全、网络信用体系缺乏足够的信任，从而导致网络人际交往和电子商务发展的困境。

网络信任危机

网络信任危机的本质是网络中人与人之间的信任危机。网络生活的虚拟性特征，使网络生活产生着巨大的诱惑力。虚拟不一定是现实的，但却是真实的。在虚拟社会中，网络主体表现得不完整、不充分。现实社会生活中，个人的性别、年龄、相貌、职业、财产、地位、名誉等自然属性和社会属性都充分地展现在交往对象面前。而在虚拟社会中，人类自然的、社会的特性都被剥离了，剩下的只是代表交往对象的一个符号，甚至连这个"符号"也是不确定、不统一的。

处在这种环境中的网络主体必然产生主体感淡漠化的倾向，网络主体退到终端的背后，主体间的关系呈现出间接的性质，在这种情形下，社会舆论的承受对象极为模糊，直面的道德舆论抨击难以进行，从而使社会舆论作用下降。网络的虚拟性，给处在这种环境中的电子商务交易主体提供了不诚信的温床。

透过扑朔迷离的网络社会现象，我们不难发现，网络信任危机背后隐藏着深刻的经济根源。正是由于不正当的经济利益和商业利润才驱使人们藐视道德和法律，而在网络这个"自由时空"中为所欲为。

网络经济是信用经济，而市场经济是契约经济，信用是一切经济活动的基础，到了互联网时代，信用几乎是电子商务的灵魂。不道德行为在电子商务中的泛滥，其中一个很重要的原因是缺乏规范信用的机制。急需建立个人和企业完善的信用，一方面，增强国家的信誉，通过设立监督机构，让参与电子商务活动的交易者放心；另一方面，建立和完善信用评级、查询制度，促使个人或企业重视自身的形象，这必将对我国网络购物的发展带来深远影响，以实现在具体化、可靠性基础上进行"虚拟化"交易。

触类旁通

矩阵式 WAF 部署——破解网络信任危机的新思路

传统的安全建设思路，要求将网络按照安全等级划分，形成不同属性的安全域，如外网接入域、核心交换域、对外发布域、办公终端域及安全管理域等，并基于各个安全域的安全等级来制定相应的域间隔离与访问控制策略。

引入一个比较热的概念——零信任网络。"零信任"建立在五个基本假设之上：

1）网络时刻处在危险当中。
2）网络中始终存在威胁。
3）网络的位置不能直接决定其可信程度。
4）所有的设备、用户和流量都要经过认证和授权。
5）安全策略必须是动态的、灵活调整的。

这些假设进一步指出了网络安全建设的不足和隐患，当然零信任网络的核心思路是进一步强化访问控制，即默认情况下不信任网络内部和外部的任何人、设备或系统，全面进行身份认证，基于认证和授权来建立访问控制的信任基础，并依据身份和访问双方的属性进行细粒度和动态的权限分配。零信任网络的出发点是从认证的角度解决信任问题，因此衍生出了统一身份管理系统、安全接入网关等产品。

通常根据不同强度要求的安全策略，所选用和部署的安全产品也会有针对性，例如外网接入域的边界，除了常规的防火墙之外，还会选择 DDoS 清洗系统、入侵防御系统等；在核心交换域，依据其流量全面的特点，部署全栈的流量分析和资产治理类系统；在安全管理域，部署集中管理和事件审计类平台；而在对外发布域的边界，则会选择更加深入和有针对性的细粒度防护产品，例如 Web 应用防火墙，即 WAF 产品。

从业务防护的角度出发，利用 WAF 的矩阵式部署方案来破解网络信任危机。

RayWAF 根据业务自身的不同属性、防护需求的不同程度及业务路径的不同节点，启用对应防护粒度的安全模块，并通过学习访问量的变化，动态调整等级模板；最终利用管理中心和各个防护节点的联动，形成安全矩阵，对不同信任等级对象间的互访进行自适应防护，做到闭环处理。

从部署角度来看，矩阵式 WAF 进一步强化了纵深防护的理念，延展防护链条，使用相应的防护模块配合对应的部署方式，覆盖云端、边界和终端等各个环节。

通过矩阵式的 WAF 应用思路，既可以覆盖到业务访问的各个环节，又可以适应不同场景、不同位置的细粒度防护需求，兼顾防护效果和处理能力，在最大化发挥 WAF 效果的同时，解决用户网络的信任危机，是符合当前需求现状的有效解决方案。

讨论：还可以通过哪些方式破解网络信任危机？

任务3　分析技术和物流环境对网络消费行为的影响

任务要点

关 键 词：技术环境、物流环境
理论要点：技术和物流环境对网络消费者行为产生的影响
实践要点：能有效利用技术和物流环境促进网络消费者的购买行为

观察导入

5G时代，哪些变化正在发生

5G不止于通信，也不止于技术，在这场通信技术的变革中，5G改变的不仅是网络本身，也不仅是用户体验，更是企业、行业和机构的数字化能力再造。

从最初的信息化到现在的数字化，再到智能化，每一个阶段都是前一个阶段的高阶阶段。对于企业来说，要想实现数字化转型，技术永远不是问题。商业模式、管理方式，如何跟技术更好地衔接起来，把技术更好地发散出去才是问题。

要想让5G真正落地，还需要后期在商业模式方面的探索。

借助5G的超高性能，结合云计算、AI、大数据等新兴技术，将给各行各业带来一场颠覆式的变革，助力交通、教育、医疗、渔业、电力等向数字化转型。

它们一起构成了一个大的万物互联的场景，在这个场景下，有很多想象空间——从远程医疗、远程教育，到无人驾驶、VR互动、AR直播，5G应用场景如雨后春笋般涌现，呈现爆发式增长态势，人们已经可以看到未来5G给日常生活带来的颠覆性变化。

从生活到生产，从物理世界再到数字世界，随着物联网、车联网、工业互联网等应用的实现，工业、物流、运输、能源等行业面临着前所未有的新机遇。

分析思考：

1）5G时代的到来，对于网络消费将产生哪些影响？
2）未来网络购物的趋势有哪些？

任务实施

步骤一

了解技术环境

计算机和网络是网络购物赖以生存的基础。网络购物的兴起很大程度上是受益于计算机性能的快速更新和网络的飞速发展。

1. 网络消费的技术现状

购物网站是功能比较特殊的一种网页，网页的本质是 HTML，是描述网页文档标记的一种计算机语言。结合脚本语言、CGI 等 Web 技术，就可以创建出功能强大的网页。使用 CGI、ASP、PHP、JSP 等动态网页技术，结合 SQL Server 等数据库，创建具有可交互性特点的购物网站。网页会根据用户的要求和选择而改变和响应，但是受 HTML 语言的限制，购物网站的交互性有限。

网络购物的技术方面，除了基本的动态网页制作技术等，主要集中在网页界面的交互性研究上。通过美化网页的界面、优化购物的操作流程等来提升消费者的购物体验。通过更先进的动态网页技术，制作较为生动的交互操作。

2. 网络消费的未来设想

随着技术的发展，今后的网店将向三维网络虚拟商店的趋势进行发展，将虚拟现实技术与 Web3D、VR 互动技术相结合，把二维平面化的网络购物变成三维网络购物。消费者可以在三维场景中自由活动，顾客可以对商品进行旋转、放大观看，同时也能了解商品的基本信息，如同在真实的商店中选购商品，让消费者在虚拟环境中"逛街"。

知识拓展 6-3

全球首个"无现金"国家

随着社会的不断发展，手机逐渐成为当代人出门必不可少的物品，以前我们出去逛街都会记得拿钱包，而现在，只需要一个手机就能搞定，方便了很多人的生活。但其实，中国并不是首个"无现金"的国家，还有一个国家无现金的支付比例达到了 99%。

世界上首个普及无现金支付的其实是瑞典。瑞典境内有 1 600 多家银行，已经有 900 多家停止了现金服务，照这样的情形发展下去，他们的无现金支付比例将会超过 99%，达到 99.5%。

虽然瑞典无现金支付的普及率很高，但他们普及的并不是我们这种手机支付的便捷方式，而是信用卡或者银行卡。但如今瑞典也已经开始普及手机支付了，虽然人口不多，但因为人们已经习惯了无现金支付，接受起来就比较快。

步骤二

了解物流环境

物流作为实体商品转移的实现途径，是唯一和客户有直接接触的环节，物流服务的好坏直接影响客户对电子商务活动的满意程度，是客户评价电子商务满意度的重要指标。

没有现代化的物流运作模式的支持，没有一个高效的、合理的、畅通的物流系统，网络营销所具有的便捷优势就难以充分发挥。

物流配送系统对于日常的网购交易还能应付得来。但是像双十一这样大型的活动，快递仍然存在一定程度的滞后。这也是很多消费者不愿意参与到打折促销中的一个重要原因。因此网络购物迫切需要现代物流作为支撑。

现代物流指的是将信息、运输、仓储、库存、装卸搬运以及包装等物流活动综合起来的一种新型的集成式管理，其任务是尽可能降低物流的总成本，为顾客提供最好的服务。

物流配送企业采用网络化的计算机技术和现代化的硬件设备、软件系统及先进的管理手段，针对社会需求，严格地、守信地按用户的订货要求，进行一系列分类、编配、整理、分拣、配货等理货工作，定时、定点、定量地交给没有范围限度的各类用户，满足其对商品的需求。

现代物流要求做到反应速度快、功能集成化、服务系列化、作业规范化、手段现代化、组织网络化、经营市场化、流程自动化、管理法制化。

知识拓展 6-4

冷链物流

随着网络购物的普及和消费者购物意识的加强，网购服装、网上充话费、订机票、订酒店、买彩票等一系列生活服务已经不能满足消费者需求，更多网民开始把网购目标锁定到生鲜市场。

尽管生鲜市场容量巨大，但是冷链物流配送却严重阻碍其发展。生鲜配送需要全程冷链，技术要求高，特别是"最后一公里"的冷链宅配需要更高的技术设备要求。

疫情直接推动了生鲜电商渗透率的增长，冷链物流需求增大，其发展同样受到政府各方关注。随着数字化、信息化系统的完善升级，冷链物流将拥抱硬件及配套设施的更新换代。同时，冷链产业依旧面临行业标准缺失、物流信息不对称及供应链脆弱的问题。

疫情倒逼冷链物流商业模式的变革，原本通过肉菜市场及门店到达消费者手中的产品，在疫情影响下对冷链配套及流通环节提出了新要求，原材料通过冷链综合体的恒温储存，经由电商平台到达消费者手中，这一新趋势培养了大批线上消费的新用户。新兴技术包括区块链、大数据及物联网的推广与应用，促进了冷链物流产业的蓬勃发展。例如物联网赋予了冷链仓储实时监测功能，通过可视性有效管控物流网络及监测仓库温度，大大降低了人工成本，提高物流效率。在新的市场格局下，冷链物流市场将以千亿价值规模，撬动全新蓝海。

冷链物流的发展与人们的日常生活息息相关，冷链物流产业的日益壮大满足市场经济发展需求。我们相信，在政府与企业的共同努力下，我国的冷链物流产业必将越来越好。

触类旁通

菜鸟网络新一代智能仓上线　发货能力提升 60%

菜鸟网络于 2019 年 10 月 23 日宣布，位于无锡的最新一代智能仓正式上线。在 AI 的调度下，多种不同类型超千台机器人协同作业，订单处理能力相较上一代提升 60%，出库时间链路节约 30%，能够满足"双十一"产生的天量包裹。

据悉，在 AI 的调度下，千台机器人分工有序。其中全自动立体库实现商品的无人化存储及搬运，机械臂完成成托商品的拆垛分拣，AGV 机器人、无人叉车完成搬运、拣选，打标设备给包裹贴上电子面单，分拨机器人将包裹分类，智能输送分拣体系将包裹送往指定发货路线装车。

根据科技部公示的 2018 年度国家重点研发计划"智能机器人"重点专项项目显示，菜鸟正在牵头联合产学研单位，旨在打造新一代物流机器人系统，实现大批量、多种智能机器人集成作业,打造行业标准,加速高柔性智能化仓储及物流机器人技术的发展。

讨论:智能仓的上线,对于仓储及物流的影响有哪些?

任务 4　分析人口环境对网络消费行为的影响

任务要点

关　键　词:人口环境、家庭消费行为
理论要点:人口环境对网络消费者行为的影响
实践要点:能分析人口环境变化对网络消费行为的影响

观察导入

中国农村电子商务发展报告(2018—2019)(节选)

中国国际电子商务中心研究院在会上发布了《中国农村电子商务发展报告(2018—2019)》。报告显示,截至 2019 年 6 月,中国网民规模达 8.54 亿,其中农村网民规模达 2.25 亿,占整体网民的 26.3%,较 2018 年底增加 305 万人。

2020 年上半年,全国农村网络零售额达 7 771.3 亿元,占全国网络零售总额的 16.1%,同比增长 21.0%,增速高于全国 3.2 个百分点。随着农村网络、物流等基础设施的不断完善,农民运用电子商务的意识和能力不断增加,电子商务带动农产品上行、促进农民增收的作用进一步显现。

分析思考:农村网民规模不断扩大对于网络消费哪些方面产生了影响?

任务实施

步骤一

分析网民情况

2019 年 8 月 30 日,中国互联网络信息中心(CNNIC)在京发布第 44 次《中国互联网络发展状况统计报告》。该报告显示,截至 2019 年 6 月,我国网民规模达 8.54 亿,较 2018 年底增长 2 598 万,互联网普及率达 61.2%,较 2018 年底提升 1.6 个百分点;我国手机网民规模达 8.47 亿,较 2018 年底增长 2 984 万,网民使用手机上网的比例达 99.1%,较 2018 年底提升 0.5 个百分点。与五年前相比,移动宽带平均下载速率提升约 6 倍,手机上网流量资费水平降幅超 90%。"提速降费"推动移动互联网流量大幅增长,用户月均使用移动流量达 7.2GB,为全球平均水平的 1.2 倍;移动互联网接入流量消费达 553.9 亿 GB,同比增长 107.3%。

知识拓展 6-5

发展海外网民

韩国海淘网民称："海外网购，我们青睐中国产品。"韩国消费者热衷于购买性价比高的中国产品，尤其是中国的电子产品。许多韩国企业还将中国的电子产品作为商务礼品赠送给客户。韩国的网购平台嗅到了巨大商机，纷纷在网站的海外直购分类下开设中国产品专区。据韩媒报道，易贝韩国相关负责人表示，近年来进入韩国市场的中国电子产品技术先进，质量上乘，好评不断，销量也呈爆发式增长。

步骤二

分析我国网民结构

1. 性别结构

截至 2020 年 3 月，我国网民男女比例为 51.9∶48.1，男性网民占比略高于整体人口中男性比例（51.1%）。

2. 年龄结构

截至 2020 年 3 月，20～29 岁、30～39 岁网民占比分别为 21.5%、20.8%，高于其他年龄群体；40～49 岁网民群体占比为 17.6%；50 岁及以上网民群体占比为 16.9%，互联网持续向中高龄人群渗透。

3. 学历结构

截至 2020 年 3 月，初中、高中/中专/技校学历的网民群体占比分别为 41.1%、22.2%，受过大学专科及以上教育的网民群体占比为 19.5%。

4. 职业结构

截至 2020 年 3 月，在我国网民群体中，学生最多，占比为 26.9%；其次是个体户/自由职业者，占比为 22.4%；企业/公司的管理人员和一般人员占比共计 10.9%。

5. 收入结构

截至 2020 年 3 月，月收入在 2 001～5 000 元的网民群体合计占比为 33.4%，月收入在 5 000 元以上的网民群体占比为 27.6%，有收入但月收入在 1 000 元以下的网民群体占比为 20.8%。

步骤三

认识家庭消费行为

家庭是以婚姻关系、血缘关系为基础而形成的一种社会生活组织形式，是人们生活的主要场所。自从家庭产生后，家庭不仅是社会组成的基本单位，也一直是消费的基本单位，消费职能是它的基本职能之一。随着改革开放的深入，人民的生活水平和精神文明水平不断提高，家庭消费观念、消费水平以及消费模式发生了不少变化。家庭消费在所有消费行为中占有重要地位。作为一个组织，家庭规模势必影响结构，家庭人口数量的变动和年龄结构，决定着家庭消费结构的变化。

1. 家庭生命周期与消费行为

处于不同生命周期阶段的家庭，由于种种原因，其消费热点、消费方式以及消费模式等都是不同的。

（1）消费热点

1）单身阶段，该阶段人群比较年轻，由于刚开始职业生涯，收入一般不高，但几乎没有经济负担，通常拥有较多的可支配收入。其消费观念紧跟潮流，注重娱乐产品和基本的生活必需品的消费。

2）新婚阶段，该阶段夫妇双方通常都在工作，经济状况较好，且家庭刚刚建立，具有比较大的消费需求，耐用消费品的购买量高于处于家庭生命周期其他阶段的消费者。

3）满巢阶段，Ⅰ期小孩刚出生，夫妻中的女方通常会停止工作，在家照看孩子，因此家庭收入会减少。而此时，小孩成为家庭重心，带来的消费需求也多围绕小孩产生。Ⅱ期小孩已经上学，而停止工作的一方也已经重新开始工作，家庭一般经济状况较好但消费慎重，已经形成比较稳定的购买习惯，极少受广告的影响，倾向于购买大规格包装产品。Ⅲ期小孩有的已经工作，能不时给家庭一些补贴，家庭经济状况尚可，消费习惯稳定，耐用品购买力强，会更新一些大件商品，如家具、电器等，也愿意花钱接受服务消费。

4）空巢阶段，Ⅰ期家庭经济状况最好，可能购买娱乐品和奢侈品，对新产品往往不感兴趣，也很少受到广告的影响。Ⅱ期家庭收入大幅度减少，消费更趋谨慎，倾向于购买有益健康的产品。

5）解体阶段，收入来源减少，家庭生活变得比较节俭，主要消费为医疗产品及生活必需品。

（2）消费模式

第一类家庭称为"以家庭为中心的家庭"。这类家庭的凝聚力很强，上一代人与下一代人之间的隔阂少。家庭中一般以孩子为中心。家庭重视储蓄，重视孩子的教育和前途。

第二类家庭称为"以事业为中心的家庭"。这类家庭的主人有很强的事业心，家庭的支出、家庭的主要精力和时间投放于事业的发展上。在这类家庭的支出中，作为家庭地位象征的支出、用于家庭社交活动的支出是比较突出的。

第三类家庭称为"以消费为中心的家庭"。这类家庭的主要愿望既不在家庭生活方面，也不在事业方面，而是竭力要提高目前的生活水平。

2. 家庭对购买决策的影响

据一项调查结果发现：价格是决定家庭集体决策购物的关键因素，单价在3 000元以上的产品就需要家庭成员共同决策。

本次调查中，有87.5%的受访者表示，在购买金额较大的商品时一定会与家人商量后才会购买，远高于其他的因素。另外，为家人共同使用的商品，其家庭集体决策购买的比例也比较高，占到了41.7%，其余依次为高科技产品、家人更有购买经验的产品以及第一次购买的产品，只有0.3%的受访者表示自己说了算，不需要参考家人的意见。

3. 中国家庭变化趋势及其对家庭消费行为的影响

（1）中国家庭变化趋势

1）家庭规模缩小：20世纪90年代以后，我国家庭的户均人口降至4人以下。1990年，户均人口为3.93人，1998年为3.63人。进入21世纪后，家庭人口规模还在继续下降。家庭变化的原因主要有：计划生育政策的实施；随着社会观念的变化，子女结婚后甚至到了自主年龄就不愿与父母同住；城市化的发展和社会流动性的增加，使大量人口或短期或长期从农村流向城市，这会引起住户数量的增加；离婚率的上升，独身者和单亲家庭的增多均会使家庭规模缩小。

2）夫妻角色变化：在我国传统文化里，"男主外，女主内"的观念根深蒂固。受此影响，我国家庭尤其是农村家庭，洗衣、做饭、养育孩子等家务事几乎全是由妻子负责。然而，随着社会的发展，越来越多的女性参加工作，传统的夫妻角色关系正在发生变化。

3）结婚年龄推迟，离异家庭增多。

（2）家庭变化对消费行为的影响

1）家庭规模缩小给家庭消费行为带来的影响。

从纯粹的需求角度上讲，两口或三口之家所要的住房与四口或五口之家所需要的住房是明显不同的。对一个两三口人的小家庭而言，例如冰箱、电饭煲、袋装食品等产品相对要求做得小一些。

家庭规模的变小意味着家庭户数或住户数量的增多，这会给生产家用电器、住宅、厨房用具等产品的企业提供新的发展机会。

2）结婚年龄推迟对消费行为的影响。

越来越多的人过着独身生活，由此引起对小型住宅、小包装食品等产品的需求。独身生活使年轻男女有更多时间参加学习、培训和进行自我投资。

3）离异家庭增多对消费行为的影响。

高离婚率带来的一个后果是单亲家庭的大量增加。然而单亲家庭的户主在时间、收入和精神上均面临着较普通家庭更大的压力，他们在小孩托管、工作等方面有着许多特殊的需要。

触类旁通

社交电商网购人群渗透率达到80%

尼尔森《2019泛社交电商深度研究报告》显示，虽然传统电商渠道仍是主流的购物平台，然而使用社交电商渠道的网购消费者已达到80%，其中参与拼购类的消费人群渗透率最高，达到57%。这背后是微信等社交类应用的全面普及，使得社交媒体逐渐占据人们大量时间，利用社交关系及个人影响力的社交流量红利涌现。

报告中，受访消费者中的54%表示过去一年增加了非计划性购物的支出，其中非计划性购物的笔数占比平均超过3成。同时80%的受访消费者表示社交推荐包括接受身边好友推荐、微信群传播以及内容平台展示等社交渠道是消费者获取信息和刺激非计划性购买的重要影响因素。

进一步来看，三线城市更多信赖身边好友推荐，而一二线城市更容易受到名人的影响。主要原因是由于三线人群接触网络社交渠道相对较单一，相比较而言，基于周围亲朋好友的社会关系更为紧密；而一二线城市消费者的线上社交及交友渠道更加多元，所以更容易接受线上的推荐而产生非计划性购买。

报告显示，社交电商从业人员以已婚已育为主，占比约62%。大部分人愿意成为分销模式销售节点的诱因是源于个人收入增长。研究发现，大部分销售节点的返利空间集中在10%到20%，这使得其中50%的小店主个人月收入达到5 000元以上。尼尔森同时发现基于生鲜的高频复购和微信群分享模式，社区拼团的销售节点在客户管理方面表现更好，平均每人管理客户数超过250人，其中月活客户超过60%。

相比传统模式，社交电商的本质是发挥个人在商品买卖过程中的作用，通过获客与服务的分散化，较好地适应了传统电商获客成本高企、平台增长乏力、用户对渠道的忠诚度低的挑战。与此同时，社交电商的商业模式也在逐渐成熟和规范化，未来几年来看，这一模式仍将保持较快增速。

讨论：分享自己选择社交电商渠道网购的经历，谈一谈你选择社交电商的原因。

项目小结

消费者的购买行为不可避免地要受到外界宏观环境的影响和制约。影响网络消费者购买行为的环境因素主要包括政策法律环境、经济环境、文化环境、科技环境、物流环境及人口环境等。

网络营销的发展需要良好的环境作为保障：一是成熟的市场机制及信用服务体系，人们认同网上交易及市场机制下的商业规则信息，同时实物流程以产品质量、便捷高效的运输服务体系为保证，因而现实经济体系仍是实现网络销售的基础；二是拥有先进的网络基础和众多的网民，同时又有高速的网络及低廉的上网费用作为网上消费的物质保证；三是要追求创新的社会文化环境。

一、选择题

1. 以下不属于网络文化的特点的是（　　）。
   A．开放性　　　　B．虚拟性　　　　C．个性化　　　　D．可控性
2. 网络经济实际上是一种（　　）。
   A．信任经济　　　B．实体经济　　　C．契约经济　　　D．虚拟经济
3. 孩子刚刚出生，此时的家庭生命周期处于（　　）。
   A．单身阶段　　　B．新婚阶段　　　C．满巢阶段　　　D．空巢阶段

4. 以下不属于中国家庭变化趋势的是（　　）。
   A．家庭规模变大　　　　　　　　B．夫妻角色变化
   C．结婚年龄推迟　　　　　　　　D．离异家庭增多

二、填空题

1. 随着手机等移动电子设备的普及，越来越多的消费者将购物转移到_____。
2. 交易额以及用户规模快速增长的背后，也暴露了_____、_____、_____、_____等一系列的问题。
3. _____的发展为网络消费的迅速增长提供了一个坚实的基础。
4. _____指一个国家、地区或民族的传统文化，通常由信仰、习俗、价值观念、行为方式、社会群体及相互关系等内容组成。
5. 人们的某种社会生活，长期保持后必然会形成某些特定的文化，包括_____、_____、_____、_____。
6. _____是指网络上的具有网络社会特征的文化活动及文化产品，是以网络物质的创造发展为基础的网络精神创造。
7. _____营销就是利用社会化网络、在线社区、博客、百科或者其他互联网协作平台和媒体来传播和发布资讯，从而形成营销、销售、公共关系处理和客户关系服务维护及开拓的一种方式。
8. 传统传播介质包括_____、_____、_____、_____。
9. 网络信任危机的本质是网络中人与人之间的_____。
10. 购物网站是功能比较特殊的一种网页，网页的本质是_____。
11. 随着技术的发展，今后的网店将向_____的趋势进行发展。
12. _____作为实体商品转移的实现途径，是唯一和客户有直接接触的环节。

三、简答题

1. 简述近几年我国的网络消费的经济环境呈现的趋势。
2. 现阶段我国的家庭消费模式有哪些？

拓展训练

训练一　分析宏观环境

1. 训练目的

通过训练，明确网络消费的宏观环境因素，了解宏观环境对网络消费的影响。

2. 训练要求

以学习团队（每个团队 2 或 3 人）为单位，设组长一名。假设团队在淘宝网上开设一家小店，出售产品类型自定，请分析小店所面临的宏观环境，填写表 6-2。

表 6-2　宏观环境分析

产品类型	
政策法律环境	
经济环境	
文化环境	
科技环境	
物流配送环境	
人口环境	

优势：

劣势：

3．成果展示

以团队为单位，在班级内进行分享展示，可以现场交流，也可以在班级学习园地张贴学习成果。

训练二　寻找物流配送方式的差异

1．训练目的

通过训练，能明确物流环境对网络消费者行为的影响。

2．训练要求

以学习团队（每个团队 2 或 3 人）为单位，设组长一名。

1）登录京东商城、淘宝商城、苏宁易购、当当网、唯品会、一号店等，找出这些网络购物平台各自的物流配送方式，分析其特点。

2）找出各网络购物平台物流配送方式存在的问题。

3）填表 6-3，并对完善物流配送提出建议。

表 6-3　寻找物流配送方式的差异

网络购物平台	物流配送方式	特　　点	存在的问题
京东商城			
淘宝商城			
苏宁易购			
当当网			
唯品会			
一号店			

建议：

3．成果展示

以团队为单位，在班级内进行分享展示，可以现场交流，也可以在班级学习园地张贴学习成果。

项目 7

探究影响网络消费者行为的营销因素

2019年12月26日,国内知名电商智库网经社电子商务研究中心发布了《2018年度中国电子商务市场数据监测报告》。报告显示,2018年中国电子商务交易规模为32.55万亿元,较2017年28.66万亿元同比增长13.5%。其中,B2B电商交易额22.5万亿元,零售电商交易额8.56万亿元,生活服务电商交易额1.49万亿元。

截止到2018年12月,电子商务服务企业直接从业人员(含电商平台、创业公司、服务商、电商卖家等)超过350万人,由电子商务间接带动的就业人数(含物流快递、营销、培训、网红直播等)已超过3000万人。

2018年国内网络零售用户规模达5.7亿人,较2017年的5.33亿人,同比增长6.94%。

2018年国内B2C网络零售市场(包括开放平台式与自营销售式,不含品牌电商),排名前三位分别为:天猫53.5%、京东27.8%、拼多多7.8%;排名第四至八位分别为:苏宁易购3.46%、唯品会2.18%、云集0.38%、蘑菇街0.28%、当当0.26%。

思考:影响网络消费者进行网络购物的主要营销因素是什么?

教学导航

学习目标

● **知识目标**

了解产品策略、价格策略、网络促销策略、网络广告策略及网络购物环境;理解营销因素对网络消费行为的影响。

● **能力目标**

能针对具体情况分析营销因素对网络消费行为的影响,并能采取相应的网络营销策略。

● **本项目重点**

网络广告对网络消费行为的影响。

● **本项目难点**

明确自身的网络购物营销因素。

任务引入

淘内是底座,站外是增量

3CE 是 2020 天猫 618 的一匹黑马。在 618 蓄水期间,3CE 上新了限定的新复古系列,以彩妆三原色作为概念核心,与消费人群进行沟通和互动。

在站外,除了产品本身的试色种草,为配合复古主题,3CE 把店铺直播间打造成复古电台,在微博上发起"请收听 FM 3CE"话题,邀请众多明星名人、专业的 KOL 加入其中,不断炒热话题,该话题的微博阅读量已经超过 1.1 亿。

在站内,根据不同的人群标签,利用超级推荐、品牌特秀等工具,打出不同的主题,获取大量关注。有了关注之后,在活动中期,3CE 利用钻展和直通车进行人群二次触达,在大促爆发期间,再用直通车去卡位,整个店铺素材也换上了更急切的颜色,促使消费者更快形成转化。

3CE 负责电商营销的工作人员表示,此次品牌的爆发与内容、媒体及消费者的触达方式三者实现完整统一密不可分,这就要求品牌打好"站内+站外"这套组合拳。

在他的营销标准里有一个万年不变的宗旨,专注 ROI(投资回报率)。"毫无疑问,目前淘内运营效率是最高的,无论是新客引入或者老客维护,在淘内都有数据可循,部分数据也可以实现回流。而脱离淘内工具,单独去投放抖音快手,确实可以做到触达,但很难长期地去运营人群。对于我们来说,淘内是长期运营人的阵地,我们需要把这个底座做得越来越强,而站外是一个增量的补充,相当于往底座上去一点点增加东西。"

关注与思考:
1) 3CE 在天猫 618 能够成为黑马的原因是什么?
2) 3CE 运用了哪些影响网络购物的营销因素?
3) 3CE 如何采取相应的网络营销策略?

任务分析

通过观察分析、案例研讨、角色扮演、实战训练等方式,初识影响网络消费的营销因素,并能有针对性地运用相应的营销因素开展营销活动。

任务1 明确产品策略

任务要点

关 键 词:新产品、产品命名、产品包装、品牌
理论要点:产品策略的内涵
实践要点:有效制定产品策略,促进网络消费行为的发生

项目7 探究影响网络消费者行为的营销因素

观察导入

透过黑马品牌，说透产品主义者的"三部曲"

从防晒衣、防晒帽、防晒冰袖等类目的市场表现来看，"硬防晒"已然成为618活动的核心品类。许多黑马品牌也在这条赛道中突出重围，取得不俗的成绩。比如在防晒品类全渠道增长超过700%的某品牌，除了主打的"科学防晒更凉快"的轻户外基本款"凉皮"势头强劲，其内裤、袜子、家居服等强势类目也在这轮比拼中蝉联行业TOP 1。

618面对的是选品要求日益提升的消费者，一个品牌能在购物车坑位决赛圈里拼杀到最后，靠的早已不是大牌噱头和低价吸引，产品力才是核心。作为产品主义的佼佼者，该品牌以内衣、袜子被大众熟知，为什么在防晒品类的产品力也如此出挑，短短一年就实现快速增长呢？

可以发现一条设计一款成功产品的基本路径：

一是敏锐的洞察，把握市场变化，挖掘"真"需求。

二是过硬的研发实力和创新能力，才能根据洞察调整产品。

三是独特的故事表达，让产品可以迅速跳出来，进入用户心智。

同时做到这三点，绝非易事。重新设计的产品是该品牌的基本面，"凉皮"只是其中之一。随着内衣、袜子、轻户外、家居服、保暖衣、家居用品的全品类布局渐趋完善，该品牌正在以更齐全的刚需基本款，走进更广泛的大众消费者心中。

分析思考：该品牌采用了哪些产品策略？

任务实施

产品是市场营销中最重要也是最基本的因素，企业在制定营销组合策略时，首先必须决定发展什么样的产品来满足目标市场需求。

步骤一
制定新产品策略

新产品是指在某个市场上首次出现的或是企业首次向市场提供的、能满足某种消费需求的产品，只要产品整体概念中任何一部分做了创新、变革和改变，都算新产品。

1. 新产品

按产品研究开发过程，新产品可分为全新产品、改进型新产品、模仿型新产品、形成系列型新产品、降低成本型新产品和重新定位型新产品。

（1）全新产品

全新产品是指应用新原理、新技术、新材料，具有新结构、新功能的产品。该类产品在全世界首先开发，能开创全新的市场。这类新产品占全部新产品的比例约为10%。

（2）改进型新产品

改进型新产品是指在原有产品的基础上进行改进，使产品在结构、功能、品质、花色、款式及包装上具有新的特点和新的突破。改进后的新产品的结构更加合理、功能更加齐全、品质更加优质，能更好地满足消费者不断变化的需要。这类新产品约占全部新产品的 26%。

（3）模仿型新产品

模仿型新产品是企业对国内外市场上已有的产品进行模仿生产，称为本企业的新产品。这类新产品约占新产品的 20%。

（4）形成系列型新产品

形成系列型新产品是指在原有的产品大类中开发出新的品种、花色、规格等，从而与企业原有产品形成系列，扩大产品的目标市场。这类新产品约占全部新产品的 26%。

（5）降低成本型新产品

降低成本型新产品是指以较低的成本提供同样性能的新产品，主要是指企业利用新科技，改进生产工艺或提高生产效率，削减原产品的成本，但保持原有功能不变的新产品。这类新产品的比重约为 11%。

（6）重新定位型新产品

重新定位型新产品是指企业的老产品进入新的市场而被称为该市场的新产品。这类新产品约占全部新产品的 7%。

2. 有效利用新产品吸引买家

一个店铺需要通过新产品来吸引新、老买家。快速更新的店铺会受到更多买家的追捧，永远只卖固定产品的店铺就只能不断地寻找新买家，但是新买家似乎比老顾客要难找。

越来越多的店铺几乎是每天更新一次，或者每周更新一次。这样能让买家更有购物乐趣，让买家随时都想到店铺看看，一旦看到喜欢的产品就促成了再次购买。

新品发布对于一个店铺很重要，同时让买家知道新品发布也是很重要的。少数买家会经常在线，经常关注某些店铺更新，但是大部分买家很少上线。所以店铺不仅需要用新产品吸引买家，也需要及时地联系买家，才能促成多次购买。

知识拓展 7-1

淘宝店铺常见的新品发布方式

1. 发送站内短信通知买家

卖家也可以通过发送站内短信提醒买家有新品上市，站内短信会存放在买家的信箱里，每次买家上线都会有自动提醒，这样可以使买家尽快查看站内信。此外，还可以使用其他提醒方式使买家更快地看到消息。

1）进入"我的淘宝"页面，选择网店版专区，单击"点此进入"超链接。

2）进入营销页面，写一个能让买家感兴趣的标题，内容尽量简洁、写明重点，让买家用最短的时间明白这封站内短信的大概内容。给买家写好站内短信内容后，单击"选择客户"按钮，选择要发送到的买家并单击"发送"按钮。

2. 通过旺旺群发消息

通过阿里旺旺群发消息给买家是最直接的通知买家的方法，买家在收到消息后可能会进入店铺浏览新产品，具体操作如下：

1）打开阿里旺旺，选择"好友"选项卡，右击买家，在弹出的快捷菜单中选择"向组员群发消息"命令。

2）写好消息内容后发送给买家。

3．通过手机短信通知买家

通过手机短信告知买家上新也是不错的方法，但是这样就得卖家在平时多多积累买家信息。手机短信是大家平时都会用到的，所以更能让买家接受，而且也能在第一时间看到，比旺旺和站内短信快很多。

步骤二　给产品命名

产品的名称是产品的重要组成部分，而在网络购物中，产品命名则是至关重要的，好的名称可以让产品排名提升上百位，让买家搜到的可能性提高上百倍。现在经营网店不但要讲货源、信誉，更重要的是讲智慧，让自己的店铺在成千上万的店铺中脱颖而出。网店的商品展示给用户最主要、最基础的方法就是搜索。80%的顾客在网购平台的首页搜索，然后在搜索结果中查找自己所需要的产品。

因此卖家要揣测用户会用什么样的关键字来搜索自己的商品。关键字设置的情况直接影响了产品被买家看到的可能性，所以产品命名主要是产品名称关键字的设置。

产品命名时应注意以下规则：

1）产品名称中尽量添加更多被搜索的关键字。

2）把产品的品牌、产地罗列出来，不但会提高产品被搜索的概率，而且能提高产品的基本信用，获得买家信赖。

3）在标题中尽量体现产品更多的规格、特性和功能。

4）如果针对产品进行促销时，一定要把相关的促销关键字增加到产品的标题中，如包邮、含赠品等。

5）用精准定位关键字时，尽量使用习惯语序，少采用稀有的关键字。

知识拓展 7-2

关键字设置的几种方式

淘宝网将产品名称的字数规定在 30 个汉字（60 个字符）以内，关键字越多被搜索到的可能性越大，一般产品名称使用关键字的设置主要有以下几种方式：

1）品牌、型号 + 产品关键字。

2）促销、特征、形容词 + 产品关键字。

3）地域特点 + 品牌 + 产品关键字。

4）店铺名称 + 名牌、型号 + 产品关键字。

步骤三
设计好产品的包装

1. 认识产品包装

包装是产品整体的一个重要组成部分，好的包装不仅能保护产品、美化产品、提升产品的价值，更重要的是还能给销售带来意想不到的收获。

中国国家标准GB/T 4122.1—2008中规定，包装的定义是："为在流通过程中保护产品、方便贮运、促进销售，按一定技术方法而采用的容器、材料及辅助物等的总体名称。也指为了达到上述目的而采用容器、材料和辅助物的过程中施加一定技术方法等的操作活动。"

包装是产品整体的一个重要的组成部分，通常指产品容器或包装物及其设计装潢，包装可以分为三个层次：首要包装、次要包装和运输包装。

2. 网购商品的包装设计

（1）"功能至上"的原则

顾客网购商品是直接接触商品图片和商品的有关说明，无须接触包装或从包装上了解商品。因此包装在促销性功能中的美化功能、展示功能、吸引功能等就不起作用了。此时，商品包装设计原则就是"功能至上"。这个"功能"主要是指安全保护性功能设计，是针对"促销""美化""展示"等装饰性设计而言的。

网购商品的包装设计要围绕商品的安全性，包括出厂、运输、装卸、储存、分发、二次包装、快递送货等环节中的安全性。顾客在网购商品的时候是接触不到包装的，只有在收到快递后才看到商品的包装。因此好看、美观、华丽的包装在商品售出前对顾客的影响不大。

（2）商品与顾客信息识别

目前的网购包装大都是塑料袋、牛皮瓦楞纸盒、塑料泡沫盒和胶带纸等。有的包装被胶带纸一层一层包裹着，外观就像是从垃圾里捡来的。有的包装上面的商品信息和顾客信息已经模糊不清，加上许多包装的大小、形状及材料都差不多，连快递员都很难识别。顾客除了购买记忆外，也只有在打开包装时才知道里面是什么。如何通过包装盒（袋）上的颜色、形状、标记和清晰的信息栏来更好地识别商品，是一个需要考虑与设计的课题。

（3）包装物的循环使用与回收

顾客意识到包装安全的重要性，商家也努力保障包装安全。特别是对易碎商品，商家把商品里三层、外三层裹得严严实实。当顾客收到快递后，经常使用刀子、剪子等拆开包装。当取出商品时，废弃的包装物堆成一大堆，失去了再次利用价值，只能当作垃圾丢掉。

因此在考虑安全性的同时，还要思考包装物结构安全的合理性、循环再用率及废物的回收等问题。2019年，全国快递企业日均快件处理量超1.7亿件，这样计算，每天产生的废弃包装就达到千万件，浪费惊人。而这些方面的问题，不仅是商家要考虑，承担运输任务的快递公司也要考虑。特别是在包装物的循环使用方面，快递公司需要针对不同商品进行不同的可循环使用的外包装设计与应用，使网购商品的包装更合理、更规范、更有效。

步骤四

做好产品品牌策略

1. 认识品牌

品牌是人们对一个企业及其产品、售后服务、文化价值的一种评价和认知。品牌是一种商品综合品质的体现和代表,当人们想到某一品牌的同时总会和时尚、文化、价值联想到一起。企业在创造品牌时不断地创造时尚、培育文化,随着企业的做强做大,不断从低附加值向高附加值升级,向产品开发优势、产品质量优势、文化创新优势的高层次转变。当品牌文化被市场认可并接受后,品牌才产生其市场价值。

品牌是制造商或经销商加在产品上的标志。它由名称、名词、符号等组合构成。一般包括两个部分:品牌名称和品牌标志。

知识拓展 7-3

2020 年全球最具价值品牌 500 强

全球领先的品牌价值评估和战略咨询机构 Brand Finance 发布"2020 全球最具价值品牌 500 强"榜单,我国有 76 个品牌上榜。

随着我国企业在全球范围内取得令人瞩目的成绩,中国品牌的表现也进入了新纪元。Brand Finance 全球品牌排行榜 10 年来品牌价值总体增长了 143%,而中国入榜品牌的总价值增速几乎是榜单整体品牌价值增速的 8 倍。例如阿里巴巴的品牌价值增长为全球第一,涨幅达到了惊人的 4029%,品牌价值为 188 亿美元。

而中国白酒品牌的表现也可圈可点,茅台的品牌价值增长了 3460%,达到 393 亿美元;五粮液的品牌价值在 10 年间增长了 1634%,达到 209 亿美元;泸州老窖和洋河的品牌价值分别为 56 亿美元和 77 亿美元(10 年间分别增长了 1460% 和 1283%)。

---

2. 网店品牌建设

在如今的网上商店中,但凡是能够赚钱且利润比较高的大多是一些拥有着独特品牌特征的店,比如某女装品牌的年销售额达到几个亿,纯利润将近 50%,这些都是品牌附加值溢价的结果。因此,有了一定销量的网店就要开始往这个方向发展,否则永远都是打价格战,很难有大的突破。建立起独特品牌特征是长期发展制胜的关键。那应该从哪些环节去做呢?

(1)设计一个店铺的 LOGO

LOGO 是店铺和竞争对手进行区别的最好工具。LOGO 设计应该遵循简单又容易记住的原则,而且理解起来也不难。LOGO 主体的颜色最好不要过于复杂,消费者一旦留下印象,下次再见到就会回忆起来,这样效果就达到了。

(2)选择好店铺的名称

在选择店铺名称的时候,最好能够跟产品的风格进行结合,简单易记,但是必须有一定的寓意在里面,同时方便在后期进行推广的时候增加品牌内涵。

(3)店铺要有自己的个性

所谓个性就是可以让买家产生信任感,将一些真实的东西展示在买家的面前。比如某店铺定位:连衣裙超市,总有一款适合你!店铺上架了 300 多款连衣裙,而且定价是比较低的,采用的是商城品牌、超市价格的销售方式,也取得了不错的效果。

(4)产品的描述要独特

在一个行业中,往往后来者都是模仿先来者才能有所发展,但是想要超越前人,就必须有一套属于自己的东西。简单地说就是照搬别人的东西是一定不能获得成功的,只有将这些东西变成了自己的东西,让别人来模仿自己,才能算是成功。

(5)客服的工作一定要给买家最好的购物体验

某品牌的运营总监在访谈节目中表示,他们的店铺之所以能够做到三项动态评分都在 4.8 分以上,回头率达到 40%,成为行业的标杆,主要就是在客服这个环节做到了极致。首先是把客服分为售前、售中、售后三个岗位,每个人分工明确,处理事情效率非常高。在售中环节,客服以买家的实际体验作为推销的依据。售中的过程中,客服可以有权决定是否给予买家退货包邮的权利,灵活操作避免了纠纷。即使遇到难缠的客户,也先主动示弱,然后不管什么问题都会给客户退货,一次、两次以后,便获得了这一类客户的好感,让他们成为忠实的老客户。因此,优秀的客服环节一定是让店铺建立品牌特征的重要因素。

当众多网上商店在销售、利润等方面遇到了瓶颈,寻求新的发展已经迫在眉睫时,创立自主品牌就成为众多网上商店寻求出路的主要方向。

触类旁通

淘宝商城为什么改名天猫

为什么淘宝商城要选择"天猫"这个新名字而非其他?有以下十个理由:

1)建立阿里集团 B2C 业务的独立品牌:毕竟过去叫"淘宝商城"还是让人觉得与"淘宝"品牌类似,或容易让人混淆,改名为"天猫"可以明显地与"淘宝"区分开来。正如原先阿里建立 C2C 时推出了"淘宝"品牌,B2C"淘宝商城"在兵强马壮后,也要用一个新的品牌。

2)让阿里集团七大平台的定位更清晰。此次更名使电子商务生态体系的战略性升级完成,由 B2B(阿里巴巴)、C2C(淘宝网)、B2C(天猫)、支付平台(支付宝)、购物搜索(一淘网)、云计算(阿里云)及云终端(云手机)七个平台,组成了一幅电子商务生态系统全景图。

3)杭州方言中"天猫"的发音与 Tmall 相同,而阿里巴巴集团的总部就发源于浙江杭州,用当地的方言发音对应的汉语谐音也是一个好方案。

4)彰显"时尚、性感、潮流、品质"的特征。天猫称:"猫天生挑剔,挑剔品质,挑剔品牌,挑剔环境,这些不就是天猫要全力打造的品质之城!"没想到,一只猫能被解释得如此有品位。

5)暗示天猫有灵敏的嗅觉及敏锐的反应能力。猫的嗅觉相当灵敏,哪里有目标它都能第一时间察觉;其反应能力相当敏锐出色,在发现目标后能够迅速做出反应,捕捉到目标。

6)比喻天猫将会长命百岁,永远立于不败之地。猫充满智慧和神秘色彩,俗话说"猫有九命",用这个形象比喻,即使将来可能有磨难,但是有"九条命"的天猫会不断重生,即使九死一生,天猫也将成为"百年老店"。

7)有"招财进宝"的好口彩。许多店铺都会摆上一只招财猫。用天猫作为新名称有显而易见的"招财进宝"的好口彩。

8）抛出名字配合大奖征集标识赚足眼球。通常企业是先有名字，再有LOGO。据了解，天猫面向全球设计师、网友征集天猫形象及LOGO设计，最终获选者能获得60万大奖，3名入围奖也能各自获得5万元奖励。如此高的奖励极为罕见及诱人，看来，不论是新名字还是LOGO征集，天猫都已经赚足眼球了。

9）暗示天猫的智慧。还记得鲁迅写的《猫是老虎的先生》吗？故事中不仅提到老虎的本领都是猫教给它的，更重要的是，在老虎本领都学到后想到只有做老师的猫还比自己强并想杀掉猫时，猫一跳便上了树，老虎只能眼睁睁地在树下蹲着——猫还没有将一切本领传授完，还没有教老虎上树。虽然是故事，但仍然给人许多联想，会觉得猫充满智慧。

10）出其不意的新名字被轻易记住。或许很多人被"天猫"这个名字"震惊"或"雷到了"，但也许更多人因此而记住了这个名字。

最后，许多人已经创造了一个替代淘宝中"亲"的字——"喵"，今后也许天猫的用户在打招呼时，前面都会加上"喵"字了，如"喵～，你今天在天猫上买到衣服了吗？"

讨论： 现在的天猫商城是否成为中国网购的第一品牌？为什么？你认为现在的天猫商城的店铺是否均为品牌商铺？

任务2　分析价格因素对网络消费者行为的影响

任务要点

关　键　词：价格、定价方法、定价策略、心理定价策略
理论要点：网络消费行为下的价格因素
实践要点：有效制定价格策略，促进网络消费行为的发生

观察导入

拼多多竞品价格太低　商家该如何定价

拼多多平台的某些商家为了拼销量，不计成本将商品的价格压到了最低，同行商家就被影响到了利益。但是低价也就意味着商品的品质差，价格再低也没有销量，所以商家一定要合理定价，这样既遵守了平台价格规则，也为大促活动预留了能够降价促销的空间。那么商家应该怎样合理定价呢？

类型一：自产自销的店铺

很多有能力、有货源的商家会选择在拼多多自产自销产品，平台是非常欢迎这类产品的，自产自销的产品不仅质量有保障，来源也是第一手，价格可以较低。不过自产自销的商家不要因为平台的低价路线就把自己的价格也压低，毕竟需要考虑时间、人工、物料等成本。一般建议这类产品可以有30%的利润，没必要亏本销售，好产品总会有人发现的。

类型二：无货源的店铺

无货源店铺一般在价格上就比较吃亏了，毕竟拿货价就比货源要高，这样下来商家能

够得到的利润空间就不大了,可以考虑挑选一些拿货价较低的商品。商家在定价的时候,可以参考对比多家同行的定价,不需要比最低价格低,可以根据竞品的活动价、各 SKU 定价、销量、评价等方面来决定,选取最合适的价格。同时还需要对店内的商品详情页、评论区等板块进行优化,让顾客相信店铺的商品质量,从而提高转化率。

类型三:一件代发的店铺

做一件代发的商家在定价时一定不能随意跟从自己的主观意识决定售卖的价格,一定要对比其他同行的定价。可以使用小数点定价法,有很多商品都是 9.99 元或者 19.99 元,这样的价格在视觉感受上就会低很多,顾客的购物体验完全不一样。

另外,一件代发的商家一般都是跟供应商拿货,本来已经经过供应商,价格肯定比出厂价要高,所以商家在拿货时,应该和供应商谈好价格,尽量把拿货价压到最低。商家可以用自己的订单量来作为资本和供应商谈,设置拿货层级,比如拿 100 件是什么价格,拿 500 件是否有更优惠的价格。

任务实施

从消费者的角度来说,价格不是决定其购买的唯一因素,但却是其购买商品时肯定要考虑的一个非常重要的因素。即使营销人员倾向于以其他营销策略来降低消费者对价格的敏感度,但价格始终是消费者最敏感的因素。

步骤一
认识价格

按照经济学的严格定义,价格是商品同货币交换比例的指数,或者说,价格是价值的货币表现,是商品的交换价值在流通过程中所取得的转化形式,是一项以货币为表现形式,为商品、服务及资产所订立的价值数字。

在现代社会的日常应用之中,价格(Price)一般指进行交易时,买方所需要付出的代价或付款。

产品价格的上限取决于产品的市场需求水平,产品价格的下限取决于产品的成本费用,在最高价格和最低价格的范围内,企业能把产品价格定得多高,则受竞争对手同种产品的价格水平、买卖双方的议价能力等因素的影响。

步骤二
选择定价方法

定价方法很多,应根据不同经营战略和价格策略、不同市场环境和经济发展状况等,选择不同的定价方法。

1. 成本导向定价法

这是一种卖方定价导向,它忽视了市场需求、竞争和价格水平的变化,有时候与定价目标脱节。此外,运用这一方法制定的价格均是建立在对销量主观预测的基础上,从而降低了价格制定的科学性。因此，在采用成本导向定价法时，还需要充分考虑需求和竞争状况，来确定最终的市场价格水平。

2. 竞争导向定价法

这是以竞争者的价格为导向的，它的特点是：价格与商品成本和需求不发生直接关系；商品成本或市场需求变化了，但竞争者的价格未变，就应维持原价；反之，虽然成本或需求都没有变动，但竞争者的价格变动了，则相应地调整其商品价格。当然，为实现企业的定价目标和总体经营战略目标，谋求企业的生存或发展，企业可以在其他营销手段的配合下，将价格定得高于或低于竞争者的价格，并不一定要求和竞争对手的产品价格完全保持一致。

3. 顾客导向定价法

这是以市场需求为导向的定价方法，价格随市场需求的变化而变化，不与成本因素发生直接关系，符合现代市场营销观念要求，企业的一切生产经营以消费者需求为中心。

4. 网上一口价拍卖

这是一种新型的电子商务模式，因其方便、快捷等特点改变着消费者的购物方式，从而得以广泛应用。"一口价"的意思是允许竞买人通过提交一个有效的高位出价来提前结束拍卖。也就是说，顾客除选择参与拍卖这一销售方式之外，还可以与商家事先确定好固定价格直接购买商品，提前结束拍卖，而不用再参与竞标、面临有可能失去获得此物品的机会以及等待获得商品的时间。

一口价，即拍卖品的最高出售价格，它在性质上与商家设计的保留价刚好相反，一个是可接受价格上限，一个是可接受价格下限。当顾客的报价低于一口价时，拍卖继续进行，直到不再有人愿意报更高的价格为止。然而，若有顾客愿意以一口价购买商品，拍卖立即结束。

一口价的存在有可能会令卖方失去获得更高成交价的机会，但也会作为参考价格，鼓励顾客投标，帮助卖方了解商品的供求关系并节约拍卖时间，因而卖方面临如何设置一口价以使自己的期望利润达到最大的问题。

> **步骤三**
>
> **采取定价策略**

定价是一种艺术，每个人都有可能把这种艺术发挥到极致，下面就介绍几种商品的定价策略。

1. 产品组合定价策略

把店铺里一组相互关联的产品组合起来一起定价，而组合中的产品都是属于同一个商品大类别，每一大类别都有许多品类群。比如，男装就是一个大类别，可能有西装、衬衫、领带和袜子几个品类群，可以把这些商品品类群组合在一起定价。这些品类群商品的成本差异以及顾客对这些产品的不同评价再加上竞争者的产品价格等一系列因素，决定了这些产品的组合定价。产品组合定价策略可以细分为以下几个方面。

(1) 产品组合定价

这类产品组合定价可以根据这些不同等级的产品之间的成本差异，顾客对这些产品不同外观的评价以及竞争者的产品价格，来决定各个相关产品之间的价格。如果高档品和低档品的价格差不多，那顾客就会买高档品；如果两者差额大，顾客就只能买低档品了。

(2) 连带产品定价

对这类产品定价，要有意识地降低连带产品中购买次数少、顾客对降价比较敏感的产品价格，提高连带产品中消耗较大、需要多次重复购买、顾客对其价格提高不太敏感的产品价格。

(3) 系列产品定价

对于既可以单个购买，又能配套购买的系列产品，可实行成套购买价格优惠的做法。由于成套销售可以节省流通费用，而减价优惠又可以扩大销售，这样流通速度和资金周转大大加快，有利于提高店铺的经济效益。很多成功卖家都是采取这种定价法，特别是服装类产品。

(4) 分别定价

根据质量和外观上的差别，把同种产品分成不同的等级，这种定价方法一般都是选其中一种产品作为标准品，其他分为低、中、高三档，再分别定价。对于低档产品，可以把它的价格逼近产品成本；对于高档产品，可使其价格较大幅度地超过产品成本。但要注意一定要和顾客说清楚这些级别的质量是不同的。

2. 产品阶段性定价策略

阶段性定价就是要根据产品所处市场周期的不同阶段来定价。

(1) 新上市产品定价

这是由于产品刚刚投入市场，许多消费者还不熟悉这个产品，因此销量低，也没有竞争者。为了打开新产品的销路，在定价方面，可以根据不同的情况采用高价定价方法、渗透定价方法和中价定价方法。

对于一些市场寿命周期短，花色、款式翻新较快的时尚产品，一般可以采用高价定价。对于一些有较大潜力的市场，能够从多销中获得利润的产品，可以采用渗透定价方法。这种方法是有意把新产品的价格定得很低，必要时甚至可以亏本出售，以多销产品达到渗透市场、迅速扩大市场占有率的目的。对一些经营较稳定的大卖家可以选择中价定价。这种办法是以价格稳定和预期销售额的稳定增长为目标，力求将价格定在一个适中的水平上。

(2) 产品成长期定价

产品进入成长期后，店铺生产能力和销售能力不断扩大，表现在销售量迅速增长，利润也随之大大增加。这时候的定价策略应该是选择合适的竞争条件，能保证店铺实现目标利润或目标回报率的目标定价策略。

(3) 产品成熟期定价

产品进入成熟期后，市场需求已经日趋饱和，销售量也达到顶点，并开始有下降的趋势，表现在市场上就是竞争日趋尖锐激烈，仿制品和替代品日益增多，利润达到顶点。在这个阶段，一般采用将产品价格定得低于同类产品的策略，以排斥竞争者，维持销售额的稳定或进一步增大。

这时，正确掌握降价的依据和降价幅度是非常重要的。一般应该根据具体情况来慎重考虑。如果产品有明显的特色，有一批忠诚的顾客，就可以维持原价；如果产品没有什么特色，就要用降价方法保持竞争力。

（4）产品衰退期定价

在产品衰退期，产品的市场需求和销售量开始大幅度下降，市场已出现了新的替代品，利润也日益缩减。这个时期常采用的定价方法有维持价格和驱逐价格。

如果希望处于衰退期的产品继续在顾客心中留下好的印象，或是希望能继续获得利润，就要选择维持价格。维持价格策略能否成功，关键要看新的替代品的供给状况。如果新的替代品满足不了需求，那么还可以维持一定的市场；如果替代品供应充足，顾客肯定会转向替代品，这样一定会加速老产品退出市场的速度，这时即使想维持，市场也不会买账了。

3. 薄利多销和折扣定价策略

网上顾客一般都在各个购物网站查验过同样产品的价格，所以价格是否便宜是顾客下单的重要因素。怎样定出既有利可图，又有竞争力的价格呢？

（1）薄利多销定价

对于一些社会需求量大、资源有保证的商品，适合采用薄利多销的定价方法。这时要有意识地压低单位利润水平，以相对低廉的价格，提高市场占有率，争取长时间内实现利润目标。

（2）数量折扣定价

数量折扣是对购买商品数量达到一定数额的顾客给予折扣，购买的数量越多，折扣也就越大。采用数量折扣定价可以降低产品的单位成本，加速资金周转。数量折扣定价有累积数量折扣和一次性数量折扣两种形式。

累积数量折扣是指在一定时期内购买的累计总额达到一定数量时，按总量给予的一定折扣，如会员价格；一次性折扣是指按一次购买数量的多少而给予的折扣。

4. 符合买家心理的定价策略

消费者的价格心理主要有以价格区分商品档次的心理、追求名牌心理、求廉价格心理、买涨不买落心理、追求时尚心理、对价格数字的喜好心理等。在商品定价过程中，必须要考虑顾客在购买活动中的某种特殊心理，从而激发他们的购买欲望，达到扩大销售的目的。

（1）分割定价法

定价如果使用小单位，可以使顾客在心理上有种"拣"到便宜的感觉。价格分割有下面两种形式：用较小的单位定价，用较低单位的商品价格比较法。

例如，对于质量较高的茶叶，一般采用较小单位定价。如果某种茶叶定价为每500g150元，消费者就会觉得价格太高而放弃购买。如果缩小定价单位，采用每50g为15元的定价方法，消费者就会觉得可以买来试一试。如果再将这种茶叶以125g来进行包装与定价，则消费者就会嫌麻烦而不愿意去换算出每500g应该是多少钱，从而也就无从比较这种茶叶的定价究竟是偏高还是偏低。

（2）同价定价法

生活中常见的一元店采用的就是这种同价定价法。因此，可以把网店里的一些价格类似的产品定为同样的价格销售。这种方法干脆简单,省掉了讨价还价的麻烦,对一些货真价实、需求弹性不大的必需品非常有用。比如在网店中设置49元区、99元区、149元区、199元区等,商品目录很清晰,便于顾客选择。

(3) 数字定价法

这种方法属于心理定价策略。比如"8"和"发"经常被人联系在一起,所以用"8"来定价,可以满足顾客想"发"的心理需求,所以一般高档商品的定价都会带有8字。另外,经过多次试验表明,带有弧形线条的数字,如0、3、5、6、9容易被顾客接受,而1、4、7不带弧形线条的数字就不太受欢迎。

在定价的数字应用上,要结合我国国情,尽量选用能给人带来好感的数字。比如很多人都喜欢数字6、8、9,会认为这些数字能给自己带来好运,但大部分人都不喜欢4字,因为和"死"同音。

(4) 低价安全定价法

低价安全定价法属于薄利多销的定价策略。网上商品天生就有低价的优势,试想如果你卖得比超市价格还高,谁还会来买?这种定价方法比较适合快速消费品直接销售,因为它有很大的数量优势。低价,可以让这些产品很容易被消费者接受,优先在市场取得领先地位,所以如果能够成为厂家的网络营销代理,就可以采用这种安全低价法。成本加上正常利润加上邮费或快递费,就应该是安全的低价了。正常利润一般在成本的 1/3 ～ 2/3 之间。

5. 制定合理的运费

卖家心里总会有个权衡:是调低价格,吸引买家进场,还是调高价格,降低运费甚至包邮。但卖家都清楚,利润是商品带来的,而不是快递带来的。

例如,甲店某商品卖100元,运费收8元,乙店同种商品卖90元,运费收10元,很显然,乙店虽然运费多收了2元,但总价比A店低8元。买家拍下一个商品,最后付的款是商品价格和快递费用一起结算,这个是明确告知买家,是透明的。买家接受了这个总价,才会付款。卖家也是以这个总价来与其他卖家竞争。

卖家在和准买家旺旺聊天的时候,通常会碰到这样的问题"亲,包不包邮啊?"。站在淘宝买家的角度,在同样一件商品上面,包邮和不包邮,当然更喜欢包邮的,即使价格差那么一些,但是也不会太在意。包邮,打的也是一个小便宜的心理战,虽然可能使淘宝卖家提高一些邮费成本,但是销量会增多。

常见的运费策略包括:单品包邮、全场包邮、满××包邮、买×件包邮、加×元包邮、包邮卡、搭配销售包邮等几种形式。

单品包邮策略是配合淘宝直通车推广,提升转化率打造爆款的一种常规的操作手法。单品包邮策略一般适用于新开店的中小卖家,初期对提升店铺用户量效果明显;当店铺的品牌知名度进一步提升,发展到大卖家行列时,此阶段新客的增速会下降,老客的复购会上升。如何既不影响新客体验又能兼顾老客复购,是个必须要思考的问题,组合包邮策略在此阶段显得较为合适。

满包邮的派对底线

触类旁通

7月1日起美国平邮价格涨幅最高超150% 起步价将涨至22.5元

最新消息,根据某平台的针对商家发出的系统公告获悉,受美国境外投递成本上涨的影响,中国邮政计划于北京时间2020年7月1日凌晨0时起调整美国路向e邮宝和国际小包资费标准。调整后的新资费(含运输的附加费)如下:

中国邮政平常小包:30g及以下重22.5元/件,30g以上每千克续重96元。

中国邮政国际挂号小包:0g至150g(含)"39元/件+94.89元/kg",150g至300g(含)"39元/件+93.89元/kg",300g以上"39元/件+92.89元/kg"。

中国邮政e邮宝:25元/件+95元/千克,起重1克。

有行业人士指出,此次中邮美国路向的产品涨价,或与美国邮政自定义终端费率有关,导致中邮产品价格大幅上涨。按平均重量段测算,e邮宝终端涨幅超过50%,挂号小包终端涨幅85%,平常小包终端涨幅超过150%。

这一消息在卖家群内炸锅了,美国市场是众多跨境电商卖家的主要战场,平邮价格大幅上涨,卖家利润将大幅度缩减,对销量也将产生不同程度的影响。这对跨境卖家来说,将是一波重击。

讨论:海淘运费的增加带来的直接影响是什么?制约海淘发展的因素还有哪些?

任务3 把握网络促销

任务要点

关 键 词:网络促销、打折促销、优惠券促销
理论要点:网络促销的具体形式
实践要点:能合理运用各种网络促销形式,促进交易的发生

观察导入

补贴优惠哪家强

为了提升消费信心,激发消费潜能,早在开售之前,各电商平台就纷纷表态要用百亿补贴回馈消费者。

在2020年京东"618"购物节发布会上,京东宣布今年"618"将推出超级百亿补贴、千亿优惠和百亿消费券,并提供两亿件打折力度达5折的商品,打造消费体验最佳的一次"618"。同时,为了打消消费者"买亏了"的顾虑,提升服务品质,京东还宣布为电子、数码产品提供30天保价服务,自营房产的保价服务则达半年。

"今年'618'优惠力度最大,玩法简单。"京东零售集团平台业务中心负责人表示,这一次,

消费者不用挠头比价算账。

与京东一样，天猫今年同样拿出了大额度消费补贴。"618"期间，天猫将和多地政府、品牌一起，发放今年以来最大规模的现金消费券和补贴，预计金额超过100亿元。此外，今年天猫的优惠力度也从去年的"满300元减30元"变为了"满300元减40元"，消费者无需领取优惠券，下单的时候即可减免。

苏宁方面，更是直接对标京东。2020年"618"苏宁易购推出"J-10%"省钱计划，直接承诺参加补贴活动的家电、手机、计算机、超市品类商品，比京东百亿补贴商品到手价至少低10%，买贵就赔。苏宁易购集团副总裁表示："欢迎友商比价。"

业内人士表示，消费券与打折补贴双管齐下是2020年"618"刺激消费的一个重要手段，尤其是消费券的发放，等于提前锁定了销量，成为电商平台竞争的重要手段。

关注与思考：
1）案例中各大平台采取了哪些促销手段？其中你感兴趣的促销手段是什么？
2）网络营销中还存在哪些促销手段？

任务实施

网店要在日益激烈的市场竞争中取胜，不仅要选择适销对路的产品，制定具有吸引力和竞争力的价格、选择理想的物流，更应该做好网络促销工作。特别是在前期推广的时候，要比其他网店更快、更准确地把相关的信息传递给目标顾客，促进他们产生购买行为。

良好的促销往往能对产品的推广起到事半功倍的作用，因此我们需要将促销上升到战略高度。

步骤一
认识网络促销

1. 网络促销的含义

促销是指企业利用各种有效的方法和手段，使消费者了解和注意企业的产品，激发消费者的购买欲望，并促使其实现购买行为的活动。

网络促销是指利用计算机及网络技术向虚拟市场传递有关商品和劳务的信息，以引发消费者需求，唤起购买欲望和促成购买行为的各种活动。

2. 网络促销与传统促销的区别

网络促销突破了传统实体市场和物理时空观的局限性，通过网络技术传递商品和服务的特征、性能和功效等信息。当然，商品和服务的相关信息在内容和方式上不是一成不变的，要随着网络技术的不断发展而改进。互联网虚拟市场的出现，将所有的企业，不论是大企业，还是中小企业，都推向了一个世界性的统一市场。传统的区域性市场正在被一步步打破，全球性的竞争迫使每个企业都必须学会在全球统一的大市场上做生意。网络促销与传统促销的区别见表7-1。

项目7 探究影响网络消费者行为的营销因素

表7-1 网络促销与传统促销的区别

	网络促销	传统促销
时空观	电子时空观	物理时空观
信息沟通方式	网络传输、形式多样、双向沟通	传统工具、单向传递
消费群体	网民	普通大众
消费行为	大范围选择、理性购买	冲动型消费

> **步骤二**
> **选择网络促销的方式**

网络为我们构造了一个世界性的虚拟大市场，网络营销者应充分发挥自己的优势，采用多种促销方式，启发、刺激网络消费者产生新的需求，唤起他们的购买兴趣，诱导其将潜在需求转变为现实需求，下面介绍几种常见的网络促销策略。

1. 打折促销

打折促销又称折扣促销，是企业在特定市场范围和经营时期内，根据商品原价确定让利系数，进行减价销售的一种方式，是现代市场上最频繁的一种促销手段。折扣促销是一把"双刃剑"，因此在策划中应该特别重视科学性和艺术性。

每年换季时，各大商家都在为促销活动做准备，开淘宝网店的卖家也不甘落后。伴随网店经营品类日益百货化，其促销手段也在向传统百货商场靠拢，加入到满减、打折等传统价格战。

> **知识拓展7-4**

网店打折促销要领

1）范围策略，即确定哪些商品打折，在此要明确为什么要对这些商品打折，考察是否符合打折的目的。这一点很关键，比如现在新品是否要打折，很多企业缺少策略，应首先考虑新产品的区域性。

2）程度策略，即确定打折的程度。让利的幅度要既能吸引顾客，又不丧失利润。靠单纯的价格战取胜，可能给消费者留下不好的印象，认为是廉价的低端产品，对品牌形象和长期获利带来负面影响。

3）时机策略，即决定在什么时间打折最为合适。现在很多商店都是选择五一、十一、元旦、春节，这些销售高峰期进行，但是所有企业都在这么做，效果就会打折扣，比如制造特殊事件和新闻，或者在淡季进行清仓大酬宾都是值得深度挖掘的。

4）期间策略，即打折应持续的时间阶段，打折应持续的时间并不是越长越好。这一点，也尤为关键，打折周期太长，反而降低了消费者立即购买的决心，控制在5～10天是比较合适的，很多卖家都会采用限时打折来促进购买。

5）频率策略，即一年内打折发生的次数。一般而言消费者一年来商店次数10～15次，可以收集顾客的通信方式。适时的问寒问暖能增加顾客到访的次数，即便不买也欢迎顾客来欣赏一下。有技巧地要求消费者，向自己的亲朋好友推荐店铺，当然前提是顾客感到满意。

6）方式策略，即应采取什么方式打折。这一点很多企业往往忽视了，因为对耐用消费品而言，单纯的价格折扣并不能增加消费者购买动机和频次。因此调整打折的方式，刺激消费成为关键，促销要做出价值感来，挖掘的空间有很多。

2. 赠品促销

赠品促销是指企业一定时期内为扩大销量，向购买产品的消费者实施馈赠的促销行为。赠品促销是最古老也是最有效、最广泛的促销手段之一，具体手段有直接赠送、附加赠送等。

赠品与产品有相关性。选择的赠品和产品有关联，这样很容易给消费者带来对产品最直接的价值感。如果赠品与产品相互依存，配合得当，其效果最佳。同时，选择的赠品最好是与众不同的。

赠品也重质量——赠品体现商家诚信的宗旨。不要以为"赠"就是"白送"，赠品不仅代表了企业自身的信誉，还是商品的信誉、质量的代表，与主商品和企业存在着一损俱损的关系。

给赠品一个好听的名字，消费者就更容易记住商家的品牌。一个好的赠品名字会激发消费者美好的联想，这种联想不但可以对促销起到好效果，还可以促进在促销之后的很长远的销售，因为美好的影像是有延续性的，也增加了品牌的附加价值。

3. 积分促销

在许多网站里面，都支持虚拟的积分，客户每消费一次，就给会员累积积分，这些积分可以兑换小赠品，或在以后消费中当成现金使用，提高客户的消费欲望。

对于不支持虚拟积分的网店，可以采用积分卡。根据买主在同一家网店的消费累计进行等级分类，给予不同的消费折扣。形成金字塔式的会员等级，对核心的重要客户进行"精确制导营销"，而对金字塔底层的会员采取措施刺激其消费，使其成为忠诚客户。对不同的会员级别采取不同的营销手段，对症下药，节约营销成本。同时平时也要经常对会员进行关怀管理，这样不但可以提高顾客的忠诚度，还可以挖掘顾客的后续消费能力。

4. 联合促销

联合促销是指两个以上的企业或品牌合作开展促销活动。这种做法的最大好处是可以使联合体内的各成员以较少的费用获得较大的促销效果，联合促销有时能达到单独促销无法达到的目的。只要控制得法，最终联合双方都可以收到 1+1>2 的理想效果。

联合促销分为两种形式，一种是企业内部自己两个不同品牌的联合促销；另一种是不同企业、不同品牌之间的联合促销。第一种较为常见，而第二种比较少见，但发展比较迅猛，前景更广阔。现在我国大型的购物网站都已经加入到不同企业、不同品牌的联合促销中了。

5. 节日促销

节日促销具有优惠真实性、时效性，最容易促进买家消费。节日往往也是流量大增的时候，众商家纷纷促销，所以不能错过节日促销的机会。节日中，到处都是 3 折、5 折，甚至1折包邮这样的促销信息也屡见不鲜,中小卖家很难参与其中,更不用说有严格价格控制的分销商。

促销玩的是消费心理,要营造优惠的感受给买家,刺激买家的购买欲。因此,如何传递优惠感受,打造优惠的真实性就是促销的重点。最好的促销借口——节日促销具有真实性,理由充分,建立了买家对优惠的信任感。

知识拓展 7-5

节日类型

1)传统意义的节日,例如春节、元旦、七夕。
2)季节交替带来的机会,例如春季新品、过季清仓、反季节特惠促销。
3)自定义节日,例如周年店庆、店长生日。
4)淘宝官方节日,例如"双十一"、"双十二"。

6. 优惠券促销

很多淘宝卖家都会在店铺中申明,"本店不还价不抹零,还价信息概不回复"等,取而代之,会设定相应的包邮条件,或是满就减、满就送的标准来替代还价。

一方面,应付讨价还价实在是一件很费神费时的事情,尤其在客户比较多的情况下,一旦开了先河,后续只会源源不断。对于折扣,买家是永远不会满足的。另一方面,如果什么优惠都没有,买家就可能不购买,除非是销量很高的店。所以需要用规范统一的形式来处理讨价还价的问题。

对于卖家而言,最终重视的还是店铺的转化率。优惠券也只是一种形式,正如聚划算、爆款一样,还是希望能增加店铺流量,刺激买家购买和回购。优惠券相对于其他形式,有其特有的优势。

常规状态下的优惠券使用,可以分为买前送和买后送,通过与买家互动进行优惠券领取。

买前送:针对新客户,目的是刺激购买。主要有以下形式:收藏店铺、关注手机淘宝、关注微博、关注掌柜说、加入帮派、问卷调查、店铺优惠券领取链接等,获得的优惠券直接可以在本次购物中抵扣。

买后送:目的是刺激回购。主要有以下形式:好评、淘江湖分享、真人秀,获得的优惠券用于下次消费。

特定状态下的优惠券使用,可以在节日、会员生日、指定日期或店铺营销活动前,卖家主动发送优惠券并通知客户,发送对象通常为店铺老客户和忠实客户,一方面是保持客户关怀,加深客户对店铺的印象和好感,另一方面是也是营销手段,刺激回购。

除了以上提到的促销方式外,还有红包促销、拍卖促销、抽奖促销、团购促销等。网络销售的特殊性使得在吸引消费者购买方面存在一定的难度,网络营销人员充分了解以上的促销方式,进行合理的组合,设计更为有效的营销手段以吸引更多消费者浏览网页,促使消费需求的产生。

触类旁通

网店七夕活动方案

七夕节是我国传统节日当中一个浪漫的节日,对于精明的商家,自然不会错过这个促销的好时机。于是一场场七夕节促销活动精彩上演,为这个神秘绮丽的节日增加了火热的气氛。那么,网店店主该如何抢夺流量,卖出商品呢?

促销方案一:降价

这是最实用,也最能吸引买家眼球的一种促销方案,当然降价也是有技巧的。首先,在自己的热卖产品中找出一款人气高的产品,当然如果适合情侣用,那更好不过。定价技巧可以这样展开:

1)如果单品卖20~30元,价格可以设置成13.14元,代表一生一世的意思,加上限购,每人限购2份。

2)如果单品价格在30元左右,可以按照情侣装来促销,也就是52.0元或者53.0元情侣装1份,代表我爱你、我想你的意思(注:1份情侣装包含2份单品),如果情侣装能用一些彩带好好包装,就更完美了。

3)如果单品价格在70~80元区间。可以设置成131.4元情侣装包快递,也是很火爆的。

4)100元以上可选择131.4元的方案。

促销方案二:搭配减价

这也是目前很火的一种促销方案。比如,买满60元统一减价至52.0元或者53.0元;买满150元,统一减价至131.4元。

促销方案三:神秘礼物

礼物一定要新颖,代表着情人之间的感情,最好是2份,男女各一份。

可以送塑料的玫瑰,如果买家购买的数额巨大的话,可送卖得很火的镀金的玫瑰或者相思豆、魔豆、巧克力等。

促销方案四:情人节礼物包装

这个方案需要卖家好好学习产品的包装技巧,买一些彩带和礼品盒进行产品的精装,精装好之后外面还必须用纸箱包装好,以免在路上把精心包装的商品压坏。

讨论:七夕节活动方案中运用了哪几种促销方式?如果你是网店店主,还可以使用哪些促销方式?

任务4　剖析网络广告对网络消费者行为的影响

任务要点

关　键　词:网络广告、搜索引擎广告、心理因素
理论要点:网络广告的含义、优势、形式和发布方式,网络广告受众的消费心理
实践要点:剖析网络广告策略,并能灵活运用

项目 7　探究影响网络消费者行为的营销因素

观察导入

《2019 中国互联网广告发展报告》显示，2019 年我国互联网广告总收入约 4 367 亿人民币，相较于上一年增长率为 18.2%，增幅较上年同期略有放缓，减少了 5.96 个百分点，但仍保持平稳增长的态势。从广告依托的平台类型来看，2019 年来自电商平台的广告占总量的 35.9%，稳居第一，比 2018 年增长 3%；搜索类平台广告以 14.9% 的份额仍居第二位，但比 2018 年的 21% 有所下降；视频类平台收入同比增长 43%，取代新闻资讯类平台，成为第三大互联网广告投放平台。

具体而言，2019 年中国互联网广告收入 TOP10 由高到低分别为阿里巴巴、字节跳动、百度、腾讯、京东、美团点评、新浪、小米、奇虎 360 和 58 同城，这些企业集中了中国互联网广告份额的 94.85%，较 2018 年同期数据增加了 2.18%，头部效应进一步突显。

关注与思考：
1）分析各大企业互联网广告收入。
2）预测未来互联网广告的发展趋势。

任务实施

与传统的四大传播媒体（报纸、杂志、电视、广播）广告及备受垂青的户外广告相比，网络广告具有得天独厚的优势，是实施现代营销媒体战略的重要部分。网络广告的市场正在以惊人的速度增长，网络广告发挥的效用越来越显得重视。众多国际级的广告公司都成立了专门的"网络媒体分部"，以开拓网络广告的巨大市场。

知识拓展 7-6

"信息－购买"闭环型广告平台持续走强

2019 年电商平台广告占总量的 35.9%，稳居第一，较 2018 年增长 3%。电商平台所建构的"信息－购买"行为闭环奠定了该平台广告持续保持强势增长的基础。一方面，电商平台多年来培养起规模庞大的强购买意愿用户；另一方面，电商平台的客服咨询、支付方式、快递与售后服务等全链条强力支持从广告信息触达到完成购买的全过程，构建起电商广告持续增长的坚实基础。

步骤一

认识网络广告

根据中国互联网络信息中心发布的第 45 次中国互联网络发展状况统计报告，截至 2020 年 3 月，我国网民规模为 9.04 亿，较 2018 年底新增网民 7 508 万；其中，手机网民规模达 8.97 亿，较 2018 年底增长 7 992 万，我国网民使用手机上网的比例达 99.3%。中国网民在接触时间最长的电视、报纸、杂志等传统媒体比例均有所下降，特别是网民对电视的接触时间大幅度减少。

网民乐意在网上消费也表明大家对互联网的信任度在提升，网络的商业价值日趋体现。

随着互联网的发展，网民需求将会愈加升级，这也给网络广告的发展带来了良好的前景。

知识拓展 7-7

网络广告

网络广告就是在网络平台上投放的广告。网络广告利用网站上的广告横幅、文本链接、多媒体的方法，在互联网刊登或发布广告，通过网络传递到互联网用户的一种高科技广告运作方式。

网络广告是基于计算机、通信等多种网络技术和多媒体技术的广告形式，具体操作方式包括注册独立域名、建立公司主页；在热门站点上做横幅广告（Banner Advertising）及链接，并登录各大搜索引擎；在知名 BBS（电子公告板）上发布广告信息或开设专门论坛，通过电子邮件（E-mail）给目标消费者发送信息。

步骤二

明确网络广告的优势

与传统的电台、电视、报纸、路牌等广告形式相比，网络广告的优势体现在以下几个方面：

1. 受众范围广

网络广告不受时空限制，传播范围极其广泛。通过国际互联网络 24h 不间断地把广告信息传播到世界各地。只要具备上网条件，任何人在任何地点都可以随时随意浏览广告信息。

2. 目标受众确定

由于阅读信息者即为感兴趣者，所以可以直接命中目标受众，并可以为不同的受众推出不同的广告内容。根据相关数据，我国网民年龄结构在 20～29 岁的占比 21.5%，30～39 岁的占比 20.8%，40～49 岁的占比 17.6%。因此，网络广告的受众是年轻、受过一定教育、购买力比较强的群体。网络广告可以帮助企业直接命中最有可能的潜在用户。

3. 受众数量统计精确

传统媒体投放广告很难精确地知道有多少人接收到广告信息，而在网络上可通过权威、公正的访客流量统计系统，精确统计出每个广告的受众数，以及这些受众查阅的时间和地域分布。借助分析工具，广告成效易体现，客户群体清晰易辨，广告行为收益也能准确计量，有助于企业正确评估广告效果，制定广告投放策略。

4. 实时、灵活、成本低

在传统媒体上投放广告，发布后很难更改，即使可改动也往往付出很大的经济代价。而在网络上投放广告可以将文字、声音、画面完美地结合并供用户主动检索、重复观看。网络广告能按照需要及时变更内容、改正错误。这就使经营决策的变化可以及时地实施和推广。作为新兴的媒体，网络媒体的收费也远低于传统媒体，若能直接利用网络广告进行产品销售，则可节省更多销售成本。

项目7 探究影响网络消费者行为的营销因素

5. 感官性强

网络广告的载体基本上是多媒体、超文本格式文件，可以使消费者亲身体验产品、服务与品牌。这种以图、文、声、像的形式传送多感官的信息，让顾客如身临其境般感受商品或服务，将大大增强网络广告的实效。

互联网的出现给广告业带来了巨大的挑战和机遇，覆盖全球的广告信息网络的完善和广泛应用，将使人们的生活消费观念发生根本性的变化。随着计算机技术的发展，实现"三网合一"（电信网、有线电视网、互联网）后，网络用户将加速度增长，这将给电子网络广告带来更大的拓展空间。当然，电子网络广告并不是十全十美的广告传播媒介，它也有其局限性和缺点。例如广告信息纷繁复杂；有些广告制作简单，不能形成像电视广告那样的视觉冲击力，产生深刻的印象；各种广告信息鱼龙混杂等。

步骤三

分析网络广告受众的消费心理

网络广告在互联网发达的时代，它的受众不同于其他的传统广告媒介。正是因为有了这种差异，网络广告的受众也就有了其特殊的属性以及内涵。

广告的形式尽管带不来直接的经济效应，但却能为消费机会提供决策，给予消费者指导，同时能够激发消费者的购买欲望。因此就有必要认识与了解网络广告的内涵。其一，网络广告的受众心理会随着市场的不断变化而变化，受众的视觉会更加开阔；其二，网络广告的受众心理对于传播途径的选择没有可比性，也就是说其广告平台比较单一，需要应对消费者的多种心理需求，那么就需要网络广告的制作更加注重广告的效果，包括迎合消费者心理需求的要求也就随之提高；其三，网络广告诉求目的比较明了，因此心理感染能力要加强，甚至要具备相互影响的作用力。

知识拓展 7-8

网络广告受众心理的概念

网络广告具有特殊的属性，因为它比传统广告更生动、形象，但是恰恰由于它的生动形象、可比性、可选性等特点决定了网络广告本身受到的制约也非常大，比如在网络广告中，它不具有强制的接受性，引起受众心理反感的情况下，受众会选择停止阅读或者转向其他选择。再加上网络广告的本身人群定位比较高，属于高知、高资、高消费群体，那么其心理的要求也就相对比较高。比如他们更注重心理愉悦、更注重个性的体现、更注重商品的人性化，在注重商品人性化的同时他们对广告的满意度有更高的要求。因此网络广告受众心理的概念是满足消费者可比性、告知需求的广告传播信息心理。当然，随着网络广告的不断发展，网络广告的受众面积会更加广泛，心理也会不同，但是满意度最终还是考量网络广告受众心理的一个重要标准，也是网络广告受众心理的一个内化概念。

现代社会的很多消费活动是始于广告终于购买的，而广告就是以说服的形式，让消费者自觉自愿地购买商品。说服的过程是一个非常复杂的过程，有时一次性的说服不能使消费者产生欲望，还要经过反复的说服才能达成最终目标。因此说服者事先必须对消费者购买商品前的一些心理活动有所了解,只有找到了"消费者心理"的这把钥匙,才能开启"说服"的大门。网络广告的最终目的也是为了实现消费者"消费",但是从网民结构分析又可以看出我国网络广告的受众是不同于传统广告的受众的,处于他们这一阶层的消费已经不仅仅局限于占有某种物质,他们更加偏向于满足某种心理或精神的需要。

第一,这一年龄阶段的受众逆反心理相对较强,他们不喜欢被指指点点,更不希望受到强迫或压力,他们喜欢自由宽松的消费行为,所以他们普遍不喜欢强制性的广告,因此网络广告的自主点击符合他们的个性需要。但是仅依靠这一点来吸引他们却是远远不够的。传统广告中一直遵循着用"AIDMA"表示消费者接受广告时的心理过程。也就是说,广告信息总是遵循着引人注目,使人感兴趣,产生购买欲望并形成记忆,最终转变为购买行动的法则。网络广告虽说与传统广告有着很多不同的特点,但是同样也可以遵循由注意到最终购买的规律。而事实上网络广告最注重的就是受众点击,因此,如何避免由于网民的逆反心理引起对广告的反感,或者如何利用网民的逆反心理来做广告就是广告创意要解决的问题。

第二,喜欢追求物质与精神生活的双重享受是这一年龄阶段的又一心理特征。他们喜欢新潮的商品,喜欢装点自己的生活。在这一点上,网络广告的商品是符合他们的需要的。研究表明,IT、网络服务、手机通信、交通汽车、房地产是网络广告投放前五的行业。用户最常浏览的网络广告是数码产品,其次是软件、游戏和移动电话。上述的这些基本都是时下最常见、最流行、最能展现自我风采的产品,也是广大网民热衷于关心、讨论、购买的对象。网络广告所诉求的商品对象正好能满足大多数网民的需求。虽然受种种客观因素的影响,网民的整体收入并不是太高,但是这并不能阻止他们进行适时消费甚至超前消费。

第三,网民的另外一个心理特征就是猎奇。趣味、离奇、悬疑、八卦等都是他们时常关注的热点。他们的这种心态如果没有得到适当的激发和引导,不仅可能面临无法实现广告主发布广告刺激消费的初衷,还有可能引起其他的诸多负面影响。所以网络广告设计人员必须权衡利弊,在充分了解这种心态的同时做出合理的广告来引导消费。

第四,感性应该是网民发生消费行为的一个最显著的特征。现代消费者的需要正从量的满足、质的满足上升到感性的满足。网民作为一个特定群体,他们的感性思维表现得愈发突出。比如他们购买手机可能不仅仅只为与人联系,而是希望手机除了具备基本的通话功能外还必须具有时尚的外观、更多的附加功能。他们的感性不仅仅体现在追赶时髦与浪漫,更多的时候可能是为了显示自己的身份和炫耀个人的消费能力。

步骤四

采取多种网络广告形式

网络广告采用先进的多媒体技术,拥有灵活多样的广告投放形式。

1. 横幅广告

横幅(Banner)广告又称旗帜广告,包含 Banner、Button、通栏、竖边、巨幅等,通常横向出现在网页中,是网络广告早期出现的一种形式,是以 GIF、JPG、Flash 等格式建立的图像文件,定位在网页中大多用来表现广告内容,同时还可使用 Java 等语言使其产生交互性,用 Shockwave 等插件工具增强表现力。

2. 通栏广告

通栏（Full Collumn）广告实际上是横幅广告的一种升级，比横幅广告更长、面积更大，更具有表现力和吸引力。

3. 弹出广告

弹出（Pop Up）广告是一种在线广告形式，当用户进入网页时，自动开启一个新的浏览器，以吸引用户直接到相关网站浏览，从而起到宣传的效果。访客在请求登录网页时强制插入一个广告页面或弹出广告窗口。它们有点类似电视广告，都是打断正常节目的播放，强迫观看。插播式广告有各种尺寸，有全屏的也有小窗口的，而且互动的程度也不同，静态的、动态的都有。浏览者可以关闭窗口不看广告（电视广告是无法做到的），但是它们的出现没有任何征兆，而且肯定会被浏览者看到。

4. 按钮广告

按钮（Button）广告是一种小面积的广告形式。这种广告的特点一方面是面积小、购买成本低，让小预算的广告主有能力购买；另一方面能够更好地利用网页中较小面积的零散空白位，它可出现在主页的任何位置。这种图标可能是一个企业的标志，也可能是一般的形象图标，它可以显示公司品牌、宣传活动，单击按钮可链接广告主。

5. 画中画广告

画中画广告（PIP）固定出现在网站页面，广告表现空间丰富，视觉冲击力强。

6. 对联广告

对联广告（Bi-Skyscraper）固定出现在页面第一屏左右两侧，广告表现空间充分，视觉冲击力强。

7. 文本链接广告

文本链接广告（Text Link Ads）是以一排文字作为一个广告，单击可以进入相应的广告页面。这是一种对浏览者干扰最少、但却较有效的网络广告形式。有时候，最简单的广告形式效果却最好。

8. 擎天柱广告

擎天柱广告又称摩天大楼广告，固定出现在网站终端页面，广告表现空间丰富，视觉冲击力强。

9. 浮动标识广告

浮动标识广告（Moving Icon）是一种在页面沿一定轨迹浮动的广告，其特殊的表现形式更能吸引网民的眼球。

10. 流媒体广告

流媒体广告集音频、视频及图文于一体。在媒体表现方面，信息传递直接、表达内容丰富，与传统的多媒体播放形式相比，流媒体可以实现边下载边播放。

11. 电子邮件广告

电子邮件广告具有针对性强（除非广告主肆意滥发）、费用低廉的特点，且广告内容不受限制。它可以针对具体某一个人发送特定的广告，为其他网上广告方式所不及。

12. 与内容相结合的广告

广告与内容的结合可以说是赞助式广告的一种，从表面上看起来它们更像网页上的内容而并非广告。在传统的印刷媒体上，这类广告都会有明显的标示，指出这是广告，而在网页上通常没有清楚的界限。

13. 富媒体广告

富媒体（Rich Media）广告是指使用浏览器插件或其他脚本语言、Java 语言等编写的具有复杂视觉效果和交互功能的网络广告。这些效果的使用是否有效，一方面取决于站点的服务器端设置；另一方面取决于访问者的浏览器是否能查看。

14. EDM 直投广告

EDM 直投广告是指通过 EDMSOFT、EDMSYS 向目标客户定向投放对方感兴趣或者是需要投放的广告及促销内容，以及派发礼品、调查问卷，并及时获得目标客户的反馈信息。

15. 搜索引擎广告

搜索引擎广告是指广告主根据自己的产品或服务的内容、特点等，确定相关的关键词，撰写广告内容并自主定价投放的广告。当用户搜索到广告主投放的关键词时，相应的广告就会展示（关键词有多个用户购买时，根据竞价排名原则展示），并在用户单击后按照广告主对该关键词的出价收费，无单击不收费。搜索引擎广告的常见形式包括百度竞价排名广告以及部分搜索引擎在搜索结果页面的定位广告等。我国搜索引擎企业收入总规模的攀升动力主要是来自搜索引擎广告的持续增长。

其他网络广告包括聊天工具广告、全屏广告、赞助式广告、视频广告、路演广告、巨幅连播广告、翻页广告、祝贺广告等。

搜索引擎广告

步骤五
发布网络广告

1. 利用网站发布广告

（1）利用自己的网站发布广告

这是最常用的发布网络广告的方式之一。这种情况下，企业可对广告的内容、画面结构、互动方式等各种因素进行全面的、不受任何约束的策划。

实际上，企业的 Web 网站本身就是一个广告。网站这种特殊的广告形式的定位应放在树立企业的整体形象上。所以许多企业的网站上通常还提供一些非广告信息，如时事新闻、名人轶事以及可供访问者免费下载的软件、游戏等。总之，企业的 Web 网站必须给访问者带来一定的利益，使其成为网站的常客。

（2）借助他人的网站发布广告

这也是目前常用的网络广告发布方式。互联网上的网站成千上万，为达到尽可能好的效果，应当选择合适的网站来投放自己的广告。

1）选择访问率高的网站。许多访问流量较大的网站一般都是搜索引擎或较有影响的ICP。其中，搜索引擎可作为首选网站，好的搜索引擎能够将成千上万从未到访过你的网站的网民吸引过来。

2）选择有明确受众定位的网站。许多专业性网站的特点是访问人数较少、覆盖面较窄，但访问这些网站的网民可能正是广告的有效受众。从这个角度看，有明确受众定位的网站的有效受众量不一定比搜索引擎少。因此选择这样的网站投放广告，获得的有效点击次数甚至可能超过搜索引擎，正所谓"小市场大占有率"。

2. 利用广告交换服务网络

如果要在多个网站上发布广告，加入广告交换服务网络也是一种十分重要的途径。一些专门从事全球范围内广告自由交换服务的网络能为加盟者之间提供互惠互利、互为免费的广告交流活动。凡拥有自己主页的用户，都可以加入这个网络。

目前，国内外有许多这样的广告交换网，国内比较知名的有网盟、联盟，国际上知名的有 LinkExchange。

3. 利用电子邮件广告

利用电子邮件列表发送广告信息也是一种常用的广告发布方式。电子邮件列表也叫邮件组，相当于一份地址清单，由于每个邮件组中的客户都是按某一主题编排的，因此邮件组可以为企业提供精确细分的目标市场，所产生的回应率是比较高的。

4. 利用虚拟社区和公告栏（BBS）发布广告

虚拟社区和公告栏是网上比较流行的交流沟通渠道，任何用户只要遵循其规章制度都可以成为其成员。任何成员都可以在上面发表自己的观点和看法，因此在虚拟社区和公告栏，发表与公司产品相关的评论和建议，可以起到非常好的口碑宣传作用。这种方式的好处是宣传是免费的，但要注意遵循网络礼仪，否则将适得其反。

5. 利用微信朋友圈发布广告

微信朋友圈广告采用了在 Feed 信息流中内嵌，与正常的单条朋友圈完全一样，由文字和图片构成，单击之后进入广告的完整 H5 界面。用户可以点赞或者评论，还能看到自己好友的点赞和评论。这能够让用户看到自己的朋友中谁和自己看到了同样的广告，因此迅速引爆了朋友圈。

6. 利用新闻组发布广告

如今，各种议题不同的新闻组中已经产生了许多专门交流商业信息的讨论组，同时，一些知名公司如 Microsoft、Sun 等都建立了自己新闻组。在这些新闻组中发布广告，效果是十分明显的。

7. 利用传统媒体发布广告

企业可在各种媒体上购买空间发布广告，例如在传统广告中加入一条类似于企业地址之类的 Web 网址。据统计，国外 10% 的电视广告中都带有网址；在我国，一些企业的广告中也开始出现自己的网址，以期将人们吸引到自己的网站上来。

步骤六
查找网络广告推动网络购买行为的原因

网络广告之所以能够对网络消费者的购买行为起到直接的推动作用,关键原因在于:

首先,新型的网络广告方式成本低、覆盖率高,降低了进入门槛,大批中小型企业借助这种针对性极强的促销方式成功地完成了对产品及其网站的推广,为网络消费者提供了更多更好的选择。

其次,新型网络广告方式对网络消费者有着更强的选择性与针对性。目标消费者可根据自己的兴趣和需要以十分便捷的形式浏览信息,有效促使其产生消费需要及购买行为。

触类旁通

如何让用户对广告"一见钟情"

1. 为用户提供直接利益

社会化营销广告想要传播效果最大化,首先要研究明白用户的消费心理,才能让用户在茫茫广告中一眼看到。从心理学角度来说,人们最容易关注到的是跟自身利益直接相关的那部分信息,比如免费、省钱、吃亏、赔本等类似的关键词。可以说,能为用户提供直接利益的广告,才是消费者眼中的"好广告"。

这类型广告最为典型的案例是"抢红包"活动,如图 7-1 所示。从微信与支付宝钱包的抢红包大战,再到如今企业、明星齐上阵的抢红包,每个广告主都获得了不菲的关注与转发,可谓赚足了用户眼球。

图 7-1 "抢红包"活动

2. 为用户提供娱乐互动

"互动营销"已经深深扎根于社会化广告的载体中了,但若想得到广告的商业转化,互动的形式与内容必须紧跟用户的需求。比如比较受用户欢迎的互动形式有移动端的娱乐小游戏、创意新颖的 H5 页面等。由于快餐式的生活让都市年轻人身心倍感压力,若能在忙碌的空隙间有个轻松且方便参与的小互动,用户从心理上会比较容易接受。

例如,2014年初就已出现的"新年签"活动,换了一种玩法后依然火爆。究其原因,一是与春节结合之巧,用户都希望在新的一年祝福自己,得到一个"好彩头";二是内容与形式之妙,品牌植入手段不生硬,再加上用"抽签"的方式来祈求愿望也是回归传统风俗。从这两点来看,这类广告较容易在朋友圈传播。

3.为用户提供具有视觉冲击力的图片

在微博、微信崛起之后,大量信息从不同渠道向用户涌来,造成的现象就是,人们在网络上花费了相当长的时间来阅读非常多的信息,但却极少有深刻的理解和记忆,大部分信息在用户面前都成为过眼云烟。因此,若想在海量信息中取胜,用文字不如用图片。一幅能够充分表达思想的图片,往往容易在第一时间打动用户。

4.为用户提供情感宣泄

由于如今的信息海量式泛滥于各个渠道,每个人得到和发布的信息都会被稀释掉,以至于人们更加愿意关注与转发较特殊的信息,也更愿意发布特别的信息从而让自己能够从群体中凸现出来。因此,广告主如果能向用户提供一条特殊的情感宣泄渠道,可以让用户在宣泄完之后得到周边好友的高度关注,那么用户可能会很喜欢这个广告。

以广告效果极高的"支付宝十年账单"为例,不仅可以引发用户宣泄过往情感,还巧妙地利用人们的"攀比心理"获得了大量关注与转发。支付宝十年账单更像是一场潜移默化的口碑广告,确实让其赢了一场漂亮的营销之战。

可以说,在人人都是媒体、人人都是广告主的今天,单纯的广告所携带的影响力已经日渐微小了,"用户为王"的时代已经到来。广告内容只有以用户为中心,用真正懂用户的内容去跟用户沟通,才能获得用户的关注与认可。也只有当用户真正认可广告内容后,才会在没有利益驱使的情况下自主转发与分享,为广告带来二次传播。

讨论:结合实际案例,从以上四个方面出发,谈谈如何让用户对广告"一见钟情"。思考还有没有其他的方法能使网络广告吸引用户。

项目小结

影响网络消费者购买行为的因素一是宏观环境因素,二是营销因素。营销因素是与消费者购买行为直接相关的因素,包括产品、价格、促销、广告、支付、服务等。

现代网络技术的飞速发展,极大地消除了营销商与消费者之间地理位置的限制,创造了一个让双方更容易接近和交流信息的机制。但是由于网络存在着自己的特殊性,因此网络营销所涉及的市场营销因素也有其自身的特点,与传统的营销因素有着显著区别。其中,在设计网络广告时更应注意它与传统广告的区别。在实际的网络广告运作中,在针对具体的网络广告设计对象时必须做更为详尽的分析与调查,除了运用传统的市场调查方式外,还可以通过一些网站建立的完整的用户数据库来掌握受众的年龄、性别、地域分布、爱好、收入、职业、婚姻状况等数据,在全面衡量最终确定受众具体目标后才可以有针对性地设计和投放广告。

应知应会

一、选择题

1. 根据新产品的创新程度分，创新程度最高的是（　　）。
   A．全新产品　　　　　　　　　　B．改进型新产品
   C．模仿型新产品　　　　　　　　D．重新定位型新产品
2. 消费者最敏感的因素是（　　）。
   A．产品　　　　B．价格　　　　C．分销　　　　D．促销
3. 以下属于促销中的"双刃剑"的是（　　）。
   A．打折促销　　B．赠品促销　　C．积分促销　　D．联合促销
4. 广告主根据自己的产品或服务的内容、特点等，确定相关的关键词，撰写广告内容并自主定价投放的是（　　）广告。
   A．弹出广告　　B．文本链接广告　　C．富媒体广告　　D．搜索引擎广告

二、填空题

1. 按产品研究开发过程，新产品可分为_____、模仿型新产品、_____、形成系列型新产品、降低成本型新产品和重新定位型新产品。
2. 产品命名主要是_____。
3. 包装可以分为三个层次：首要包装、次要包装和_____。
4. 商品包装设计原则是_____。
5. _____是人们对一个企业及其产品、售后服务、文化价值的一种评价和认知。
6. 品牌一般包括两个部分：_____和_____。
7. _____是店铺和竞争对手进行区别的最好工具。
8. 客服分为_____、_____、_____三个岗位，每个人分工明确，处理事情效率非常高。
9. 产品价格的上限取决于产品的市场需求水平，产品价格的下限取决于_____。
10. _____的意思是允许竞买人通过提交一个有效的高位出价来提前结束拍卖。
11. 为了打开新产品的销路，在定价方面，可以根据不同的情况采用_____、_____和_____。
12. _____是指利用计算机及网络技术向虚拟市场传递有关商品和劳务的信息，以引发消费者需求，唤起购买欲望和促成购买行为的活动。

三、简答题

1. 产品命名时应注意的原则有哪些？
2. 如何进行网站品牌建设？

项目7 探究影响网络消费者行为的营销因素

拓展训练

训练一 案例分析

1．训练目的

通过训练，了解影响网络消费者购买行为的因素。

2．训练要求

以学习团队（每个团队2或3人）为单位，设组长一名。

1）阅读以下案例。

2）讨论小米公司主要抓住了哪些影响网络消费者购买行为的因素。

小米的营销之道

小米公司成立于2010年，是一家致力于开发高品质、高性能的智能设备的技术公司，其官方网站如图7-2所示。其创始人以"让每个人都能享受科技带来的改变"为愿景，将小米品牌的核心理念定为"为发烧而生"的态度。小米公司的成功不仅在于其产品质量和性能，还在于其独特的营销策略。

图7-2 小米官网

2011年小米第一代手机以官网独家销售的模式发布，首发30万台，22小时售罄。后来，在很长一段时间里，小米都保持着"官网独家销售模式"，每周二中午12点开放抢购，往往是不到一分钟的时间里抢购就已经结束。自此，小米便开始有了"饥饿营销"的标签。"双核、1.5GB"的配置，在竞争对手普遍定价3 000元以上的情况下，小米以1 999元的价格引爆市场。所有的营销一定是建立在产品基础上的，小米重新定义了手机市场的商业模式，从一家靠产品盈利的传统手机制造公司，创新成为一家靠服务盈利的互联网公司。

小米公司联合创始人在《参与感》一书中非常系统地介绍了"与用户做朋友"的思路。小米每周都更新 MIUI 系统，更新的功能在用户使用之后，客户还可以填写反馈。客户的反馈意见很有可能出现在下期的系统更新中。为了能够让用户参与其中，小米把最初使用 MIUI 的客户称为"100 个梦想赞助商"，这 100 个用户 ID 放在了开机屏幕上。为了倾听客户的心声，小米创建了小米社区，小米的所有高层都会在社区倾听顾客心声。为了与客户做朋友，小米举办了爆米花节，让喜欢小米的人能够聚在一起。就连小米的店铺，也被称为"小米之家"，如图 7-3 所示。在小米之家里，米粉既可以体验新品，也可以参与店铺的活动，还可以在本地的米粉群与大家交流。小米的客服还混迹在各个平台，如微博、知乎、百度贴吧等，针对许多客户的反馈和投诉，小米都能够在第一时间解决。这种点滴之间的沟通给顾客带来的归属感，造就了产品强大的忠诚度。

图 7-3　小米之家

从小米 1 的发布开始，小米始终坚持做爆品，机型不需要太多，但是销量却绝不逊色。小米的营销是从产品设计开始的，产品本身就有话题性，产品的发布带来了各种话题自发的传播。例如超低的产品价格，49 元的充电宝、9.9 元一盒的彩虹电池、9.9 元一盒的巨能写中性笔等；超高的产品颜值，小米台灯以其极简的风格获得了红点奖；小米依据客户痛点做了许多的微创新，比如电视的遥控器、空气加湿器的添水方式、小米插线盘上的 USB 接口等。小米商城的产品分类如图 7-4 所示。

图 7-4　产品分类

小米坚持销量第二，口碑第一的原则。小米线上线下价格统一，不用比价，不用担心购买到贵的产品。家电类提供安装服务，手机类提供免费贴膜服务、赠送小礼品等，都保证了小米售时的口碑。在售后阶段，小米手机质保 18 个月，比其他手机品牌长 6 个月。手机质量问题可以线下维修也可以线上寄修。小米之家还提供终身免费贴膜服务。

小米每次官宣新的明星代言，往往会选择在新品发布的时候。一方面通过新品发布的契机增加新品影响力。一方面借助明星的影响力增加新品发布会的热度，从而带动关于新品信息的广泛传播。小米对于代言人的选择比较广泛，从代言人的选择上也可以看出小米产品的定位。

小米的使命是"让全球每个人都能享受科技带来的美好生活"。小米给用户讲了一个智能家庭的故事：人们回到家后自动开灯、空调调整到适宜温度、音响播放最喜欢的音乐；离开家时，各种电器自动断电、机器人开始打扫卫生。这样的场景是小米讲述的故事，目前正在一步步实现。

小米以年轻人为目标，以智能手机为核心，以网络为基准，连接着家居生活的方方面面。小米手机不但找准了顾客人群，也找到了适用于社会进步需要的公司成长道路。

3．成果展示

以团队为单位，在班级内进行分享展示，可以现场交流，也可以在班级学习园地张贴学习成果。

项目 8

感知网络消费风险

中国互联网络信息中心（CNNIC）发布的《第 45 次中国互联网络发展状况统计报告》指出，我国网民在上网过程中未遭遇过任何网络安全问题的比例进步提升。截至 2020 年 3 月，56.4% 的网民表示过去半年在上网过程中未遭遇过网络安全问题，较 2018 年底提升 72 个百分点。通过分析网民遭遇的网络安全问题发现：遭遇网络诈骗的网民比例较 2018 年底下降明显，达 69 个百分点；遭遇账号或密码被盗的网民比例较 2018 年底下降 52 个百分点；遭遇其他网络安全问题的网民比例较 2018 年底也有所降低。

通过对遭遇网络诈骗网民的进一步调查发现：虚拟中奖信息诈骗仍是网民最常遭遇的网络诈骗类型，占比为 52.6%，较 2018 年底下降 87 个百分点；冒充好友诈骗的占比为 41.2%，较 2018 年底下降 81 个百分点；网络兼职诈骗的占比为 335%，较 2018 年底下降 78 个百分点。

截至 2019 年 12 月，国家信息安全漏洞共享平台收集整理信息系统安全漏洞 16 193 个，较 2018 年（14 201 个）增长 14.0%。

思考： 目前，网络购物市场上存在哪些风险？

教学导航

学习目标

知识目标

理解感知风险的含义；理解网络消费风险的基本内容；了解网络消费存在的问题；了解网络消费风险的类型；掌握感知网络消费风险的方法；掌握降低网络消费感知风险的方法；掌握消费者保护权益的途径和方法。

能力目标

能熟练感知网络消费风险；能合理保护网络消费的权益。

本项目重点

感知和降低网络消费风险的方法。

本项目难点

合理保护消费者权益的途径和方法。

任务引入

网络平台充值消费存在风险

上海市消保委（消费者权益保护委员会）2019 年发布的网络平台充值消费体察结果显示，抖音、网易公开课、QQ 阅读等 APP 不提供虚拟币充值后退款服务或退款条件极为苛刻，存在一定消费风险。上海市消保委指出，平台应增强信用意识和法律意识，不得利用格式条款对消费者做出不公平的规定。

上海市消保委对 31 家提供现金充值的网络平台进行消费体察显示，仅有 10 家平台可以自主退款，有 12 家平台与客服沟通之后完成了退款，有 6 家平台经过消保委沟通后承诺将更新 APP、提供退款功能，但仍有一些企业退款"门槛"颇高。

来伊份表示，退款需承担 2 元手续费，由来伊份钱包的实际运营方——商银信支付服务有限公司收取。目前，公司已将平台中的用户充值指引等进行了完善，并在用户充值时就提醒用户提现会产生 2 元手续费。

上海市消保委同时还对 28 家以购买非游戏类虚拟币形式充值的网络平台开展了消费体察，不少英语学习、读书、视频娱乐等服务类网络平台往往要求消费者通过购买虚拟币进行支付操作。

上海市消保委副秘书长指出，这些 APP 对消费者每次购买虚拟币有"最低门槛"，这就客观上造成了一个预付资金的沉淀。

上海市消保委秘书长指出，"互联网+"销售模式的普及，为消费者生活带来便利，但不少平台往往要求消费者预付资金才能享受服务，带来了大量的资金沉淀，一旦平台倒闭，消费者的知情权、公平交易权和求偿权将受到损害。"网络平台充值后，充值部分资金的所有者依然是消费者，消费者有权要求网络平台退还充值费用，平台应增强信用意识和法律意识，不得利用格式条款对消费者做出不公平的规定，保证消费者退款的方便和快捷。"

上海市消保委还指出，应从公平性、合理性角度重新审视非游戏类虚拟币的相关规则，平台不得利用非游戏类虚拟币的商业模式增加消费者的风险。

关注与思考：

1）网络平台充值消费存在哪些风险？
2）网络消费中的风险还有哪些？

任务分析

通过观察分析、案例研讨、角色扮演、实战训练等方式，初识网络消费风险，理解并掌握感知网络消费风险的方法，保护消费者权益的途径和方法，开展网络消费风险研究和防范的意义。

项目 8　感知网络消费风险

任务 1　认识网络消费风险

任务要点

关 键 词：网络消费风险，感知网络消费风险
理论要点：网络消费风险的含义，网络消费存在的问题
实践要点：能认识到我国网络消费风险的现状

观察导入

CNCERT 接收到网络安全事件报告数量

截至 2019 年 12 月，CNCERT 接收到网络安全事件报告 107 801 件，较 2018 年底（106 700 件）增长 1.0%，如图 8-1 所示。

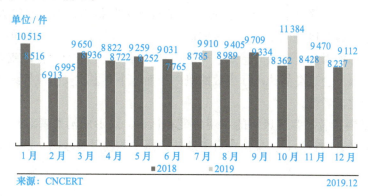

图 8-1　CNCERT 接收到网络安全事件报告数量

截至 2019 年 12 月，全国各级网络举报部门共受理举报 13 899 万件，较 2018 年底（16 502 万件）下降 15.8%，如图 8-2 所示。

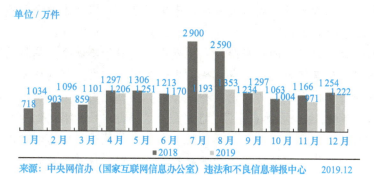

图 8-2　全国各级网络举报部门受理举报数量

分析思考：什么是网络消费风险？网络消费风险有哪些？

任务实施

> **步骤一**
> **了解网络消费感知风险**

在网络消费过程中,消费者对网络消费安全的不同感知会导致不同的消费行为。人的感觉是各种各样的,不同的感觉使人们在认识事物时能够从各个方面了解事物的个别属性和特点,但感觉这种心理现象并不反映客观事物的全貌,而只是反映事物的个别属性。在网络购物中,消费者主要从主观性出发,感知网络消费风险。

风险就是发生不幸事件的概率。换句话说,风险是指一个事件产生我们所不希望的后果的可能性,是某一特定危险情况发生的可能性和后果的组合。对风险的研究大致从主观和客观两个方面进行。消费者在大多数情况下面对的是一个全新的购物情景,要消费者对风险做出精确评估几乎不可能。即使消费者能够对其面临的风险做出精确评估,也不是客观风险刺激消费行为,而是消费者对风险的主观感觉刺激行为的发生。

感知风险与客观风险不同,例如抽烟致癌的客观风险很高,而常常被人们忽视;核能源的开发和利用的客观风险很低,而被人们估计得很高。不同个体之间对同一客观风险的感知也是不同的,比如对飞行事故的感知:一个刚刚经历一次空难而幸存,或者刚刚从电视中目睹空难惨景的人,会过高估计飞行事故的概率;而一个有多次安全飞行经验的人,对飞行事故的概率估计比前者低。

感知风险是消费者对客观风险的主观感受和认识,这形成消费者对某一事物的风险态度,进而影响消费者的行为。如果消费者主观认为网上购物风险较高,那他就不愿意选择这种购物方式。

知识拓展 8-1

感觉、知觉与感知

感觉是人脑对直接作用于感觉器官的客观事物个别属性的反映,是客观世界在人脑中的主观映像。知觉则是人脑对直接作用于感觉器官的客观事物各种属性的整体反应。知觉是在感觉的基础上形成的。

感觉和知觉是认识活动的初级阶段。感觉是人们对于事物个别属性的反映,如事物的色彩、味道、温度等方面的信息在头脑中的反映,构成人们的感觉。不同的人用不同的方法同时看待同一事物的结论是不一样的。同样,同一个人在不同的时间用不同的方式看同一事物,结论自然也不同。感觉是为了获得结果,对输入的信息进行识别、分析和选择的过程。人们通过"看、听、闻、尝和摸"等输入信息。输入的信息是我们通过各种感官获得的。在消费者对外界事物的感觉中,视觉是最重要的一种。有研究显示,人们凭感觉接收到的外界信息中,83%来自眼睛,11%来自听觉,3.5%来自嗅觉,1.5%来自触觉,1%来自口感和味觉。

虽然获得了大量的零碎的信息，但只有一部分成为知觉。知觉是在感觉的基础上，对事物属性的综合性反映。与感觉相比，知觉对消费者的影响更直接、更重要。知觉形成与否，决定消费者对商品信息的理解和接受程度，并经知觉形成对商品比较完整的认识。我们选择一些信息同时放弃其他大量的信息，这是因为我们无法在同一时间去注意所有的信息，这种现象就是选择性注意。人们每时每刻都暴露在许多刺激之下，在面对众多的刺激，人们会选择注意与目前的需求有关的刺激、所期望的刺激或者某些大幅度偏离正常情况的刺激。

感觉和知觉合称为感知。消费者的感知心理活动是进行其他心理活动的基础。消费者的感知有时会和现实不一致，但这个"感知"却对消费者的行为有重要意义。

有学者认为，网络消费感知风险是指消费者对某项网上购物活动主观感知到的不确定性和损失大小。网络消费感知风险的核心观念一般必须考虑个体对于出现不利后果时主观感受到的不确定性，以及如果事情发生后，其结果的危害性这两个因素。网络消费者的感知主要依赖于自身的主观态度及知识经验，同时商家明确的产品信息使得网络消费者对自身的消费行为得出肯定的结果，因此做出最终的购买决策。

步骤二
寻找网络消费感知风险

消费者的任何购买决策，一般都难以在消费活动结束前预料其优劣，也就是说，任何一个消费者在决定购买某种商品时，都可能在购买活动带来满足和愉快的同时，带来一些其所不希望、不愿意的损失或潜在的危害。感知风险是指当消费者不能预见其购买决策的结果时所面临的不确定性。这一定义包含了感知风险的两个重要内容，即不确定和后果。而这种被消费者所感知到的购买决策中存在的风险则被称为"感知风险"（也作"风险知觉"）。

网络消费风险的类型

在商品购买的过程中，消费者可能会面临各种各样的风险，有的会被消费者感知到，有的则不一定被感知到。在网络消费者进行网上购物时，消费者对商品的感知只能通过网络上卖方提供的图片和介绍等有限的信息，以视觉为主并结合其他感觉及想象等来实现，而无法像传统消费方式中那样眼见、耳闻、手触，实实在在地运用自己的各种感觉器官来全面感知消费对象，这种感知显然要比现实消费过程中对商品信息的掌握要有限得多，买卖双方对彼此信息的掌握也极为有限，因此，消费者网上购物活动结果往往与期望不符。在这样的情况下，消费者所做出的购买决策的风险就比较大。

传统购物中，消费者感知的购物风险类型主要集中于功能、财务、身体、社会、心理以及时间六种风险。在网络消费环境中，消费者能够感知的网络消费风险除了传统购物环境下已确定的六种风险类型，还应包括服务风险、隐私风险、交付风险、信用风险等多种风险。

1. 功能风险

功能风险是指商品是否具备消费者所期望的性能而存在的风险。在网上购物时，消费者往往不能确定商品一定具有所宣传的功效。比如有许多消费者在购买商品后，往往发现商品和网上描述并非完全一致，存在一定的功能差异，或者发现网上购买到的商品可能会是假货。例如实际商品和图片宣传的差距很大，很多网上商品甚至是三无产品等。在有些情况下，即使商品和网络上宣传的功效一致，但由于消费者无法在购买前亲自试用，使得实际购得的商品与期望可能相差甚远，并不一定能实现消费者所预期的功效，也同样存在一定的功能风险。

2. 财务风险

网络消费过程中资金流与物流多分开进行，所以当消费者付款购买商品时，往往并不能确定他们是否一定能收到相应货物，即网络消费的虚拟性使消费者担心对方不守信用或者故意欺诈而造成自己经济上的损失。此外，在网络消费方式下，还存在另外一种财务风险，也被称作支付风险或付款风险，即人们进行网络消费时采用的货款支付方式可能会给消费者带来的损失。网络消费通常采用网络银行或银行汇款等方式，这就使得网络消费者在进行网上购物时产生较大的支付风险，具体指担心款项能否如期安全付至指定账户，同时更担心在进行网上支付时所带来的个人信息、账户密码被盗用等风险。

3. 身体风险

身体风险是产品可能对自己或他人产生危害的风险。例如该产品的使用是否安全、是否会对身体造成伤害。在网络中，由于种种原因，可能存在三无产品及假冒伪劣产品，网络消费者在消费过程中，由于购物方式的特殊性而无法事先进行商品安全性的检查，也会使消费者感知到这一风险。

4. 社会风险

社会风险是因购买决策失误而受到家人、朋友或其他人嘲笑的风险。在许多消费者心目中，购买商品的过程如逛街等是他们进行社交的一种方式。采用网络消费显然无法满足他们这一社交需要，加之有些消费者长期沉溺于网络、缺乏人际交往等情况，使消费者意识到网上购物会使他们脱离人群而产生一定的社会风险。

5. 心理风险

在网络消费中，除了担心因购买决策失误而使自己心理受到伤害的情况外，还存在其他一些心理风险，比如消费者的个人隐私等被他人所知而使自己的心理受到伤害和损失的风险。

6. 时间风险

时间风险是指购买的产品不适合而进行调换或重新购买所造成的时间浪费的风险。在网络消费中，双方并非当面交接货物而多采用快递或普通邮寄等方式，因此，从网上下订单到收到货物之间可能需要经历一段很长的时间，有时还需要自己到邮寄单位取货，浪费消费者的时间。如果购买的货物存在质量问题而进行退换货或者修理时，这一风险就会更大。

7. 服务风险

服务风险是指购买的商品如果出现问题，维修和退换服务所引起的损失的可能性。在网络消费环境中，退换网上选购的商品可能会很麻烦，网购商品如果坏了，修理过程也较传统环境下更为麻烦些。

8. 隐私风险

隐私风险是指在网上购物可能会出现侵犯消费者隐私的情况，使消费者利益受到损害。在网络消费方式下，除了可能会因为采用网络银行等支付方式引起消费者个人账户、密码等隐私泄露而伤害消费者利益外，消费者在各种零售网站上填写的个人信息，可能会被泄露给其他一些公司或个人，消费者的个人购物经历、消费习惯可能会被某些网站跟踪分析，某些网络公司还可能在未经消费者允许的情况下联系其本人，而使消费者感到个人隐私权益受损。

9. 交付风险

交付风险是指消费者所购买的产品不能正常交付的风险。在网上购物过程中，商品的传递一般由第三方邮寄单位或快递公司完成，且要经过长途运输，因此货物可能在运送途中丢失或者造成商品的损坏等。

10. 信用风险

实体店铺等于给了消费者一种信用担保，但网上购物时，买卖双方洽谈及达成交易均在网上进行，网络消费者的交易对象始终是一个虚拟的存在，使他们无法对卖方的信用等各种信息全面了解，甚至可能交易对象根本就是以上网骗钱为目的，从而使消费者在网络消费过程中利益受损。

以上各类风险可以说是消费者在网上购物中最常见的几种风险。消费者在网上购物时所感知的各种风险并不是彼此孤立的，有时往往两种甚至多种风险同时出现，因此无法将这些风险严格区分。

步骤三

认识我国网络消费存在的客观问题

网络消费发展受到阻碍，除了受网络安全及网络消费感知风险的影响外，也与目前我国网络消费中存在的其他一些客观问题相关。

1. 交易安全问题仍是阻碍网络消费发展的主要问题

网上交易的安全性以及产品质量和售后服务等得不到有效保障，虽然新的网络消费者保护方案已经出台，但各商家的执行力度仍有待提高。诚信问题一直是网络购物中最突出的问题。无论是买家还是卖家，信誉度都被看成是交易过程中最大的问题。商家提供的商品信息、商品质量保证、商品售后服务等一直都是网络消费者最担忧的问题。另外，在网络购物中，消费者的银行账户、密码等被盗用也是常有的事，网络消费者的个人信息被泄露的问题也变得更为突出。

知识拓展 8-2

网络欺诈基本类型

常见的网络欺诈形式有：虚假网络兼职、退款欺诈、网络游戏欺诈、虚假购物、消保欺诈、网上博彩、视频交友欺诈、投资理财欺诈、虚假团购、虚假票务、批发欺诈、网购木马、虚假中奖、虚假话费充值、虚假药品等。

知识拓展 8-3

第 44 次中国互联网络发展状况统计报告

近年来，党和政府着力推进网络安全工作，网络安全总体态势持续向好，国家和人民群众的安全得到有力保障。在保护网民安全方面效果较为明显，2019 年上半年，在上网过程中遇到安全问题的网民比例进一步下降，55.6% 的网民表示在过去半年中未遇到过任何网络安全问题，较 2018 年底提升 6.4 个百分点。遭遇网上诈骗的用户比例下降明显，达 6.6 个百分点；遭遇账号或密码被盗、个人信息泄露等问题的用户比例也较 2018 年底有所降低；在信息安全漏洞方面，据监测，上半年国家信息安全漏洞共享平台收录通用型安全漏洞 5 859 个，同比减少 24.4%，其中高危漏洞收录数量 2 055 个，同比减少 21.2%；在网络安全事件处置方面，CNCERT 协调处置网络安全事件约 49 万起，同比减少 77%。

2. 欠缺更为合理有效的物流配送系统

物流业一直都是网络购物环节中不可或缺的部分，但我国现有的物流业仍需进一步发展和完善，物流企业的服务品质直接关系到网络消费者的消费体验。

3. 网络技术特别是保密技术等发展相对滞后

网络技术的发展，特别是网络保密技术的发展相对滞后，会影响到网络消费者的资金和个人信息的安全，甚至是其人身安全。网络保密技术是一项需要不断革新的工作。

4. 网上购物的管理还不够规范

网络消费的多姿多彩给世界带来全新的商务规则和方式，这更加要求在管理上做到规范。管理的概念涵盖商务管理、技术管理、服务管理等多方面，因此要同时在这些方面达到一个比较令人满意的规范程度，不是很快就可以做到的。另外网上购物平台的前后端一致也是非常重要的。前台 Web 平台是直接面向消费者的，是网上购物的门面。而后台的内部经营管理体系则是完成网上购物的必备条件，它关系到前台所承接的业务最终能不能得到很好的实现。一个完善的后台系统能体现一个网上购物公司的综合实力，因为它将最终决定提供给用户的是什么样的服务，决定网上购物的管理是不是有效，决定网上购物公司最终能不能实现盈利。

以上是目前我国网络消费发展中客观存在的几个主要问题，在我国网络消费发展的过程中，相当一部分问题已经有所缓解。例如我国的网络覆盖、网络消费观念以及网上商品的数量规模等，但我们还是要清楚地认识到，在网络消费快速发展的今天，依然会有新的问题层出不穷。

知识拓展 8-4

个人网购信息莫名被泄露

呼和浩特市市民刘先生拥有 8 年网购经历，他从最早的易趣网到后来的淘宝网，亲历了网上购物热潮的兴起，可以算是资深的网购用户，他的淘宝账户已经达到了

VIP7级，现在日常生活中的大小用品全部从网上购买，这大大方便了他的生活。前不久接到的一个电话让刘先生意识到，在方便日常生活的同时，他的个人信息已经在网购快递的某一环节被泄露了，并且险些被骗……

当时，刘先生接到一个电话，对方自称是淘宝网一家新开业皮具店的店主，由于是新店开业酬宾，要"免费"赠送刘先生相关店内产品。平时刘先生也接到过不少推销电话，一开始也没在意，"店家"自称要赠送他两个皮包，征询他是否同意接收，他也没有拒绝。之后，该"店家"话锋一转，称赠送两个皮包同时还会赠送200元的电话充值卡，但加上快递费用，只需支付198元，并且货到付款，由快递公司收取该费用。此时，他才意识到这可能是一种新型的淘宝诈骗方式。

在之后的交谈中，该"店家"的种种说法让刘先生确定，他的淘宝个人信息已经完全泄露，该"店家"告诉他，他们是通过淘宝VIP明星用户搜索到他的，并且清楚地知道他的常用收件地址。意识到这是骗局后，他随即挂断了电话。通过多年的网购经验，刘先生知道"店家"所说的"明星用户搜索"在淘宝网中并不存在，淘宝用户只会在购买过的店铺和快递公司中留有相关个人信息。

当意识到个人网购信息被泄露后，记者同刘先生一起就这一问题向淘宝客服进行了反映，淘宝客服人员十分肯定地告知，这是一种新型淘宝诈骗方式，并且刘先生的个人信息已经完全被泄露，但淘宝账户并未被盗取，这稍稍缓解了刘先生的担心。在采访中，淘宝客服人员告诉记者，此类个人信息泄露时常发生，但并非出自淘宝内部，相当一部分是由承揽业务的快递公司将用户信息泄露，由于网购快递需要经过多个环节，若想追查是从哪一环节将客户信息泄露可谓困难重重。

触类旁通

信任与感知风险

格雷戈克和阿什利（Gregore&Ashley）指出消费者感知风险对其网络购物的信任度产生影响。里杰斯和沙尔玛（Legance&Gassenheimer）认为信任是一种态度，这种态度能够对交易中可能存在的损失进行积极预期，并愿意对此做出承诺。而摩根和亨特（Morgan&Hunt）认为信任是对交易方诚信和可靠程度的感知。因此这种态度主要是基于消费者的感知而形成的。

在网络购物中，信任问题的出现总是与风险问题密不可分。这里包括两种含义：一是风险是信任产生的前提，没有风险就没有信任，二是信任是降低风险认知而促进行为的中介变量。现有的研究对网络购物情境下顾客信任的影响因素进行过大量的探讨。如王宏伟、夏远强等学者归纳出系统可靠性、使用便利性、系统安全认知、网站信誉、信息质量、第三方认证等12个网购顾客信任的影响因素。耿波、刘侃、王娜等学者也在各自的研究中指出了安全因素、商家服务态度、网站设计便利性、支付安全、易用认知、购物风险等影响顾客信任的因素。

由于消费者的交易过程是一个动态的过程，因此风险与信任的关系也应该是动态的。

在这样的情况下，由于长时间的交往和熟悉，消费者信息不对称的情况逐步降低，也就使得环境风险与交易风险固定在一定的水平，随着每次交易的变化仅做出细微的调整。例如，购买者已经知道网站存在的那些技术缺陷，对技术因素的风险便停留在了一定的认知水平；对交易方的风险，因为随着对商家品德的熟悉，所以这种风险也就固定在了一定的水平。而产品风险也会随着对交易方的熟悉，以及交易方风险的降低而降低。

信任的最终形成是一个长期的过程。随着交易活动的开展，信任不断增强，感知风险与信任的对抗将结束，信任完全占主导地位。而此时，客户的购买意图主要是由信任直接影响的。由于环境信任、产品信任和交易信任变化的幅度减弱，此时客户将自己的感情注入这种信任关系之中，这主要表现在信任者自身的心理因素方面，与被信任者的属性是无关的。所以随着情感的注入，客户最终会调整自己的信任倾向，从而直接影响到购买意愿。

讨论：如何增强消费者的信任？结合我国网络消费发展的现状，讨论我国现存的网络消费感知风险。

任务2 降低网络消费感知风险

任务要点

关 键 词：感知风险
理论要点：影响网络消费感知风险的因素，降低网络消费感知风险的方法
实践要点：能针对具体情况提出降低网络消费感知风险的方法

观察导入

以网店培训为名实施诈骗 涉案资金1.4亿元

2022年2月，南京溧水的李某在某平台上看到"无门槛开店"的广告视频后萌生了开网店的想法，在与客服联系后，对方以"辅导开设网店"为由，让李某交纳498元学费。网店开设后，对方又找到李某，说如果想要提升店铺流量，实现快速盈利，还可购买公司"一对一"辅导套餐，套餐分白银、黄金、钻石、皇冠等级别，价格从4 580元至12 880元不等。购买套餐后，会有金牌培训师对其进行教学。

在客服的极力推荐下，李某购买了价值12 880元的皇冠套餐。在购买套餐后，李某发现培训效果并不理想，直至手机收到相关软件有风险的提示后才发觉被骗，遂报警。

此案件引起了南京市公安局侦情指中心民警的注意。"虽然涉案金额不高，但该起案件作案形式新颖、手段隐蔽，侦破难度大。"南京市公安局侦情指中心民警告诉《法治日报》记者。

根据李某提供的证据，民警对其支付信息进行反查，并对涉案公司的网络端展开深度分析，最终发现这一诈骗团伙的踪迹。经初查，民警发现该团伙实行公司化运作，下辖4家分公司，拥有数百个银行账户，涉案金额巨大，受害人更是多达8 000余名，分布在全国各地。

民警对8 000余名受害人进行抽样调查发现，样本中的2 000余名受害人里，只有李某一人选择了报警。后期，民警在对多名受害者开展问询时了解到，绝大多数受害人在缴纳培训费后，并没有在实际运营中取得客服承诺的效果，店铺也大多以退店、封店收场。

"由于该公司作案手法隐蔽，多数受害者认为自己只是被坑了，并没有意识到自己被骗，直至我们与其联系后才得知事情真相。"南京市公安局侦情指中心民警说。

鉴于该案案情复杂、涉及金额大、受害人分布广等特点，南京市公安局成立"4·24"电信诈骗专案组，对该犯罪团伙展开深入调查。经过连日作战，专案组基本掌握了该团伙的组织架构、人员身份和犯罪证据等情况。

5月12日上午10时30分，专案组进行集中收网。800余名警力根据统一指令，在该团伙4个公司、多个地点进行抓捕。

"该团伙最大的一个办公地点约有300余名成员，他们的办公室分散在6楼至13楼，这给我们的抓捕增添了不小的难度。"南京市公安局侦情指中心民警介绍，抓捕行动中最重要的一点是要确保"人机对应"，为了不惊动犯罪团伙，就连行动路线、抓捕小组的队列顺序都得经过反复斟酌。在周密的部署下，抓捕小组一举抓获以刘某某、彭某为首的犯罪团伙成员共450余人，现场缴获计算机、手机等作案工具千余台、话本及登记册若干本。

经查，2020年6月，刘某某伙同彭某成立公司，为达到"割韭菜"的目的，彭某先后辗转进入多家"同行"公司偷师学艺。在人员组成、岗位设置以及工作内容上，均围绕"诈骗客户钱财"这一目标进行设置。

"从表面上看，该公司手续完备，组织架构也很正规，下设推广部、销售部、教学部、运营部等，每一个部门的职能都与诈骗环节一一对应。"参与审讯工作的江北新区公安分局刑警支队预审大队民警告诉记者，该团伙成员在行骗过程中，会向受害人展示成功案例，并承诺受害人购买教学套餐后，可得到金牌老师"一对一"指导，"天天爆单"，不少受害人都选择了购买套餐。

"但实际上，所谓的金牌教师只有初高中文化，他们向受害人展示的成功案例也是伪造的。该公司并不具备培训、运营的能力。"南京市公安局侦情指中心民警介绍，该团伙为了规避打击，频繁更改公司名称、与受害人签订制式合同等，这些都给案件侦办带来困难。"但好在前期调查取证工作做得够扎实，该案件的侦破工作才能顺利进行。"

分析思考：哪些因素影响网络消费感知风险？

任务实施

步骤一

寻找网络消费感知风险的影响因素

为了全面了解感知风险的产生，研究降低风险的策略，必须对影响消费者网上购物风险的影响因素进行分析。网络消费者产生网上购物感知风险的根本原因是其购买活动结果好坏的不确定性，这种不确定性又是多种因素影响和作用的结果。不同消费者对购物风险的感知不尽相同，但一般消费者对风险的感知主要依赖于消费者因素、产品因素、商家因素及其他因素。这些影响消费者购物感知风险的因素在传统购物方式下和网上购物方式下有所不同。

1. 消费者因素

消费者的个人因素影响着网络消费感知风险。具体包括：人口统计特征，如年龄、性别、教育背景等；个性特征，如人生观、价值观、消费观、对风险大小的估计、对风险的态度等；消费者的资源拥有量，如收入、产品知识、前期交易的经验及时间资源等。

（1）人口统计特征对网络消费感知风险有一定影响

在网络上，女性可能比男性感知到更高的风险，年长者可能比年轻者感知到更高的风险，已婚者可能比未婚者感知到更高的风险。不同性别在对网上购买过程中的信用卡风险、欺诈性网站以及隐私泄露风险等方面的知觉可能也有所不同。虽然男性和女性都把安全性差作为不再网上购物的首要原因，但与男性相比，更多女性认为"缺乏接触"是她们不愿意在网上购物的一个重要原因。

（2）消费者的个性特征也是影响网络消费感知风险的一个重要因素

消费者的人生观、价值观、消费观、对于风险大小的估计、对风险的态度、是否具有创新性等都会影响消费者对风险的感知。具有创新性的消费者一般都敢于承担风险、追求多样化的生活，因而一般也更易于接受网上购物这种新型交易方式。

（3）消费者的资源拥有量是影响网络消费感知风险的又一个重要因素

消费者的资源拥有量，即消费者收入、是否有充足的购物时间、产品知识、对产品的了解程度、前期交易的经验、是否有满意的购买经历，在网络环境下则主要表现为对网络的熟悉程度，对网上商家和在线购物流程的了解。

收入不同的消费者所感知的网络消费风险存在一定的差别，一般收入水平同其所感知的风险高低成反比。时间多少也会影响消费者对网络消费风险的知觉。在网上购物时消费者多需要从网络获取有关购买信息，因此如果购买者时间有限，在相关信息缺乏的情况下就匆忙做出决策，也会使消费者感知到较高的风险。

对风险的知觉更易受消费者个人经验的影响，例如在股票市场赚到钱的人则比赔钱的人更倾向于持续投资，这是因为他们知觉的风险比较低。在网络用户中，从未在线购物的用户要比有在线购物经历的用户有较高的风险感知；使用网络不频繁的用户要比经常使用网络的用户有较高的风险感知。对于首次在网上购物的消费者来说，拥有网络及在线购物流程的知识尤其重要。消费者对于网上购物这种购物方式越了解，购买经验就越多，产品知识也会越丰富，其感知的网上购物风险就会越低。反之，如果消费者的购买知识不足则易对购买决策的正确性缺乏信心，从而感知到购买过程中的风险。如果消费者以往在网上购物中有过不满意的经历，尤其是被骗钱而没有收到货的，就会对网络消费的安全性产生很大疑惑而产生网上购买风险的知觉。

2. 产品因素

影响消费者网络消费感知风险的产品因素主要有产品是日用品还是耐用品、产品是有形产品还是无形产品以及产品的品牌等。

研究表明，消费者无论在网上购物还是普通购物方式下，对耐用品的风险感知要高于非耐用品的风险感知。据对广州地区消费者调查显示，在网上对有形商品的购买中，计算机、软件和书籍、音像制品类最受消费者欢迎,这些产品之所以在网上最受欢迎,可能是由于其标准化程度较高而更新速度较快,消费者在网上可以用较优惠的价格买到更新的同类产品。而国外的一项研究则将网上消费者购买的商品与服务根据其购买特征归纳为方便品、选择品、补充品三类。其中,方便品指书籍、CD、鲜花和演唱会门票等低风险任意选购品,这些商品因其广泛的选择性、很高的折扣和运送方便等特点而成为网上消费的最主要内容;选择品则指一些没有太多款式,事先对实际产品接触不是很重要的商品,如休闲旅游、计算机硬件、电子产品和用具等;补充品则指的是一些相对昂贵和易于运送的产品,如保健品、美容产品和美食等。

对有形产品而言,无形服务的多样性、易变性、生产和消费的不可分割性以及不可触摸等特性,传统店内购物环境下消费者对无形服务的风险感知要高于有形产品,但在网上购物却出现相反的情况,即消费者在网上购买有形产品的感知风险要大于购买无形服务的感知风险。在传统购物环境下,商品品牌可以降低消费者对产品质量的风险感知,但是当消费者在网上购买商品时,商品品牌及其著名程度对感知风险的降低作用表现得并不明显,此时,消费者更关注的则是网上在线购物环境的其他风险,如信用卡被盗、个人隐私泄露等。

3. 商家因素

商家因素表现为商家的信用、声誉、品牌、形象等。网上购物环境下主要表现为购物网站的信用,网上零售商的信用和网上商店的品牌、形象等,尤其是网上商家的信用在各种商家因素中表现得最为强烈。

传统购物方式下购物场所环境对消费者的感知风险有一定影响,一般购物环境较好的地方,消费者总是感知到更少的风险,反之则会提高消费者的感知风险。而在网上购物方式中,由于交易的信息流、资金流、物流的不同步,消费者感知的风险一般要高于传统购物方式,也使网上购物中商家(包括购物网站和网上零售商)的信用问题显得尤其重要,购物网站和网上零售商的信用较好,则可有效降低消费者的感知风险。因此,企业应通过多种方式、各种渠道,塑造和维护在消费者心目中的声誉,建立在公众心目中的信用。

4. 其他因素

其他因素主要有购买方式、购买目的、个体期望水平等。

在与购买活动有关的因素中,不同的购买目的和不同的个体期望水平都会使消费者产生不同的网络消费感知风险。例如,我们在网上为自己选购一件商品与我们选购这一商品作为给他人的礼物时感知风险往往是不同的,但对网络消费者网上购物风险感知影响较明显的则是这一购物方式本身。消费者可采用的购买方式中,网上购物的消费者购物风险感知总体高于传统的购物方式,即在实体商店中的购买。网络的虚拟性、在线交易的安全性、技术的可靠性、网络商家的身份识别等都是消费者在采用这一购物方式时所担心的问题。

相对传统的购物方式,网上购物是一种新型的购物方式,由于网络空间的虚拟性和技术的复杂性,消费者可能要承担更高的风险。网上购物中买卖双方的沟通主要是通过网络的虚拟界面来实现,但是这个虚拟的网络界面往往会出现很多问题,使消费者在进行购买决策时,无法准确预知消费结果而造成一定的购物风险。具体来说,主要有以下几个方面。

在网络虚拟界面中,商品销售方对商品信息描述不清,使消费者不能掌握商品的准确信息导致功能风险；网络虚拟界面中出现的货物现实中却没有库存，出现缺货等现象，使消费者购买后却不能如期收到货物导致损失的时间风险或交付风险；网络消费者缺乏对商品的直接购物体验，其所依据的信息十分有限，对购买决策的正确性缺乏信心，无法准确判断商品优劣而引发的功能风险等。

消费者选择产品一般都要经历收集信息的过程，不但要通过多种感觉器官来获取对商品的综合认识和整体的感知，还要通过多种渠道了解商品的情况。而在网络消费中，消费者从网上获得的相关商品信息范围太窄，多为卖方提供的商品图片和介绍等，而其他渠道获得商品信息不但少，而且也缺乏足够的可靠性，在这样的情况下做出购买决策，消费者很容易产生网络消费感知风险。

网络消费所依赖的基础技术设施和相关配套服务也会影响消费者的网络消费感知风险。基础技术设施主要包括提供网站系统的稳定性、系统设施的完备性和安全性等。网上购物时消费者是通过互联网来作为购买中介实现其购买目的，所以网络等基础技术设施将不可避免地对购买过程中的感知风险产生影响。而同时，网络系统配套的信用体系、银行卡支付体系、网络安全体系、相关法律体系的不健全等也会对消费者网上购物感知风险产生重要影响。

步骤二
降低网络消费感知风险

消费者的购物过程总和对某种商品的需求联系在一起，对网上购物风险的感知使消费者在网络消费时举棋不定，从而使消费者的需求难以得到满足。因此，为了保证自己的需求得到满足，同时减少购物风险，消费者就产生了寻求减少风险的需求，并采取多种方式减少感知风险，当风险降低到消费者可以接受的范围或消失时，消费者决定购买。从某种意义上讲，消费者的购买过程实际上也就是规避或减少风险的过程，而其购买行为也可以被视为一种减少风险（不确定性）的行为。同时，开展电子商务的企业也力图消除或减少网上购物过程中消费者的购物感知风险，从而实现网上业务的开展。

1. **消费者减少网上购物风险的方法**

（1）收集信息

消费者产生感知风险的原因之一是信息不足或缺乏经验。而消费者的购买活动实际上就是一个信息加工过程。消费者在这一过程中收集到的信息越多，感知到的风险就越低。因此，为增强购买决策的可靠性，消费者可通过信息的收集来降低购物感知风险。收集信息的渠道有网上论坛、聊天室、其他消费者的购买评价，或者是同类商品被使用的经历、感受和心得等。消费者对有关商品和商品种类以及具体使用情况的信息掌握得越多、对可能后果的预测越大、感知风险就越小。

（2）加强安全与诚信意识、寻求各种保障

首先，在网上购物中，要注意避免各种不良心态，端正购物观念，加强安全意识。一旦发现网上商品价格比市场价格低很多，不应一味追求廉价而被其诱惑，应有所警惕，也要注意不要被网上所谓巨额奖金或奖品诱惑，以免上当受骗。在网上购物应尽量避免高额大件商品，以避免造成大的损失。

同时，在购买过程中应认真阅读交易规则及附带条款，避免落入不法商家的圈套，并应保留交易的各种有效凭证，包括卖方提供的各种原始清单、电子邮件、收据和寄交商品的相关包装等物件，由于网上交易的电子证据较易修改，因此必要的文件应打印保存。在网上保存交易记录是消费者自我保护的一种有效方法，可以为自己日后可能进行的维权行动提供有效的法律保证。

在网上购物要遵循谨慎和保密的交易原则，要注意个人信息的保密措施，保持充分的警惕和防范，发现任何可疑之处，应立即有所察觉并采取有利方法予以处理。对通过电子邮件、电话和短信方式索要账户密码等行为有所防备，切实保障自己的交易安全。

（3）谨慎选择商店和商品品牌

消费者在进行网上购买决策时，首先应尽量选择信誉好、形象好、有相关隐私保护政策的网上商店购物。比如在网上购物前认真选择专业购物网站，核实该网站是否具有管理部门颁发的经营许可证书等。在和具体售货者进行交易自己所需的商品前，认真查看售货者的信用度，比如查看售货公司是否已通过工商登记注册，通过查看售货者的交易次数、个人信用度、网友评价等进行综合考察。这些方法可以很好地降低消费者所感知的财务风险、隐私风险和心理风险。

为降低和减少对网络购买决策可能引起的功能风险，消费者在网上购物时，也应对网络商店有关商品售后服务方面进行考察，尽量选择以保修、包换、包退、包赔等方式对消费者做出售后服务承诺的网络商店作为交易对象，这样可以将消费的功能风险进行一定的转移。

同时，在网上购买商品时选择具有一定知名度、美誉度的名牌商品，不但可以降低消费者收集各类信息的搜寻成本，同时也会帮助消费者降低财务风险、功能风险、心理风险和时间风险。

（4）选择安全的支付方式

安全的支付方式可以大大减轻消费者对网上购物的疑虑和担心。比如采用的第三方支付平台只有当买方收货后，卖方才能得到货款的支付，可以消除网络消费者对网上购物的交付风险。如果不能采取这类方式，则应尽量选择货到付款或同城交易来避免出现财务风险。使用网络银行或信用卡网上支付方式时，要开立专门的信用卡来进行网上支付，实现专卡专用，切忌一卡多用而失去管理；卡内金额以购物付款额为限，不宜多放；网上使用后及时更换密码，防止他人以不法手段盗用；不在网吧或其他公共场合的计算机上使用银行卡在线支付；不轻易打开陌生的电子邮件；尽量不通过超级链接直接访问购物网站和银行网站；尽量不在无名小网站上下载免费软件或音频文件，以免被木马程序偷袭；在计算机上安装杀毒软件和防火墙，并定时杀毒和更新以保证网络系统的安全性。

2. 网络商家降低网络消费感知风险的方法

对于网上购物这种新兴的购物方式，感知风险有重要意义，因为高感知风险者与低感知风险者相比，不可能采用这样的购物方式。降低网络消费感知风险是促进我国网络购物发展的一个切入点，也是改变网络购物环境、增加消费者网络消费信心的主要途径。电子商务经营企业和个人应从以下几个方面努力降低消费者所感知到的网上购物风险。

（1）增强网络安全技术

网上消费过程中物流、信息流、资金流的分离是消费者对网络消费缺乏安全感的重要原因。因此，为了降低消费者对网络消费风险的感知，网上购物的各个环节必须加强安全和控制措施，对消费者购物过程的信息传输和个人隐私加以保护，同时将对消费者的隐私保护政策及时公布，使消费者确信自己的个人信息不会受到不公正的使用。电子商务企业应重视网站及网页的安全性，不断升级安全措施，努力解决影响网上购物的一些如网络连线速度过慢、网络支付安全缺乏保障等问题，以消除消费者网上购物的不确定性。

（2）提高网站网页设计水平

网络零售商可以通过在网站网页上详细、真实地介绍公司的性质、类型、历史、所有者、员工、办公地址、联系电话、网站隐私保护政策等真实可靠的消息，降低消费者的感知风险。另外，互联网零售商应提供方便友好、快捷的交互界面，简便交易流程，使消费者能迅速进入并快速搜寻商品，方便地进行交易或取消订单。网络的发展不但使消费者收集信息的能力大为提高，也大大扩展了企业为消费者提供信息的能力。因此，企业应通过完善自身网站网页设计，向网上寻求商品信息的消费者提供更多、更完备的商品信息和个性化的商品使用建议，也可以通过在门户网站等其他网站设置广告等方式，向更多消费者提供自己的商品信息，积极同消费者建立联系。

（3）确保交易商品质量

网络商家应向消费者提供高质量的产品，同时向消费者承诺提供各种担保，如承诺可以自由退换有缺陷的商品。通过提供技术保证和商品质量保证，激发消费者网上购物的信心，降低感知风险。同时，网络商家通过自己的网站宣传或展示产品，详细、全面地介绍商品的关键信息，客观、真实地展示商品形象、色彩等图像信息，为消费者尽可能多地提供相关信息，使消费者在进行购买决策前能更全面地认识商品而降低网络消费感知风险。

（4）完善售后服务

为了减少消费者所感知的心理风险，网络商家应建立客户服务中心，及时为顾客提供所订商品信息，充分利用电子邮件等方式与消费者进行交流和沟通，及时提供消费者订单确认、商品配送状况等信息；切实提高售后服务水平和服务质量，降低和消除消费者购买商品的后顾之忧。完善售后服务不但可以降低消费者对网上购物风险的感知，同时，也利于提供自己的信誉度、美誉度。

（5）落实有效配送

网络销售方应努力落实和完善自己的商品配送系统，保证消费者订购的商品能准确、及时、完整地送到消费者手中，这样才能有效减少和降低消费者在网上购物过程中对交付风险的感知，同时提高消费者对网上购物的满意度。有效的配送系统，不但包括从商家到消费者商品的传递过程，也应包括商品出现配送错误、差错及消费者退换、修理商品的传递过程。

触类旁通

当心！高仿微信公众号"钓鱼"诈骗

"您小车的免年检期限即将到期，可在微信公众号线上年审。"福建泉州许先生根据这条短信提示，搜索到名叫"福建车辆年检"的公众号，通过链接被诱导到一个网址，输入了银行卡号、发动机号、卡密码及短信验证码，被骗走2 000元。

近年来，越来越多的人习惯在微信公众号上处理事务。记者调查发现，骗子们如今开始利用仿冒官方微信公众号进行诈骗，有的通过取"高仿名"冒充正规机构，有的通过造假、借用他人工商执照、法人信息注册微信公众号实施诈骗。

微信公众号办事成习惯，小心掉进"高仿号"圈套。

记者通过采访了解到，不少人都认为公众号可信度较高，操作时很少点开详细资料了解公众号的注册、认证背景等。

浙江的陈女士就曾因为关注了一个虚假的微信公众号，导致新办理的信用卡被骗消费上千元。办理了交通银行的信用卡后，为方便日后查账，陈女士在微信中找到了一个名为"交通银行中心办卡进度询问"的微信公众号。

关注后，陈女士打通页面上提供的客服电话，接电话的男子自称是交通银行的"客服"。该"客服"让陈女士提供信用卡账号和手机号码，并称随后会发验证码到陈女士的手机上。

陈女士按照对方的指示，将收到的四条验证码全数报出。在即将报出第五个验证码时，陈女士突然意识到验证码不能随意告诉陌生人。陈女士立刻挂断了电话，并拨打了交通银行的官方咨询热线，但为时已晚。银行的工作人员告诉陈女士，其信用卡已被消费4笔，合计1 414元。

泉州市反诈骗中心民警表示，除了冒充金融部门公众号诈骗，还出现假冒网络贷款、购物网站、中介机构等公众号的诈骗案。

根据注册主体的不同，微信公众号分为个人号和企业号，企业号可以获得链接到外网等更多权限，经认证的公众号甚至可以开通支付通道。申请官方认证需提交企业营业执照、法人信息等资料。

记者搜索发现，微信平台上能查找到一批类似"扫码支付助手""支付平台助手""银行卡安全助手"等看似"官方"的公众号，查询这些公众号的详细资料后，才发现竟是无相关营业资格的个人号。

此外，经微信官方认证的公众号也被造假者盯上。在电商平台上，记者发现不少声称可以"公众号定制、名称自取，极速通过公众号、服务号、订阅号、小程序注册和认证"的商家。其中一位商家告诉记者，缴纳680元可注册经微信官方认证的企业号，微信要求的营业执照、银行对公账户、法人信息等资料可以全由该商家包办，公众号平时运营完全交给记者。

记者提出要将该号用于放贷，可能要从公众号跳至其他付款网页，因为和该公司合法的营业范围是"两张皮"，担心微信方面会审查，卖家表示"微信方面完全不会管，可以放心运营"。

专家建议平台负起责任，避免沦为诈骗工具。

业内人士指出，微信公众号在名称和资料审核、日常运营等方面还存在漏洞。根据《电子商务法》等有关法律的相关规定，互联网平台要承担起主体责任，应依法加强对平台内各经营者的管理，特别是对金融、政务、支付等相关行业公众号要着重进行人工审核，提升开设门槛，避免其沦为诈骗工具。

微信官方团队回应，在微信公众平台开设公众账号的用户，需要遵守国家相关法律法规，不从事违法或违反《微信公众平台服务协议》及相关规则的行为。平台现在对公众号涉及"银行"这一类的命名，均严格要求申请者提交相关金融资质才可命名；上文提到的"银行卡安全助手"公众号属于注册时间较早的账号,平台已要求其7天内改名或更换有资质的主体,如到期未调整,将直接清空名称。

"对于仿冒公众号等行为一直都在打击,最近还进行了专项处理,处理了一批仿冒诗词书画大赛、假冒家电售后维修、假冒高收益理财、假冒快递理赔等违规账号。"微信相关负责人说。

网信安全与信息化专家表示,从技术角度看,通过假冒微信公众号"钓鱼",一般需注册第三方钓鱼网站域名并开发实现对应所需的诈骗功能,打击此类"钓鱼链接",需要平台对接国家级统一的钓鱼网站信息库,监管部门与平台协同发力。

微信官方团队提醒用户,使用前先单击公众号右上角"…"→"更多资料",查看公众号的具体信息,假冒官方号的主体大多是一些个人、个体工商户或非对应的主体。不过,多数消费者在接受记者采访时表示,让消费者"擦亮眼"是防骗的一个方面,但更重要的是提供服务的微信平台不能"甩锅",要真正负起责任来,这是一个负责任企业的基本社会责任和义务。

讨论:结合案例谈谈,如何降低网络消费感知风险。

项目小结

随着互联网技术创新的日新月异,各类信息产品和信息服务大量涌现,"网络消费"已经悄然成为大众生活中不可或缺的一部分。而随着我国网络购物用户规模的不断扩大,网络消费渐热,网络安全问题也浮出水面,成为不可忽视的隐患。

不同的消费者对于同一事物或同一事件,往往会有不同的认识和反应,也会产生不同的感知风险。在消费领域,对于同一消费对象或同一消费方式,不同的消费者也会产生不同的反应,从而导致各种不尽相同的消费行为。感知风险是消费者对客观风险的主观感受和认识,这形成消费者对某一事物的风险态度,并进而影响消费者的行为。如果消费者主观认为网上购物风险较高,那他就不愿意选择这种购物方式。目前,在网络购物市场上,不同的买家对于同一件物品,评价也有可能不同。因此,有必要利用心理学的相关理论,分析在网络消费过程中消费者对网络消费安全的感知。

此外,还应认识到我国客观存在的一些网络消费安全问题,并找出影响网络消费感知风险的因素,以此提出相应地降低感知风险的方法,从而促进我国网络消费市场健康发展。

一、选择题

1. 被消费者所感知到的购买决策中存在的风险则被称为(　　)。
   A. 认知风险　　　B. 感知风险　　　C. 财务风险　　　D. 心理风险

项目 8　感知网络消费风险

2．功能风险是商品是否具备消费者所期望的（　　）而存在的风险。
　　A．功能　　　　B．外观　　　　C．品质　　　　D．性能
3．（　　）是指购买的商品如果出现问题，维修和退换服务所引起的损失的可能性。
　　A．服务风险　　B．时间风险　　C．隐私风险　　D．交付风险
4．（　　）问题仍是阻碍网络消费发展的主要问题。
　　A．物流配送　　B．交易安全　　C．网络技术　　D．保密技术
5．网上购物的各个环节必须加强安全和控制措施，对消费者购物过程的信息传输和（　　）加以保护。
　　A．物流信息　　B．产品信息　　C．个人隐私　　D．消费记录

二、填空题

1．_____指消费者所感知的产品不能正常交付的风险。
2．物流业一直都是网络购物环节中不可或缺的部分，但我国现有的物流业仍需进一步发展和完善，物流企业的_____直接关系到网络消费者的消费体验。
3．传统购物中，消费者感知的购物风险类型主要集中于_____、_____、_____、_____、_____以及时间等六种风险。
4．影响消费者网络消费感知风险的产品因素主要有：产品是日用品还是耐用品、产品是有形产品还是无形产品，以及_____等。
5．商家因素表现为商家的_____、_____、_____、_____等。
6．收入不同的消费者所感知的网上购物风险存在一定的差别，一般收入水平同其所感知的风险高低成_____。

三、简答题

1．我国网络消费存在的客观问题有哪些？
2．网络消费者感知风险的影响因素有哪些？
3．如何降低网络消费者感知风险？

拓展训练

训练一　寻找感知风险

1．训练目的
通过训练，能针对具体情形找出网络消费感知风险。

2．训练要求
阅读以下案例，寻找案例中存在的网络消费感知风险。

案例一：网购手机换货遇推诿

　　合肥市消费者章先生在网上购买了一部手机，发现手机屏幕鼓起，外侧漏光，于是和网站客服联系，要求更换。网站客服让消费者找该品牌本地售后服务部开具检测报告，

凭检测报告办理退换货手续。章先生咨询了两家该手机品牌售后服务部，但对方均表示手机未激活所以无法开具检测报告，建议消费者直接找经销商更换。而章先生担心激活手机会给退换货造成不便，不愿意激活手机。于是，因为检测报告的问题，经销商和售后服务部没有及时给章先生办理退换货手续。

执法人员接到投诉后，及时与网站沟通，明确了网站在交易过程中应该承担的责任，指出应当给消费者提供较为便捷的退换货方式和渠道。网站于是联系消费者，办理了换货手续。

案例二：团购电影票，兑换规则多

张女士团购了两张某影城的电影票。团购网站页面对某电影进行了介绍和宣传，表示支持团购券兑换。张女士反映，团购成功后，需要在影城官方网站上兑换，但是该电影不提供2D版本，只提供3D版本，而团购券不能兑换3D版本电影，因此无法凭团购券观看该电影。张女士向网站申请退款后，被告知不能退款，只能改看其他电影。

执法人员接到投诉后，查看了团购网站的网页。网页上虽然写明团购券兑换需以影城官方网站为准，但是网站并未对该团购券使用规则作明确的提示，且网页上对该影片进行了大量宣传，让消费者误认为网站销售的团购券可以兑换该电影票。根据国家工商行政管理总局《关于加强网络团购经营活动管理的意见》，团购网站不得设定过期未消费预付款不退或者限定款项只能退回网站账户等限制。经过调解，网站给张女士办理了退款。

案例三：海淘代购，跨境风险要考虑

宋女士反映其在韩国某购物网站上购买了一件羽绒服，按照网络提供的支付方式付款后，网页也显示了生成订单号，但网站迟迟没有发货。之后宋女士发现其订单信息已被删除，且被告知网站已经不再经营，之后便再也无法联系到该网站。

目前，境外电子商务网站由于其经营者在境外地区，对境外网站的消费维权及监管依旧存在困难，海淘也面临着较大的风险。

案例四：网购误入退款骗局

"亲，您好！因您购买的产品存在质量问题，我们这边已经为您退款！需要您提供银行卡号及验证码，稍后就会收到退款。"当接到这样的电话，对方确无误地说出你的身份信息时，你会相信么？"双十一"购物节临近，退款诈骗、中奖诈骗、快递诈骗开始频发，十堰的刘女士在网上被人以购物退货为由诈骗一万余元。

十堰市公安局东岳分局刑侦大队接到辖区刘女士报警，称其在网上遭遇假客服诈骗，请求民警帮助。

刘女士告诉办案民警，当天下午在家接到了一通电话，对方自称是淘宝客服，说自己有一件快递因为显示异常无法收货，现可以退款作为补偿。刘女士说自己最近确实在网上购买了不少物品，因不知道是哪一件出了问题便按照"客服"的指示添加了微信好友。随后，"客服"通过微信给自己发来了最近购物的信息要其确认，刘女士一看的确是自己的订单。

紧接着，"客服"又发来一张二维码，要求扫码填写信息，已经对此深信不疑的刘女士继续进行操作，扫码后显示的是一个支付宝登录界面，输入账号和密码后又弹出了下一个界面，需要继续填写身份证号、手机号并绑定银行卡。

刘女士说信息填到这里时，内心稍微有些起疑，但是"客服"声称绑定银行卡后钱款便会原路退回，且这是正规渠道不会出现问题，心中的疑虑也就此打消。随后，刘女士继续按照"客服"的指示完成最后一步绑定银行卡的操作，但是几次过后均显示输入的验证码超时，需要重新获取。因在此期间，"客服"一直与刘女士保持语音通话，得知这一情况后开始"好心帮助"，让其再获取一次验证码，然后报给自己，会通过平台帮助刘女士申请退款。此时的刘女士已被"客服"绕晕了头脑，丝毫没有多想就把收到的银行验证码报给了对方。挂掉电话后，没过几分钟刘女士就收到了银行发来的短信，本以为是收到退款，没想到显示的竟是转款 6 599 元，于是急忙去微信询问"客服"，不料得到的回复是钱款被冻结，需要通过支付宝借呗平台继续转款才能解冻，话音刚落，刘女士再次收到一条转款短信。

两次共转走 11 499 元，刘女士意识到自己可能被诈骗了，转头就去微信质问"客服"，可是收到的却是一个红色感叹号，对方早已将自己拉黑了，遂急忙报警求助。

3．成果展示

请若干同学在全班将找到的网络消费感知风险进行展示。

训练二　降低网络消费感知风险

1．训练目的

通过训练，掌握降低网络消费者感知风险的方法。

2．训练要求

李敏和夏雨的网上购物商城的主要对象是在校学生，为了提高网络消费安全，请帮助他们写两封信。

1）一封是写给客户的"致客户书"，另一封是写给入驻商户的"致商户书"。分别从这两个方面围绕"降低网络消费感知风险"，对客户和商户提出建议，可参考图 8-3。

2）以 2 或 3 人为一组，并设组长一名。

防骗指南

1）与淘宝卖家沟通，一定要坚持使用旺旺，因为旺旺有一套针对淘宝网设计的防范钓鱼网站和木马传播的安全机制；要求使用 QQ 沟通的淘宝卖家，十有八九都是骗子。

2）网购时，向卖家索要实物图，一定要对方通过聊天窗口发送图片或截图，而不要轻易接收对方发来的任何文件，这样就能避免木马感染。

3）网购时，如果接收了对方发来的文件，一定要首先扫描文件安全性，一旦看到任何形式的风险提示，都应该立即删除文件并停止交易，因为正常的图片文件或压缩数据包，是不会被任何安全软件报告风险的。

4）一旦发现自己感染了网购木马，应立即进行木马查杀；遇到顽固木马，则需要使用类似 360 系统急救箱之类的深度扫描工具进行查杀；必要的情况下，还可以选择类似"360 电脑专家"一类的远程人工安全服务。

图 8-3　参考

3．成果展示

以小组为单位，利用 PPT 展示小组的两封信。

项目 9

保护网络消费者权益

随着信息时代的到来,互联网带来的快速、便捷的服务使得越来越多的消费者开始进行网络消费,并逐渐形成一个庞大的网络消费群体。网上购物虽然具有方便快捷、价格便宜及品种齐全等优势,但是由于网络的虚拟属性、不透明性、隐蔽性、跨区域性,网购在给消费者带来许多优越性的同时,也给网上消费者的合法权益受到侵害带来可能性,由此产生的消费纠纷呈不断增长的趋势。相较于传统的交易模式,消费者无法通过自己的经验和对商品的鉴赏做出与所购商品或接受服务相当的判断。

思考: 你是否对网络消费存在疑虑?如果是,存在哪些疑虑?你是否看到或有过网络消费者权益受损的经历?如果有,请谈谈你是如何维护该权益的?

教学导航

学习目标

◎ 知识目标

理解网络消费者权益及其受损的表现和原因;理解网络消费者权益保护的特殊性及其途径和措施。

◎ 能力目标

能分析网络消费者权益保护的现状,针对具体的网络消费者权益受损的情形找出原因,并采取相关措施。

◎ 本项目重点

网络消费者权益受损的表现和原因。

◎ 本项目难点

保护网络消费者权益的途径和措施。

项目 9　保护网络消费者权益

任务引入

网络消费十大典型案例（节选）

2022年3月，肖先生在某购物平台购买了一把剃须刀。到货签收后，肖先生使用时发现剃须刀无法正常使用，遂联系经营者要求退货退款。经营者却称，按照店铺的规定，顾客一旦签收商品，即视为认可商品质量符合约定，不能办理退货。

关注与思考：

1）为什么会出现网络消费者权益受损的现象？
2）网络消费者的权益有哪些？权益受损的表现和原因是什么？
3）网络消费者如何来保护自己的权益？保护途径与措施有哪些？

任务分析

通过观察分析、案例研讨、角色扮演、实战训练等方式，理解并掌握网络消费者权益及其受损的表现和原因；理解网络消费者权益保护的特殊性及其途径和措施。

任务1　认识网络消费者权益

任务要点

关　键　词：网络消费者权益，网络消费者基本权利，消费者信任

理论要点：理解网络消费者的基本权利，了解企业应尽的义务和责任，理解网络消费者权益保护的特殊性

实践要点：能分析网络消费者权益保护的现状

观察导入

优惠商品发错货　售后处理引不满

有用户向"电诉宝"反映他在某购物网站共购买了11件衣服，因商家当时网站分别有满1件打3折和限时抢购价格，并有不同金额的优惠券，所以在购买时分了5个订单，购买后7:00前下的订单显示均已发货，且均在15:50快递信息显示已收件。但在第二天早上快递信息显示"通知件已退发件人，已签收"，商家表示库存问题不会发货，单方面违约，同时会按照处理结果进行赔付。对此，购物平台表示，此单我司已有工作人员联系消费者协商处理，针对此问题致歉，因商家问题商品无法发出，协商为其退款，并补偿实付金额最高一笔订单的30%。

分析思考：网络消费者的基本权利有哪些？

任务实施

> **步骤一**

享有网络消费者的基本权利

网络消费者权益是消费者在网络消费过程中,尤其是在购买、使用网络商品和接受网络服务时所享有的权利和利益。

网络消费者所享有的基本权利大致与一般消费者的权利相同,一般而言,网络消费者享有以下权利:

1. 电子支付环境下的财产安全保障权

《消费者权益保护法》第七条指出,消费者在购买、使用商品和接受服务时享有人身、财产不受损害的权利。对网络消费者来说,同样也存在着保护网络消费者财产权与人身权方面的基本问题,网络消费者在网上购买相关商品之时,商品可能会存在着质量方面的问题,如果对消费者的人身安全带来侵害的话,这个应该适用《消费者权益保护法》和《产品质量法》的规定。

2. 网络消费者对经营者及商品的知情权

《消费者权益保护法》第八条指出,消费者享有知悉其购买、使用的商品或者接受的服务的真实情况的权利。在进行网络交易的过程中,消费者是不去面对面和经营者之间展开交易的,而是通过网络,消费者对商品和服务的了解本身就会受到限制,甚至有时连商品的基本信息都很难得到比较全面的了解。消费者知情权可以说是受到了很大的威胁,这就需要经营者提供商品的真实、全面、可靠、详尽的信息。与此同时,经营者应该披露自己的真实身份,比如姓名、经营范围、地址、信用状况等基本情况,消费者也有权利知道详细的交易条件。

3. 网络消费者自主选取商品的权利

《消费者权益保护法》第九条指出,消费者享有自主选择商品或者服务的权利。对于网络消费者来说,应该是享有在互联网上自主选择商品与服务的权利,享有自主选择商品交易对象的基本权利,享有对商品或者是服务加以鉴别、比较或挑选,并最后做出购买决定的权利。

4. 公平交易权

公平交易权是消费者在购买商品或者接受服务时享有的获得公平交易条件的权利。公平交易权的核心是消费者以一定数量的货币可以换得同等价值的商品或服务,这也是衡量消费者的利益是否得到保护的重要标志。除此之外,衡量某种消费是否是一种公平交易,还包括在交易过程中,消费者是否得到实际上的满足或心理的满足、当事人是否出于自愿、有无强制性交易或歧视性交易的行为等。

《消费者权益保护法》第十条指出,消费者在购买商品或者接受服务时,有权获得质量保障、价格合理、计量正确等公平交易条件,有权拒绝经营者的强制交易行为。网上所订立的合同针对消费者来讲有时候是不利的,网络经营者有义务将减轻或者是免除自身责任条款明确地告知消费者并提醒其注意。我国《电子商务法》赋予了消费者公平交易的权利:

消费者在进行网上消费过程中，享有获得公平的交易条件的权利。这种公平的交易条件包括商品质量保障和合理的价格。

5. 损害赔偿权

消费者的损害赔偿权，又称为求偿权和索偿权。我国《消费者权益保护法》第十一条规定："消费者因购买、使用商品或者接受服务受到人身、财产损害的，享有依法获得赔偿的权利。"网络消费者实施这种权利的前提是在网络消费过程中，其人身或财产遭到了损害。这是利益受损失所享有的一种救济权，可以通过这种权利的行使给网络消费者的损害带来适当的补偿。

6. 受教育权

消费者受教育权又称消费者求知权、获得教育权，是指消费者享有获得有关消费和消费者权益保护方面的知识的权利。消费者有权获得消费方面、权益保护方面的知识，主要包括消费观念知识、市场基本知识、消费者权益保护的法律和政策、消费者权益保护机构、消费者权益保护的途径等知识。与其他消费者权利不同的是，消费者的受教育权既是消费者的一项权利，同时也是消费者的一项义务，其本身包含着权利及义务两个方面。在信息时代，网络消费中更应该充分地把权利和义务结合起来，通过行使受教育权，获得网络消费知识和有关消费者权益保护的知识，不断提高自身消费知识和保护程度。

> **步骤二**
> **规定网络产品和服务商的义务和责任**

网络消费者权益保护与网络产品、服务经营者以及网站应尽的义务和责任是相关联的。为了保障网络消费者的基本权益和网络消费的健康发展，有必要规定网络产品和服务经营商应尽的责任和义务。

1. 网络产品和服务经营者的基本义务

《消费者权益保护法》第十六条规定："经营者向消费者提供商品或者服务，应当依照本法和其他有关法律、法规的规定履行义务。"基本法律义务要求经营者严格履行其与消费者预订的义务。经营者向消费者提供商品或者服务，应当恪守社会公德，诚信经营，保障消费者的合法权益；不得设定不公平、不合理的交易条件，不得强制交易。

2. 提供商品信息的义务

《消费者权益保护法》第二十条规定："经营者向消费者提供有关商品或者服务的质量、性能、用途、有效期限等信息，应当真实、全面，不得作虚假或者引人误解的宣传。"网络产品和服务经营者以及网站对提供的信息要充分，不能对产品轻描淡写，也不能过于夸张，特别提出了"明码标价"。

3. 商品质量保障以及售后服务的义务

《消费者权益保护法》第二十四条规定："经营者提供的商品或者服务不符合质量要求的，消费者可以依照国家规定、当事人约定退货，或者要求经营者履行更换、修理等义务。没有国家规定和当事人约定的，消费者可以自收到商品之日起七日内退货；七日后符合法定解除合同条件的，消费者可以及时退货，不符合法定解除合同条件的，可以要求经营者履行更换、修理等义务。"网络服务经营者一定要保证向消费者提供的商品有质量保障，还要保证其广告和产品描述方式、向消费者提供的质量状况和商品实际的质量状况相符。

《消费者权益保护法》也提出了，除一些特殊物品外，经营者采用网络、电视、电话、邮购等方式销售商品，消费者有权自收到商品之日起七日内退货，且无需说明理由。当然消费者退货的商品应当完好。经营者应当自收到退回商品之日起七日内返还消费者支付的商品价款。退回商品的运费由消费者承担；经营者和消费者另有约定的，按照约定。

4. 不得不当免责义务

《消费者权益保护法》第二十六条规定："经营者在经营活动中使用格式条款的，应当以显著方式提请消费者注意商品或者服务的数量和质量、价款或者费用、履行期限和方式、安全注意事项和风险警示、售后服务、民事责任等与消费者有重大利害关系的内容，并按照消费者的要求予以说明。经营者不得以格式条款、通知、声明、店堂告示等方式，做出排除或者限制消费者权利、减轻或者免除经营者责任、加重消费者责任等对消费者不公平、不合理的规定，不得利用格式条款并借助技术手段强制交易。格式条款、通知、声明、店堂告示等含有前款所列内容的，其内容无效。"

5. 保护消费者安全和隐私的义务

目前各界都在呼吁保护消费者网络消费过程中的安全和隐私问题，网络产品和服务的经营者的责任集中表现在：保证消费者安全、保证消费者个人信息不滥用、不泛用、不被第三者非法使用。这在《消费者权益保护法》的第十八条、第二十七条以及第二十九条中都有明确规定。

> **步骤三**
>
> **寻找网络消费者权益保护的特殊性**

消费者权益保护的特殊性表现在以下几个方面：

1. 消费者知情权与公平交易权保护的特殊性

随着信息时代的到来，互联网带来的快速、便捷的服务使得越来越多的消费者开始进行网络消费，并逐渐形成一个庞大的网络消费群体。但网络消费的问题也开始逐步显现：相较于传统的交易模式，消费者无法通过自己的经验和对商品的鉴赏，做出与所购商品或接受服务相当的判断。虽然网络消费中的知情权、公平交易权与传统消费并没有本质区别，但鉴于网络的虚拟性、消费信息的过度扩散、消费者与销售者信息的极度不对称等因素，网络消费中的知情权、公平交易权更需受到关注。

2. 消费者隐私保护的特殊性

在网络交易过程中经营者往往要求交易对方提供很多个人信息，同时也可以利用技术方法获得更多他人的个人信息。因此，对这些信息的再利用便成为网络时代的一个普遍的现象。经营者为了促销商品等目的，未经授权向网络消费者发送垃圾邮件，影响消费者个人生活安宁，构成侵害网络消费者隐私权的行为，有的甚至将这些信息卖给其他网站以谋取经济利益。此外，即使有的企业对客户的个人信息采取了保密的手段，但黑客袭击常常防不胜防，许多网络经营者保存的客户资料包括个人信息、银行账号等被盗取，使得消费者的财产和隐私权均遭受损失。

3. 消费者损害赔偿权保护的特殊性

在网络消费中，经营者和消费者互不见面，当消费者利益受损失，经营者与网络服务商各承担什么责任，消费者能否通过直接起诉网络服务商来获得救济，法律无相关规定。

目前网络交易中消费者对商家信誉的信心寄托于交易提供服务的第三方，如CA中心（电子商务认证机构）和收款银行。当发生跨国网上交易时，消费者往往不熟悉商家所在国的法律，这使得其损害赔偿权的行使十分困难。

步骤四
了解网络消费者权益保护的现状

1. 国际组织的相关立法

1996年，联合国国际贸易法委员会通过了《贸易法委员会电子商业示范法》（以下简称《示范法》）。它是迄今为止世界上第一部关于电子商务的法律，意在向各国政府的执行部门和议会提供电子商务立法的原则和框架，尤其是对以数据电文为基础的电子合同订立和效力等做出了开创性规范，成为各国制定本国电子商务法规的"示范文本"，不具有强制性，但向各国立法者提供了一套国际公认的规则。《示范法》的制定适应了不同国家的法律、社会和经济制度，尤其注意，《示范法》中规定了电子合同的效力、电子合同履行的标准、电子签名的指导方针、电子证据的使用等，为逐步解决电子商务的法律，包括网络消费中消费者权益保护等问题奠定了基础。此外，1999年颁布的《电子签名统一规则（草案）》、2005年通过的《联合国国际合同使用电子通信公约》等，对网络消费中消费者的权益起到了保护作用。

2. 区域组织的相关立法

在全球性电子商务的发展浪潮中，欧盟国家意识到在第三产业信息化社会中电子商务将提供重要的就业机会，为广大中、小企业提供新的发展空间，促进经济增长和技术创新方面的投资，增强企业的竞争力，因此一直致力于在联盟内部促进电子商务的发展。法律是电子商务发展的重要的软环境，欧盟从1995年底开始着手颁布的一系列重要法律文件都是为了保障和促进联盟内部电子商务的发展。欧洲议会于1999年通过了《电子签名指令》，于2000年又通过了《关于欧共体内部市场的信息社会服务，尤其是电子商务的若干法律方面的第2000/31/EC号指令》（简称《电子商务指令》），这两部法律文件协调与规范了电子商务立法的基本内容，构成了欧盟国家电子商务立法的核心和基础。该指令主要规范的重点是与消费者知情权相应的经营者的信息披露义务。

3. 部分国家的相关立法

为了使电子商务在法律的保护和规范下健康发展，美国早在20世纪90年代中期就开始了有关电子商务的立法准备工作。例如，1995年犹他州颁布《数字签名法》、1996

年美国财政部发布《全球电子商务选择性税收政策》、1997年7月1日美国政府发布《全球电子商务框架》、1998年6月美国联邦政府通过《互联网税收自由法》、1999年美国国会通过了《反域名抢注消费者保护法》、1999年美国统一州法委员会通过了《统一计算机信息交易法》、2000年美国国会通过了《全球和国内商业法中的电子签名法案》。这些法律条文一经颁布,美国政府每年都要检查执行情况,以确保立法后真正发挥到保护消费者权益的作用。除此之外,美国还成立了消费者联合会这一民间组织,并向消费者提供法律咨询信息服务。除了美国之外,加拿大、德国、意大利、马来西亚、日本和韩国等国家都根据本国的国情制定了相应的电子商务规范和法律法规,以此保障本国的消费者在网络消费中的权益受到保护。

4. 我国网络消费者权益保护现状

近年来,网络消费被越来越多的消费者所接受和喜爱,并发展迅速。但形形色色困扰网络消费者的问题也随之而来。网络消费成为消费者投诉的重点,其中对B2C和C2C交易中的投诉占大部分。根据《2019年Q1中国电子商务用户体验与投诉监测报告》,2019年第一季度,国内网购投诉占全部投诉50.53%。一些消费者认为店家故意隐瞒商品的一些重要信息;有的认为实际商品与描述不符合;有的消费者因在网上披露了自己的个人资料而不断收到垃圾邮件;有的消费者在网上刷卡购物后却收不到货品;还有的消费者表示对方延迟交货,当想要退换货时,发现很困难。

目前,在网络消费者权益保护这一领域,我国主要采用《消费者权益保护法》《产品质量法》《广告法》等进行监管。随着网络经济的不断发展,为了保障网络消费者权益,我国先后颁布了一系列与网络经济、电子商务相关的法规,如《电子签名法》《电子支付指引(第一号)》,并修订了相关法律法规,但在此领域对消费者权益保护的立法还需要进一步完善。

知识拓展 9-1

青岛市消费者权益保护委员会、青岛市网商协会:
"优化网络消费环境 共促消费公平"倡议书

(2022年3月9日)

全市电商企业:

为动员全社会力量,切实维护好广大消费者的合法权益,在3.15国际消费者权益日到来之际,围绕2022年消费维权年主题"共促消费公平",青岛市消保委、青岛市网商协会向全市电商企业发出如下诚信经营倡议:

一、严格遵守《中华人民共和国消费者权益保护法》《中华人民共和国电子商务法》《山东省消费者权益保护条例》等有关法律法规,依法经营,推动行业健康发展。

二、认真贯彻执行《中华人民共和国价格法》《禁止价格欺诈行为的规定》等法律法规,自觉加强价格行为自律,明码标价、质价相符,坚决抵制不正当价格行为,不进行消费欺诈,维护公平竞争的市场价格秩序。

三、认真履行企业社会责任,增强保护消费者合法权益第一责任人意识,积极做好消费者权益源头保护。

项目 9　保护网络消费者权益

四、坚守诚信原则、强化诚信意识，坚决杜绝虚假广告宣传、刷单炒信、恶意差评等行为，不销售假冒伪劣商品和"三无"商品。提倡公平守信，反对恶性竞争，营造健康文明的行业环境。

五、重视商品服务售后保障，积极履行线上无理由退货承诺，为消费者提供安心、安全、便捷的消费体验，让消费者放心购物，无忧退货。

六、畅通消费纠纷处理渠道，完善消费争议解决机制，公平合理解决消费争议，及时化解消费矛盾，不断提高消费者的获得感、幸福感和安全感。

七、积极参与放心消费创建活动，遵循放心消费各项标准和要求，在放心消费创建中起示范引领作用。

八、自觉接受社会各界监督，不断提升商品和服务质量，共同营造公平、公正、诚信的消费环境。

2014年3月新修订的《消费者权益保护法》已经有相关条款对网络消费者权益的保护做出了明确的规定。相关政策环境也在不断完善，于2019年1月正式实施的《电子商务法》提出：国务院和省、自治区、直辖市人民政府应当将电子商务发展纳入国民经济和社会发展规划，制定科学合理的产业政策，促进电子商务创新发展；支持、推动绿色包装、仓储、运输，促进电子商务绿色发展；国家促进跨境电子商务发展，建立健全适应跨境电子商务特点的海关、税收、进出境检验检疫、支付结算等管理制度，提高跨境电子商务各环节便利化水平，支持跨境电子商务平台经营者等为跨境电子商务提供仓储物流、报关、报检等服务。

触类旁通

以案说法：网购出现问题如何保护消费者权益？

2019年，陈女士趁着"双十一"买了一条牛仔裤。可当她拿到货时，却十分生气："新买的牛仔裤，刚穿上身，一排扣子掉了。我拍照发给客服，要求退货或换货。可客服却表示，他们只是卖家，与厂家没有售后修补的约定，因此不能换货，要想退货得自付运费。"客服还提出一个"妥善"的解决办法，要求陈女士发一个好评，这样就能获得5元钱红包，"足够买扣子缝补了。"

对此，中国人民大学法学院教授刘俊海认为，客服的处理不符合消费者权益保护法的规定："消费者权益保护法明文规定了后悔权制度，买家收到货后7天之内拥有无理由退货的权利。即使商品没有质量问题，只要消费者不喜欢，都可以要求退货，更何况是如此明显的质量问题。"

如今，网购已经成为社会公众的生活方式之一。据中国互联网络信息中心发布的报告显示，截至2019年6月，我国网络购物用户规模达6.39亿人次。然而，网购在为消费者带来便利的同时，也存在知假售假、价格欺诈、信息安全等问题，让消费者的合法权益受到损害。

"有时，我和朋友在微信里聊到某样东西，或在微博、浏览器搜索了某词条，结果就有网购平台将相关物品推荐给我。这让我觉得自己被监视了。"很多消费者都有一样的遭遇，这都是大数据营销惹的祸。

刘俊海表示,很多平台与电商都是利益共同体,他们将损害消费者权益作为其节约成本、提高经济效益的代价,这不仅违背了商业伦理,也违反了法律规定:"法律明确规定,商家在获取消费者个人信息和隐私信息时,要严格遵循知情、同意、保密、必要、合理等基本原则,征求消费者同意,不能私自提取消费者个人信息。"

"市场可能失灵,但监管不该失灵。"刘俊海表示,监管部门应该依法用好、用够、用足法律赋予的行政指导、行政调解、行政监管和行政处罚等权利,保护消费者合法权益,维护消费者与电商平台之间公平的交易秩序。平台也要发挥自律监管的职责,自觉地尊重和保护消费者依法享有的各项权利,营造一种多赢共享、包容普惠、诚实信用、公平公正的电子商务市场生态环境。

讨论:案例中提及了哪些网络消费者的基本权利以及商家应尽的义务和责任?

任务 2　重视网络消费者权益的保护

任务要点

关 键 词:网络消费者权益、权益受损、途径、措施
理论要点:网络消费者权益受损的表现和原因,保护网络消费者权益的途径和措施
实践要点:能针对不同情形找出网络消费者受损的原因,并采取相关措施

观察导入

"直播带货"消费维权　平台、主播和商家到底该找谁

2020年以来,受疫情影响,线上经济场景活跃,电商直播、直播引流、直播吸粉种草等各类"直播带货"形态应运而生。数据显示,截至2020年3月,直播用户规模已达5.60亿。其中,电商直播用户规模达到2.65亿。与此同时,其中暴露的虚假宣传、售后服务不健全、消费者维权难等问题也颇受诟病,行业规范有待加强。

据北京市消费者协会发布的《直播带货消费调查报告》(以下简称《报告》)显示,遇到直播带货问题,有62.46%的受访者选择找平台维权,46.32%的受访者选择找销售商家维权,只有29.82%的受访者选择找主播维权,超六成受访者遇到问题找平台维权,其次是找商家,最后才是主播。北京市消费者协会相关负责人强调,提升自我保护意识很有必要。消费者选择直播带货方式购物时,应注意以下几点:第一,要查看直播平台公示的商家信息,查看其是否有营业执照,如果平台没有公示商家营业执照,建议尽量不要购买其商品或服务,否则,一旦权益受到损害,很难依法维权;第二,不要轻信主播的产品功效宣传和超低价承诺,要根据自身实际需要理性消费;第三,消费者要保存好直播视频、聊天记录、支付凭证等证据,遇到问题及时联系商家和平台协商解决。如果协商不成,可

以向当地消协组织或市场监管部门投诉,也可以申请仲裁或到法院提起诉讼,依法维护自己的合法权益。

分析思考: 网络消费者的权益受损体现在几个方面?

任务实施

步骤一
看看网络消费者的哪些权益受损了

在网上购物轰轰烈烈兴起的同时,与之相关的一系列问题也迅速凸显,如网络诈骗、虚假广告泛滥、消费者隐私泄露、格式合同对消费者权利的侵犯、售后服务质量差等现象,已经严重侵害了消费者的合法权益。

1. 不完整或虚假信息使得网络消费者的知情权受损

网络交易的开放性和全球性为消费者购物提供了广阔的消费空间,但是网络交易的虚拟性也决定了消费者通常只能通过销售者提供的货物信息来判断货物是否合乎要求,消费者不可能实地查验货物,只能通过询问销售者或者通过销售者在网上的商品描述和图片获取有关商品信息。在此过程中,经营者有意向消费者提供虚假的商品信息,欺骗消费者,如夸大产品性能和功效、以次充好、虚报价格、虚假服务承诺、漫无边际的夸大产品用途等;经营者在网上商店展示商品时,有意或无意地向消费者提供不完整信息,比较常见的遗漏信息有产品产地、生产日期、保质期、有效期、产品检核合格证明等;经营者采用虚拟网络广告,而网络广告是消费者网上购物的主要依据,消费者的购物大多根据广告中所描述的文字和图像等内容进行判断做出决定,而虚假广告会误导消费者。

知识拓展 9-2

案例:联系不上网店应向哪方主张权利

张某通过某网站购买了由一家珠宝公司销售的水晶摆件,后经检测,该水晶摆件为玻璃材质,不含水晶。因张某购买后无法联系上商家,故以珠宝公司构成欺诈且某网站作为网络交易平台提供者无法提供销售者相关信息为由,以某网站为被告诉至法院,要求某网站退货退款并给予3倍赔偿。

根据《消费者权益保护法》规定,网络交易平台提供者不能提供销售者或者服务者的相关信息,消费者可以要求网络交易平台提供者承担赔偿责任。故在某网站无法提供销售者或者服务者的相关信息的情况下,判决某网站退货退款并给予3倍赔偿。

网络消费者往往无法主动行使知情权,知情权的实现与否完全取决于经营者是否基于诚实信用原则提供商品或服务的真实信息,有的经营者在利益的驱使下,拒绝披露商品或服务的真实信息,由此导致网络消费者的权益在经营者强权的欺凌下遭受重大损失。面对掌握绝对商品或服务信息的经营者,消费者的知情权在网络环境中很难得到真正保障。

2. 网络欺诈和格式条款使网络消费者的公平交易权受损

网络消费者的公平交易权受损主要体现在：网络消费中的格式合同条款侵权和网络消费欺诈等，如商品质量、数量、价格与订购时要求不符；售后服务难以保证；强制要求接受商品、低价陷阱套取货款、空头承诺骗取订金、网络拍卖欺诈等问题。曾有过一次调查，调查中 50 位有网络购物经历的年轻人，其中 37 个人不同程度地遭遇过网络购物陷阱，最高的损失达 3 000 多元，60% 以上属于商品质量问题，另外，"三包"兑现不了、附件不到位的情况也较多。未遭遇网络购物陷阱的人，则对通过网络购得的商品表示"不满意""没有网络上看起来那么好。"

知识拓展 9-3

格式合同

格式合同，也称定式合同、标准合同、附从合同。在一般的概念中，格式合同是指全部由格式条款组成的合同，只有部分是以格式条款的形式反映出来的，则称为普通合同中的格式条款。

格式合同虽然具有节约交易的时间、事先分配风险、降低经营成本等优点，但同时存在诸多弊端。由于格式合同限制了合同自由原则，格式合同的拟定方可以利用其优越的经济地位，制定有利于自己、而不利于消费者的合同条款。例如，拟定方为自己规定免责条款或者限制责任的条款等。

但无论如何，格式合同有其存在的合理性，法律不能因为格式合同的诸多弊端而取消格式合同的存在。因此，不断完善格式合同，规定哪类不利于非制定方的条款无效、规定条款制定方的提示义务和说明义务即是法律规范格式合同、保护条款非制定方利益的表现。

第一，网络消费中的格式合同。为追求交易双方对效率的追求，网络消费中往往存在大量的格式合同。格式合同的大量采用使双方当事人利益存在潜在的失衡危险。格式合同往往是由销售者一方制订，没有体现消费者的真实意思表示，消费者只有整体接受或拒绝的权利，无法对其中任一条款进行协商。而销售者又凭借其经济优势，在格式合同中加入许多"霸王条款"，如减轻或免除自己的责任、加重消费者的责任、缩短法定瑕疵担保期间或约定有利于自己的管辖法院或约定仲裁条款等。这些合同表面上符合契约自由原则，实际上却违背了契约正义的要求，侵害了消费者的合法权益。

第二，网络消费中虚假信息的发布。网络消费中，销售者散布的商品信息内容极具诱惑性，促使消费者心动并支付一定财物，销售者收到款项后却拒付商品，这实质上是一种欺诈行为，以期牟取暴利。此外，消费者凭借销售者提供的电子产品、图片介绍等对所购商品做出鉴别，但这些信息多具夸张成分，消费者往往在收到货物之后，发现实物与网络宣传相差甚远，消费者并没有拿到所期望的商品，这显然也是一种不公平交易。另外，销售者又利用网络环境的虚拟性，有意隐瞒真实信息，消费者无法与之联系、获得退换货等售后服务，更不用谈赔偿纠纷的解决了。

3. 网购支付安全隐患威胁消费者财产权

电子支付是网络消费发展的关键之一，也是我国电子商务发展的一大关键性瓶颈因素。目前网上购物的付款方式主要包括网上银行支付、线下付款。网上银行支付指消费者将货款打入第三方账户，待消费者确认收货后，由此第三方向卖方付款。常见的如支付宝，此种支付方式下，消费者有短暂的时间对产品的质量进行考量，对消费者具有一定保护作用。线下付款，包括货到付款和先款到发货，在这两者支付方式下，消费者的权利都难以得到保护，甚至可能钱货两空，因为货到付款方式下消费者仅有几分钟或者十几分钟检验商品质量，而款到发货方式下消费者在未曾与商品谋面前便将货款打到销售者账户了。由于目前我国网上银行安保措施不够健全，即使是网上付款，也可能由于无意间接收对方发来的恶意软件而使存款在支付时被圈走。网购支付中存在的以上隐患使消费者的个人网银账户财产安全无法得到切实保障。

4. 不合理的个人信息填写要求侵害消费者隐私权

当消费者进行网络消费时，绝大多数网站都要求顾客提供他们的姓名、性别、身份证号、住址、联系方式、教育程度等个人资料进行注册后才能获得成员资格，从而进行交易。由于网络隐私所能带来的经济利益和黑客技术的发展，对消费者人身安全构成侵犯，消费者的隐私受到前所未有的威胁，因此网络环境下的隐私权保护显得尤为重要。

知识拓展 9-4

> **隐私与隐私权**
>
> 对于隐私和隐私权的概念目前学界有争论，从广义上说隐私的内容包含三个方面：个人信息的保密、个人生活不受干扰和个人私事决定的自由。因此与上述定义相对应广义的隐私权也包括三个方面：第一，个人资料的隐私权；第二，保持个人生活安宁的权利；第三，个人事物不受干扰和侵犯的决定权。

网络消费活动对个人隐私权的干扰和侵犯在现实生活中有如下表现：

1）不当收集和利用消费者个人资料信息。个人资料范围广泛，一般来说包括姓名、出生日期、住址、身份证号码、银行账户、电话号码、职业、婚姻、家庭、健康状况、宗教信仰等。未经当事人合法同意，将其个人资料用于商业行为、非法出售等行为都侵害了消费者权利，破坏了网络秩序。

2）网络黑客和不法分子利用头盔软件等现代信息技术收集、窥视或公开加密文件、加密 E-mail 及私生活等，干预和侵害他人的隐私权。

3）商家或别有用心者向电子邮箱投递大量垃圾邮件，占用邮箱空间影响正常信件的传送，散布电子病毒等，已经构成了对消费者个人生活安宁的侵害，增加了用户的成本。

5. 网上购物交货迟延、缺乏售后服务、退货困难使得消费者退货权和求偿权受损

网络购物的类型主要有两种：一种是离线购物，即商家和消费者仅在网上达成交易，而商品的交付则通过运输、邮寄或其他实物递送方式进行，交易的标的为实体商品；另一种是在线购物，交易标的为数字化商品，消费者直接从网上购买计算机软件、电影、电子贺卡等信息产品。目前网络消费中，经营者和消费者互不见面，当消费者利益受损失，经营者与网络服务商各承担什么责任，消费者能否通过直接起诉网络服务商来获得救济，法律无相关规定，国内司法机关的看法也不尽一致。网络服务商经常通过格式条款告知消费者自己只是提供交易平台，对消息的真实性和交易结果不承担责任，要求消费者自己鉴别销售者发布消

息的真伪,并对自己的行为负责。网购维权机制尚不成熟使得消费者求偿权受损。

1)难以找到侵权方。经营者为了交易方便或其他原因,有时会提供多个网站和网络名称,而且这些网站往往没有进行注册登记,这就导致经营者在实施侵权行为后,消费者和监管部门难以找到现实中的经营者,使消费者的求偿权难以实现。

2)侵权证据难以掌握。由于电子数据易于修改,在电子商务中经营者在发现侵权行为被追查时,往往利用技术手段修改或毁灭侵权证据,使消费者和监管部门对数据的真实可靠性难以确定,甚至根本就无从取证。

3)侵权责任难以认定。电子商务涉及多个环节,消费者权益被侵害,往往不是某一个环节造成的,各个环节之间的扯皮使侵权责任认定难度增加,影响消费者求偿权的实现。

4)异地管辖使侵权赔偿难以落实。电子商务打破了地域时空限制,消费者可以在任何国家的任一商务网站进行电子交易,并可以不用顾忌这个国家文化、法律等方面的差异。在实际交易活动中,有时一笔电子商务可能涉及几个国家和地区,消费者的求偿权就可能受到立法差异、管辖权限等方面的阻碍,而这种跨国纠纷的解决要花费很高的成本,这就使消费者的求偿权更难实现。

现实中也存在这样的案例,消费者没有弄清楚自己的基本权利就进行维权,结果失败。张女士在网上定做了一件衣服,商家按照其要求制作完成后邮寄给张女士,虽然衣服确实如张女士事前提出的样式和面料加工而成,但张女士还是很不喜欢,后悔高价定做了,她想起法律规定网络购物有个七天无理由退货的规定,便联系商家要求退货,长时间协商后终究未果,张女士一气之下诉至法院,但其主张最终没有得到法院的支持。律师称:网购"七天无理由退货"确实是我国法律规定,《消费者权益保护法》第二十五条很明确,经营者采用网络、电视、电话、邮购等方式销售商品,消费者有权自收到商品之日起七日内退货,且无需说明理由。但也明确注明了下列商品除外情况,包括消费者定做的商品、鲜活易腐的商品、在线下载或者消费者拆封的音像制品、计算机软件等数字化商品、交付的报纸、期刊,以及除前款所列商品外,其他根据商品性质并经消费者在购买时确认不宜退货的商品,不适用无理由退货。所以不是任何网购都可以七天内无理由退货,本案中按照张女士要求定做的服装无法二次销售,如果商家已经依约履行了加工承揽义务,仍然遭到退货,其合法利益必将遭到侵犯,虽然《消费者权益保护法》保障消费者的各种权利,但也要严格依据法律的明确规定,遵守法律的严格限制,不能滥用权利。

网络消费者权益受损的原因

步骤二
寻找网络消费者权益受损的原因

面对以上问题,我们该如何在虚拟的网络交易中更好地维护网络消费者的权利呢?在此之前,必须看清网络消费者权益受损的原因。

1. 网络消费的特殊性

网络消费作为一种新的消费方式,其自身的特殊性是导致消费者权益受损的主要原因。

网络消费是在虚拟市场中进行的,交易双方并不需要面对面地直接接触,消费者面对的是计算机,通过网络了解经营者和商品。现代信息技术在给消费者带来方便的同时,也为侵害消费者权益行为提供了技术条件。消费者的知情权、公平交易权、求偿权、隐私权等受到侵害与网络的虚拟性有直接关系。因为计算机及其相关软件具有惊人的搜集和整理信息的能力,经营者通过利用网络技术等高科技手段获取消费者个人隐私,进行商业使用,扰乱消费者的正常生活。另外,由于网络消费打破了地域限制,交易在全球范围内进行,消费者对国外经营者信息的了解途径少得多,这就更容易使自己的权益受到侵害。

2. 网络消费基础设施

网络消费涉及多个环节,需要各方面的配合,这就对网络消费的相关基础设施提出更为严格的要求,尤其是物流配送体系不完善而导致网络消费者权益受损的事件时有发生。物流配送体系是网络消费的最终环节,也是直接与消费者接触的环节。它的运行效率直接关系到网络消费的效率。我国网络消费中,经营者主要是通过邮局、货运公司或是专门的快递公司上门送货等方式传递商品。由于我国物流业的发展水平还不够,不能满足网络消费快速传递的需要,这就造成消费者权益受损。

3. 经营者经营观念落后

网络消费是建立在信用基础上的交易方式,要求交易的双方必须具有良好的信用观念。然而,一些经营者为了利润使用多种手段欺骗消费者,导致假冒伪劣商品泛滥,恶性欺诈事件屡有发生。加之,消费者对网络消费认知不够,维权意识不强,政府监管不到位,各种基础设施不完善,从而为经营者侵害消费者权益提供了可乘之机,一些经营者利用网络消费设置消费陷阱,利用电子商务这种新的交易方式侵害消费者利益,将网络消费作为侵害消费、牟取非法利润的工具。

4. 与保护消费者相关的网络技术发展相滞后

网络消费者权益受损与网络消费赖以运行的网络技术也有一定的关系。从网络的建设来看,网络为消费提供了全新的交易平台,那么,网络本身的安全与稳定就应该得到保障,以保证交易能够顺利、安全地进行。但目前还存在网络受到恶意攻击的情况,网络稳定性较差,不能保障消费者快速、安全地交易。

知识拓展 9-5

《电子商务法》相关条文

2018 年 8 月 31 日颁布的《电子商务法》中的第二十三条规定,电子商务经营者收集、使用其用户的个人信息,应当遵守法律、行政法规有关个人信息保护的规定。该法是对电子商务领域,对电子商务经营者、电子商务平台经营者的特殊规定。

5. 对网络消费的监管力量有限

网络消费与传统的交易方式相比,交易环境虚拟、交易量较小,主管部门对网络消费的监管力量有限。主要表现在:关于网络消费中消费者权益保护的具体法律法规建设严重滞后,消费者缺乏保障自身权益的有力法律武器,监管部门能依靠的法律法规不够完善,难以开展监管工作，经营者也由于缺乏法律法规的约束，钻法律建设滞后的空子，为了利润全然不顾消费者权益受损。在网络消费过程中，对电子商务中的交易行为缺乏有效监管，消费者难以了解经营者的真实情况，难以保证交易的公正、公平。

6. 消费者处于弱势地位，自我保护意识和能力薄弱

在市场上商品交易的双方，一方面是生活消费者，另一方面是商品经营者。作为消费者来讲，往往是以个人的名义从事商品购买活动。但作为经营者来讲，则是以组织的名义从事商品出售活动。因此，以个人名义从事商品购买活动的消费者和以组织名义从事商品出售活动的经营者比较起来，前者显得力量极其弱小，由此而造成了买卖双方交易能力的不对等，使个人消费者成为冲突中的受害者。

知识拓展 9-6

预付式消费成维权"老大难"问题

消费者李女士于 2019 年 11 月 7 日通过网络报名，学习武汉某在线教育培训机构开设的国际心理咨询师培训课程，学费共计 6 980 元，首付了 1 396 元，剩余学费分 6 期，每月还款 930 元。11 月 9 日，李女士通过媒体曝光获悉，国际心理咨询师证是国内和国际都不承认的证书，认为该在线教育培训机构在宣传的时候存在虚假广告，要求该机构退还报名费并取消学费分期，但该机构以各种理由不予退还，随后，李女士将其投诉至湖北省消费者委员会，经过调解，该机构退还全款。

此外，在网络消费中消费者主权意识淡薄，在自身权益受到损害后往往息事宁人、自认倒霉，不积极采取办法来寻求补偿和保护，这在一定程度上为经营者侵权提供了机会。

步骤三

选择保护网络消费者权益的途径

保护网络消费者的权益不受损需要付出一定的努力去实施。现阶段网络消费者权益的保护途径有以下几方面。

1. 国家保护

（1）完善网络消费立法

由于近年来网上购物在全球范围内普遍流行，国际上不少国家和地区已经出台针对网络交易活动的法律法规。随着经济的发展，网络交易及纠纷的增多，制定相关的政策和法律法规规范网络交易活动，保护网络购物的消费者的合法权益已成为迫在眉睫的任务。国家要通过网络消费立法，使网络商家和消费者有法可依。

1）制定网上经营的市场准入性政策和法规。

网络的虚拟性和开放性在很大程度上为一些不法商家提供了坑骗消费者的机会。为了便于消费者核实销售者的身份和其所发布信息的真实性，政府应当完善网络市场准入机制，对网上商店的开设、运营实行强制性登记许可制，在技术标准、设备容量、人员配备、经营内容等项目方面对网站的开设进行审核，要求网络销售者提供真实的身份证明，实行实

名审查制，对符合条件的才可发给相应级别的电子营业执照。同时还要强制网上商店必须像常规商店一样，在其网页的醒目位置放置电子营业执照的超文本链接，以备消费者查阅。对于一些无证无照的违法商家，工商管理机关应当及时查处。

2）设立监督网络交易的专业机构，与各地工商部门密切联系。

政府应当出台相应的网络销售监督条例，授权该机构可以接受网络消费者的投诉，在消费者提供权利遭受侵害的证据的情况下，及时将出现问题的网络销售者的信息反馈给当地工商部门，由工商部门对销售者的货品进行检查，及时处理存在的问题。

3）制定网络销售隐私权保护条例。

明确网络交易双方的权利和义务，严格保护消费者隐私权。要求各交易网站必须制定严格的个人信息保护措施，对个人资料的收集和使用要充分履行告知义务，并严格按照告知的用途使用，禁止非授权的个人资料的使用，对违规行为追究责任。

（2）完善行政监管制度

1）实行强制性登记许可制。

对网站的开设在技术标准、设备容量、人员配备、经营内容等项目方面进行审核，符合条件的才可发放电子营业执照。该电子营业执照存在于工商管理机关的认证网站上。同时在商家网页的醒目位置放置电子营业执照的超文本链接，以备消费者查阅。同时，工商管理机关还应加强对违法网络商家的查处力度，以维护广大消费者的合法权益。

2）要求商家提高商品描述的透明度。

网络交易存在一定的虚拟性和模糊性，在现有法律规定的情况下，购物网站应该明确规定信息披露的具体形式，尽可能详细地描述商品的性能、用途、出处和瑕疵情况，对网站上显示的商品照片尽量采用实物拍摄，并应该多角度拍摄商品，对于消费者关于物品的质地质量等询问应该诚实告知，对于有色差的商品除了提供商品真实照片外，还应该尽量用文字描述说明。

3）加大对广告的审核力度。

网站对于利用其空间发布的广告，在广告发布前应对广告的真实程度进行审查。如果网页广告流量过大，网站不可能全面审查，网站也应该制定广告发布后审核制度。针对网络广告流量大的特点，可以制定广告抽查制度。在抽查中，如果发现有虚假成分所在，应给予一定的警告和标注；情节严重者，应取消商家的营业资格。网站明知广告有虚假或是违法内容而没有采取相关措施，导致消费者的权益受到损害的，应该承担一定的连带责任。

2. 社会保护

网络消费者权益的社会保护是指通过各类社会组织、社会舆论和个人对损害消费者权益的行为进行监督，可以充分发挥各类中介机构和行业组织的作用。

行业组织在经济发展中作用的大小可以反映出一个社会进步的程度。网络中介组织则主要通过发放认证标志来保护消费者。商业性质网站如果想张贴该类认证机构的隐私标志，就要承诺公开它将从消费者那里如何得到、使用个人信息的情况，如果网站向第三方透露消费者信息，必须事先取得同意，并留出一定时间，看消费者是否要将自己从名单中删除。

而且网站还必须预先同意使用认证机构的争端解决程序,接受独立审计人的审计等。除了隐私认证标志之外,这类中介机构还发放信任标志,来增加消费者对在线交易的信任。

> **知识拓展 9-7**
>
> **行业组织的自律性规范和中介机构的监督执行机制**
>
> 在美国等市场经济较发达的国家,行业组织的自律性规范和中介机构的监督执行机制在培育消费者对网络消费的信心方面有重要作用,例如,消费者隐私权的保护主要就是通过这一机制来保证的。2000年3月,美国 AOL、AT&T、BroadVision、DoubleClick 等26个公司及其他团体共90多个成员组成了"网络隐私联盟"(Online Privacy Alliance),该联盟宗旨为要求企业告诉用户哪些被收集的数据属于个人可以处理的范围,并允许他们从中选择。2000年7月底,包括美国主要网上广告公司的网络广告协会公布了一系列新的行业自律标准,规定网上企业不能为了更有针对性地发布广告,而调用涉及网页浏览者的病史、财务状况、社会保险号码和性行为的资料。

3. 消费者自我保护

消费者是自身权益最有效的保护者,因此消费者要加强网上购物方面知识的学习,加强自我安全风险教育,积极防范,提高对网上陷阱的识别能力,主动维权。同时还要注意增强自己的维权意识,明白在权益受损后如何及时有效地保护自己。

消费者的自我保护是消费者通过接受消费教育,树立正确消费观念,获得丰富的网络消费知识,提高消费者权利意识和自我保护的能力,依法维护自身合法权益的一切个人活动。消费者自我保护是消费者法律教育的理想结果,它是消费者权益保护的基础,只有每个消费者都对自己的权利给予充分关注,才有可能形成强大的社会力量,进而推动消费者权益保护工作向前发展。

作为消费者来讲,在网络交易中除了要学习《消费者权益保护法》之外,还要掌握一些网络方面的法律法规。有了自我保护意识,网络消费者还应有防范的能力,网络消费者在进行网络消费时,要注意考虑自己的利益,更要知道如何保护自己的利益。网络消费者在进行消费交易过程中,都应对自己的利益给予高度关注。同时还要注意增强自己的维权意识,明白在权益受损后如何及时有效地保护自己。

(1)选择交易对象需谨慎

目前提供网络购物服务的网站不胜枚举,良莠不齐。消费者应当有最基本的风险防范意识,尽量选择到信誉好、安全性较高的网站购物。选择商品时不仅要看商家对它的描述,更要参阅其他消费者的评价,在此过程中还要注意识别真假信息,避免上当。此外,消费者应当谨慎地处理自己的私人信息,不可随意将自己的真实信息泄露给身份不明的网站和网络销售人,即使购物要求留下个人信息以便配送,也应当注意识别对方的身份,并且只留下必要的联系方式即可,其他的信息尽量不要向对方泄露。

(2)选择安全可靠的支付手段

在支付方式的使用上,如果可以选择,尽量选货到付款方式,在最大限度上保证交易安全。如果选择银行汇款、电汇、邮政汇款等传统手段，需相关部门出示汇款凭证，消费者应当留存以方便将来查对。如果采用网银支付，要保留款项从电子银行转出的时间记录等，以便纠纷出现时能更好地维权。用网络支付的同时，还要注意防范黑客侵袭，保护好账户资金和个人信息安全。

（3）出现纠纷时要积极维权

一般的网上购物数量和资金都不是很多，如果发生纠纷寻求维权时，首先应及时与网上销售企业联系，不可错过有效的异议时效。若不能解决，也应及时收集能够明确证明其因果关系的材料、相关的凭证、单据等，向有关部门投诉或者寻求法律援助。只有及时申诉，证据确凿，消费者的权益才能得到保障。消费者不要怀着"多一事不如少一事"的心理，害怕投诉，或者因为打官司成本较大就轻易放弃司法努力。随着法制的进一步发展，小额诉讼和集团诉讼制度建立不再是完全不可能的事情，在此类制度建立的将来，消费者更要擦亮眼睛，选择最能自我保护的法律武器来维权，抑制违法，维护公共利益。

步骤四
采取措施保护网络消费者权益

1. 不断提升网络技术水平，完善网络消费配套设施建设

在网络消费过程中，网络技术自身所暴露的漏洞是导致网络消费者权益受损的重要原因。垃圾信息与病毒的攻击对网络消费的安全构成了威胁，提高网络安全性的前提是完善网络技术。对于网络消费安全而言，相关的技术主要包括通信安全技术和计算机安全技术等内容，保证通信安全所涉及的技术主要有信息加密技术、信息确认技术以及网络控制技术，具体措施包括防火墙技术、审计技术、访问控制技术、安全协议等。计算机安全主要涉及计算机硬件、软件以及内部数据安全。所涉及的技术问题主要包括容错计算机技术，保证计算机内任何一个可操作的子系统被破坏后，计算机仍然能正常运行；安全操作系统，提供访问控制、安全内核与系统设计等保证计算机安全的功能；计算机反病毒技术，提供病毒检测、病毒消除、病毒免疫、病毒预防以及文件修复等功能，防止病毒对信息资源的污染与破坏。

网络采购突破了时间与空间的约束，使得消费者可以在全球范围内选择所需要的产品，但由于电子商务模式相应的基础性平台没有得到建立与完善，使得消费者的权利没有得到保障，因此完善电子商务的运作平台是保证与提高电子商务模式下的消费行为效率的前提，健全网络消费配套设施建设就尤为重要。在网络消费中，网上认证中心与网上银行（即将信息技术、互联网与传统银行三要素融为一体，为客户提供综合、统一、实时金融服务的银行形态）是关键性的中介组织，它们的体系健全对整个网络交易体系都有重要作用，网上银行体系健全的关键是将现实世界的真实银行实体向网络世界扩展，即扩大银行的网络功能。网上认证中心的健全就是多家认证机构增加交流，逐渐向统一发展，这样就避免了因这些认证机构彼此之间业务往来较少、交流较少所造成的网络交易平台不统一，减少了消费者受到不公正对待的情况。

现有的银行结算系统及其他结算方式已经为网络采购提供了基本的交割平台，而物流

配送体系与售后服务体系对于电子商务模式的要求而言则相去甚远，因此完善物流配送与售后服务体系是十分必要的。从国外的经验来看，适合电子商务的物流模式是物流代理。物流代理包括一切物流活动，以及发货人可以从专业物流代理商处得到的其他一些增值服务。物流代理公司承接仓储、运输代理后，为减少运行费用，提高服务质量，同时又要使生产企业觉得有利可图，就必然在整体上尽可能统筹管理，使物流合理化。售后服务体系主要内容包括有条件退货、建立客户咨询系统、成立客户投诉中心、无条件退货等。物流配送体系与售后服务体系的建立有利于消费者增强对网络采购的信心，同时降低风险，进而促进网络消费的有效发展。

2. 健全网络消费法律体系，维护网络消费者权益

为了保护网络消费者的权益，最迫切的是建立有效的信用管理体系。例如，相关法律法规应当对进入网络系统的产品或服务的经营者进行规范，对其进行信用等级评定，把好入门这一关。而在交易的过程中也要规范有关商家信用信息，进行信用记录等。通过大力培育和发展网络认证中心，完善网络认证标志，确立合理的、完善的信息认证规则等，使网络信用的规范法律化、制度化。电子商务信用规范化管理的措施主要有以下几个方面：

1) 经营许可管理，包括网站级别认证、企业资信状况、储备金管理、信息发布准则、客户信用信息管理。

2) 信息发布管理，包括网站的认证级别、自身的信用级别及其变化、商业信息、服务条款、监督机构规定的其他信息。

3) 电子交易管理，包括信用记录、保证金条款、电子合同管理等。

4) 内部作业管理，包括建立电子交易信用风险管理部门，制定严密的贸易合约，维护并定期更新信息等。

5) 服务管理，包括提供比较合理的联系渠道，提供客户可以检查以前订单的能力，制定相关的惩罚机制等。

6) 清算程序管理等。

除此之外，还应健全网络消费者权益保护法律制度，主要包括以下几个方面：

（1）明确网络经营者的义务

在网络交易中，由于信息的不对称，经营者处于优势地位，消费者则经常陷入不知情的劣势地位。因此网络经营者应当披露相关信息，包括经营者身份信息、商品或服务信息、交易信息等。由于网络格式合同的存在，有必要从法律上对免责条款进行限定，例如，限制免责条款列入合同；限制不合理条款的效力；对于减轻、免除经营者责任的条款或限制消费者权利的条款应当采用特别提醒的方式列入合同等，或者规定消费者享有撤销权或犹豫期，从正面保护消费者的合法权益。同时在网络消费交易中，经营者迟延履行合同、瑕疵履行合同以及不履行售后服务义务的事情常发生。由此看出，网络经营者不仅有在线披露产品信息的义务，同时也有及时履行合同的义务，在合理的时间内延期履行合同时，要尊重消费者的选择权，消费者有要求退、换货品的权利。另外，还应当规定经营者的承诺义务、保证售后服务义务、赔偿义务；另外，在网络交易过程中，

会涉及消费者的个人信息，一旦被泄露，会给消费者造成严重损失。因此有必要规定经营者保护消费者个人信息的义务。

（2）明确网络服务商的义务

对于网络服务商的界定，理论界说法不一。有些学者认为网络服务商属于现行《消费者权益保护法》第四十四条规定：消费者通过网络交易平台购买商品或者接受服务，其合法权益受到损害的，可以向销售者或者服务者要求赔偿。通过法律规定网络服务商的义务主要表现在两个方面：第一，对网络经营者的事前监督，主要是对网络经营者身份的认证；第二，对经营者的事后监督，网络服务商在提供服务的过程中，对经营者的经营状况，信用情况等信息定期监督审查，建立信息披露平台。当网络服务商不履行义务时，对于给网络消费者造成的损失应承担补充赔偿责任。

（3）保障消费者的知情权和安全权

完善我国《消费者权益保护法》《广告法》等法律法规，建立网络交易中保障消费者知情权的法律体系。同时还需要建立一套有助于保护网络消费者权益的信用体系。法制体系有事后救济的作用，而信用体系则有事前防范的功用，所以在网络经济和网络交易中，建立完善的信用体系是保护网络消费者知情权的有效途径。加强对经营性网站和非经营性网站的备案登记，严格审查交易主体资格。实行不带有管制性质的信息公开制度，除了涉及商业秘密的信息，其他与交易主体有关的信息都可以公开。这些措施将有助于保障消费者的安全权。

（4）保障消费者隐私权和损害赔偿权

通过立法对相关方面进行规制，包括个人资料收集行为的依据、个人资料的收集过程、个人资料的使用及安全，明确界定哪些是网络隐私，而不是简单地规定为不得侵犯消费者的网络隐私。同时规定哪些行为是侵害隐私权的行为及应当承担的法律责任。

3．规范网络服务商的行为，提升服务质量和水平

网络经营者利用网络进行商品和服务的介绍、推销和销售，消费者利用网络购买商品和服务，这一切必然要通过服务商的服务才能进行。就法律地位而言，网络服务商在网络交易中既不是买方也不是卖方，但它不仅提供了信息通路，还涉及资料的输送信息服务等领域，在网络交易中起着重要的作用。因此要明确网络服务商对用户的责任，以保护消费者的权益，促进网络交易的发展。

网络服务提供商对网络与电子商务中隐私权保护的责任包括以下的一些内容：在用户申请或开始使用服务时告知使用互联网可能带来的对个人权利的危害；告知用户可以合法使用的降低风险的技术方法；采取适当的步骤和技术保护个人的权利，特别是保证数据的统一性和私密性，以及网络和基于网络提供的服务在物理和逻辑上的安全；告知用户匿名访问网络及参加一些活动的权利；不修改或删除用户传送的信息；仅仅为必要的准确、特定和合法的目的收集、处理和存储用户的数据；不为促销目的而使用数据，除非得到用户的许可；对适当使用数据负有责任，必须向用户明确个人权利保护措施；在用户开始使用服务或访问 ISP 站点时告知其所采集、处理、存储的信息内容、方式、目的和使用期限；根据用户的要求更正不准确的数据或删除多余的、过时的或不再需要的信息，避免隐蔽地使用数据；向用户提供的信息必须准确、及时予以更新；在网上公布数据应谨慎。

网络服务商在经营过程中应该提高自身的质量和服务水平，同时应注重对用户要求的满足。随着网络交易的快速发展，消费者对网络服务质量的要求会越来越高，一些不能满足消费者要求的服务商，不仅会输掉市场而且会损害消费者权益，只有不断地提高自身的服务水平和质量才能让消费者无后顾之忧，充分投入网络交易中去。

网络服务商应加强对用户的身份认证和提高信息加密技术。通过网络交易平台交易容易隐藏当事人的真实身份，产生网络欺诈以及虚假广告，从而对消费者的交易安全带来影响。因此，这就需要网络服务商更加严格地验证当事人的真实身份，以便追究侵害消费者权益当事人的责任。采用信息的变换或编码，将机密、敏感的消息变成乱码型文字，这样可以保护加密信息不受侵害，保护机要信息，使未经授权者无法得到被隐蔽的消息。

知识拓展 9-8

网络消费者权益救济方式的完善

1. 设立在线投诉中心

设立自己的投诉中心，在线接受社会各界的监督、投诉。然而，由于对网络消费者的保护不是一个部门的工作就能实现的，所以共同组建一个权威的在线投诉中心的关键就是各部门的联合。首先应由中国国家市场监督管理总局和中国消费者权益保护协会共同建立在线投诉中心，接受来自全国各地的网络消费投诉。其次，在线投诉中心的运行机制应该是在投诉中心接到投诉资料时，由中心转发到被投诉的网络经营者所在地的市场监督管理局或消费者权益保护协会，由当地的市场监督管理局或消费者权益保护协会对投诉资料核查并进行处理。这使消费者在寻求救济时不需要考虑地域限制和救济成本的问题。最后，将经营者所在地的查找义务交由消费者，这样可以使中心能快捷、高效地处理来自全国各地投诉信息以保证消费者的合法权益。

2. 完善产品召回制度

目前，世界上有许多国家，尤其是发达国家都建立了产品召回法律制度。我国最早于2004年建立汽车召回管理制度，后又在2009年《食品安全法》建立了食品召回制度。召回制度的立法宗旨就是保护消费者的合法权益，召回产品的范围还应该进一步扩大，原因有二：第一，召回制度有利于保护消费者的人身财产安全，使消费者的损失降到最低；第二，有利于为生产者、销售者赢得良好的信誉，在立法上与国际接轨。

3. 建立小额诉讼程序

所谓小额诉讼程序，是指基层法院的小额诉讼法庭或专门的法院审理数额较小的案件，使用比普通简易程序更加简化的诉讼程序。由于多数消费争议往往具有涉案金额小、案情简单的特点，为方便受害者通过诉讼途径及时解决纠纷，许多国家专门设立了小额法院或法庭，处理金额小、案情简单的消费争议案件。我国也可以借鉴国外的经验，构建一套具有中国特色的小额诉讼程序。

4. 加强多部门联合监管，扩展网络消费者权益救济渠道

由于网络消费是以网络为基础的，有一定的分散性和隐蔽性，所以市场监督管理机关必须建立全国性的电子商务监管网络，用高科技设施装备加强执法力量，以便及时、有效地预防和制止电子商务中的违法活动。另外，由于电子商务的跨地域性，需要全国市场监督管理系统打破地域管辖权限，与公安、税务、海关等部门互相配合，统一协调，共同执法。为了确保电子商务中消费者的合法权益得到切实保护，必须建立一支高素质的执法队伍，加强软硬件的建设，力争使消费者权益保护工作能进行网上监督、网上投诉、网上裁决和网上处罚。各级市场监督管理机关应逐步加强由监管传统市场向监管电子商务市场转移，进一步改进监管方式，强化监管措施，加大执法力度，对电子商务中的虚假广告、假冒伪劣、恶意欺诈等行为予以严肃查处。

扩展网络消费者权利的救济渠道，降低救济成本，能充分调动其维权的积极性，同时，如果相关配套制度比较完善，显著的救济效果也必将有助于遏制经营者的投机行为。除传统的诉讼、向当地消费者协会投诉等救济方式外，还要建立权威的全国性的在线投诉机构，并赋予其代理消费者与商家进行协商以解决纠纷的职能，从而充分利用网络互联互通的优势，克服由消费者与经营者之间的空间距离而造成的巨大维权成本的障碍，充分保护网络消费者的权益。

5. 加强网络消费教育，提高网络消费者素质

加强网络消费教育是提高网络消费者素质的重要途径。消费者素质的提高势必会提升消费者的自我保护能力。加强国民素质教育，注重精神文明建设，不断提升消费者的道德水平，是保护网络消费者权益的长远保障。加强网络消费教育的目的就是要在全社会转变网络消费观念，转变网络经营理念，提高消费维权能力，建立网络市场诚信体系，实现网络消费领域的良性互动发展。要形成齐抓共管，政府首先要高度重视，转变行政工作理念和思路，加强对网络消费教育、维护工作的领导和分类指导。开展"关爱消费者行动"建立相应的政策、体制和制度，逐步形成政府主抓、消费者协会牵头、企业主打、社会广泛参与的多层次、多渠道的国民网络消费教育网络。从政府到行业、到社区、到学校，围绕消费理论、消费观念、消费技能、消费方式、消费者权益保护等多方面开展全民消费教育工程。根本改变消费者在市场中的弱势地位，提高网络消费者维权能力和经营者经营水平，努力化解网络消费纠纷，维护社会和谐稳定。

触类旁通

中消协发布信息称：上半年消费者投诉总体呈上升态势
消费安全问题认识投诉热点

2022年8月2日，中国消费者协会（以下简称中消协）发布2022年上半年全国消协组织受理投诉情况分析。分析称，今年上半年，全国消协组织共受理消费者投诉551 780件，同比增长5.71%，消费者投诉总体呈上升态势。

从投诉热点上看，主要涉及食品安全、医美安全、预付安全等消费安全问题，商品房、物业服务等买房置业消费问题，电信服务、航空客运等公共服务问题，在线培训、网络游戏、宠物消费等精神层面消费问题。

食品安全一直以来都是备受关注的话题。此次投诉分析中，社区团购来源不明、牛奶丙二醇、堂食中使用预制菜未告知事件等被点名。

中消协列举了一个典型案例。消费者张女士向上海市消费者权益保护委员会投诉称，其在某 APP 上花费 199 元团购了 2kg 五花肉和排骨，宣传图片标注"崇明原产农家猪世界级生态岛的美味""新鲜直送"等字样，但收到的却是产自湖南长沙的冷冻猪肉，且食用后出现呕吐腹泻等情况。上海市消保委在受理投诉后，立即拨打了宣传图片的订购电话，对方表示其是团长，日常给居民提供蔬菜，蔬菜供应商是上海某农业合作社，由于社区居民有购买猪肉的需求，才找到一家企业给居民配送猪肉，图片是临时从网上找的。经调解，该团长为消费者做了全额退款处理。

中消协表示，近年来，相关行政部门在守护人民群众舌尖上的安全方面做了大量工作，但是仍有一些新问题需要引起重视。

一是网购生鲜食品不新鲜。如用死鱼、死虾冒充活鱼、活虾，用冷冻肉冒充新鲜肉，以及因快递超时、延误、未通知或未经同意放置快递柜等原因导致生鲜食品腐烂变质等。

二是网购进口食品标签存在问题。如网购进口商品无中文标签、中文说明书，无国内卫生许可证号等。

三是食品配料含禁止添加物。如在牛奶中添加丙二醇等。

四是销售临期食品无显著提醒。如经营者在未明确告知消费者情况下将临期食品与非临期食品混合销售。

五是部分社区团购生鲜食品进货渠道不明，质量堪忧，存在安全隐患。

六是预制菜菜品标识不详细，外卖、堂食中使用预制菜未告知，消费者知情权、选择权受到损害。

医美安全引人关注。中消协指出，一些无良商家在利益驱使下，通过制造和贩卖"容貌焦虑"，制造需求"收割"消费者。该领域营销乱象多、投诉多、机构执业标准和行为规范亟待加强等一系列问题值得关注。

预付安全风险加大。中消协称，由于美容美发、体育健身、教育培训、儿童娱乐等各类服务业普遍采用预付式消费，因此上半年有关预付式消费投诉案件增长较为明显，并且涉及领域较多。消费者投诉的主要问题包括：办卡手续不规范、商家失联跑路消费者退款难、店铺易主"后人不理前账"、转卡收取高额手续费等。

讨论：我们可以采取哪些措施来保护自身的权益？

项目小结

我们生活在一个科技飞速发展的时代，网络商业活动的发展也是一日千里。随着网络交易模式逐步为社会各界所接受并应用。如何建立一个安全、便捷的网上交易环境，如何有力地保障网络消费者的合法权益将会成为人们越来越关注的焦点。加强网络消费市场规范性和网络购物消费者权益保护，不仅要求政府完善立法执法和监督、商家提高自身职业道德，还需要消费者提高网络交易的警惕性，增强网络消费维权意识。我国的网络市场要步入正轨，最终是要建一个政府、商家、消费者多层次完善的互动机制，三者在各自的层次上恪尽职守——政府为民立法执法，从体制上形成网络市场规范；商家遵守职业道德，在守法的前提下进行有序经营和良性竞争；消费者提高对网络欺诈等行为的警惕性，预防侵权对自己的伤害，在权益确实受到侵害时，要敢于利用法律武器维护自己的合法权益。我国的网络消费市场发展完善注定是个循序渐进的过程，但是只要以上三方都愿意做出改变，出现一个规范、和谐、稳定、繁荣的网络消费市场指日可待。

应知应会

一、选择题

1. 下列选项中，（　　）不属于网络消费者的基本权益。
   A．财产安全保障权　　　　　　　B．商品知情权
   C．公平交易权　　　　　　　　　D．付款豁免权
2. 下列选项中，（　　）属于保护消费者权益的法律、法规。
   A．《消费者权益保护法》　　　　B．《未成年人保护法》
   C．《治安管理出发条例》　　　　D．《交通法》
3. 下列选项中，（　　）不属于网络消费者权益受损的原因。
   A．网络消费的特殊性　　　　　　B．网络消费基础设施
   C．经营者经营观念落后　　　　　D．网络消费者年轻化
4. 下列选项中，（　　）属于保护网络消费者权益的不正当途径。
   A．国家保护　　B．社会保护　　C．自我保护　　D．寻私仇
5. 应健全网络消费者权益保护法律制度，主要不包括以下（　　）。
   A．明确网络经营者的义务
   B．保障消费者的知情权和安全权
   C．保障消费者隐私权和损害赔偿权
   D．全面公开网络消费者的个人隐私信息

二、填空题

1. ＿＿＿＿＿＿是消费者在网络消费过程中，尤其是在购买、使用网络商品和接受网络服务时所享有的权利和利益。
2. 网络消费者所享有的＿＿＿＿＿＿大致与一般消费者的权利相同。
3. 公平交易权的核心是＿＿＿＿＿＿＿＿＿＿＿＿，这也是衡量＿＿＿＿＿＿是否得到保护的重要标志。
4. 消费者的损害赔偿权，又称为＿＿＿＿＿＿和＿＿＿＿＿＿。
5. 网络产品和服务的经营者的责任集中表现在：＿＿＿＿、＿＿＿＿、＿＿＿＿、＿＿＿＿。
6. 在网络消费者权益保护这一领域，我国主要采用＿＿＿＿＿＿、＿＿＿＿＿＿、＿＿＿＿＿＿等进行监管。
7. ＿＿＿＿＿＿或＿＿＿＿＿＿使得网络消费者的知情权受损。
8. ＿＿＿＿＿＿是消费者网上购物的主要依据，消费者的购物大多根据广告中所描述的文字和图像等内容进行判断做出决定，而＿＿＿＿＿＿误导消费者。

9. ＿＿＿＿＿＿是网络消费发展的关键之一，也是我国电子商务发展的一大关键性瓶颈因素。
10. 网络购物的类型主要有两种：一种是＿＿＿＿＿，另一种是＿＿＿＿＿。
11. 现阶段网络消费者权益的保护途径有：＿＿＿＿＿、＿＿＿＿＿、＿＿＿＿＿。
12. 为了保护网络消费者的权益，最迫切的是＿＿＿＿＿＿。

三、简答题

1. 消费者权益保护的特殊性表现在哪些方面？
2. 网络消费者权益受损的原因有哪些？

拓展训练

训练　寻找网络消费者权益受损案例

1．训练目的

理解网络消费者权益受损的表现和原因，掌握保护网络消费者权益的途径和措施。

2．训练要求

以 2 或 3 人为一组，利用互联网，查找网络消费者权益受损的案例。

1) 至少查找 3 个案例。
2) 完成表 9-1 的填制。

表 9-1　网络消费者权益受损案例分析

	案例描述	涉及的消费者权益	权益受损的原因	对策
案例一				
案例二				
案例三				

3．成果展示

以小组为单位，通过 PPT 将以上表格的要点内容进行展示。

项目 10

开拓网络消费市场

中国互联网络信息中心（CNNIC）第 49 次《中国互联网络发展状况统计报告》详细分析了中国网民规模情况，2021 年我国网民总体规模持续增长，截至 12 月底，我国网民规模达 10.32 亿，较 2020 年 12 月增长 4 296 万，互联网普及率达 73.0%，较 2020 年 12 月提升 2.6 个百分点。其中我国农村网民规模达 2.84 亿，占网民整体的 27.6%；城镇网民规模达 7.48 亿，占网民整体的 72.4%。随着科技进步和经济的发展步伐的加快，入网门槛进一步降低，网络覆盖范围进一步扩大，网络消费更大程度地普及，网络消费的交易规模和增长速度都在飞速发展。并且在国际发展经验的基础上，我国网络消费必将实现一个跨越式的发展，呈现出自己的特征。

思考：对于企业经营者来说，网络市场开拓的必然性在哪里？

教学导航

学习目标

知识目标

了解网络消费市场发展趋势。

能力目标

能够运用市场开拓相关理论，开拓网络消费市场。

本项目重点

熟练运用网络市场开拓方法。

本项目难点

运用网络市场开拓理论进行网络市场开拓。

任务引入

新式茶饮的"数字化"未来

新式茶饮数字化的发展，不得不提及行业营销，这里的数字化营销，指代营运与营销。

首先在于用户需求的把握，通过数字化手段快速了解用户的产品反馈，从而不断完善用户体验与产品端创新。以奈雪的茶为例，早几年的用户反馈多来自微博、大众点评、门店问卷等渠道，产品迭代速度慢，很多当季鲜果茶的出品周期只有一个月，只能等次年再做优化。

艾媒咨询数据显示，2020年Q2中国消费者新式茶饮购买方式中，第三方平台外卖占33%，线上预点单、到店自取占33%，品牌方小程序、APP外卖占据17%。当然这一数据受到疫情影响，此后的线上点单比重实则持续增加，微信小程序也发展向好。

据奈雪的茶公关总监介绍，奈雪的茶小程序目前涵盖交易、内容、资产等板块，并陆续将奈雪酒屋、零售、电商等业态接入到小程序内。"触点、会员、优惠、裂变的新时代，小程序无疑在轻、快、准的方面都起到了关键作用。"她说道。

相比之下，古茗茶饮对于小程序等数字化工具的使用上显得十分谨慎。2019年小程序在古茗部分门店测试，但并未做任何推广，推出后自然流量反馈却还不错。2020年8月，古茗微信公众号粉丝数已有500万以上，比2019年增长超三倍，微信小程序则有近700万用户。

然而对于区域性品牌古茗来说，在口碑良好的前提下采用这样的形式尚可，对于全国品牌而言数字化工具却应该是基础设施，这其中包含小程序、APP、天猫、官媒等流量矩阵，以及私域流量池中的社群运营。

乐乐茶营销总监提到，目前乐乐茶已有超100个社群，也利用营销工具在社群里完成了多场促活、拉新的营销活动，实现了更专业化的社群管理，同时鼓励生产更多优质的UGC内容，通过社群已经培养了100多位优质KOC（网络达人消费者），KOC的传播给品牌带来了上千万的流量曝光。

最后关于品牌推广与跨界营销。现在很多品牌强调多元化与年轻化，不局限于微博、微信以及传统媒体传播等方式进行品牌塑造，短视频平台、品牌节点性营销计划也逐渐兴盛。2019年起，奈雪的茶跨界艺术打造"奈雪CUP美术馆计划"，旨在深入触达消费者，2020年奈雪的茶也开展了诸多联合营销活动。直播等新兴渠道层面，2020年奈雪的茶与网红直播间同样开展合作，2020年3月底，奈雪的茶在直播间进行直播，公开数据显示商品上架3s卖出14万杯茶饮和7万多个欧包。2020年10月，乐乐茶完成数字化升级，对于数字化供应链以及智慧餐厅进行优化，下一步将打通新零售渠道，携手腾讯等打造数字化战略新布局，同时乐乐茶打造从门店订货、订单中心、仓储配送以及采购中心的直观数据系统，解决信息断层与数据偏差。而此前，乐乐茶与SAP达成合作建立数字化智能平台，构架内外部生态，同时建设财务供应链一体化，利用实时分析引擎、优化整套报表系统，及时满足财务管理和经营分析需要。

未来新式茶饮行业想要在激烈的竞争环境中实现突围，需要注重以下三点：首先新式茶饮行业要充分利用好新生代尤其Z时代（互联网时代）的用户。新生代或Z时代的用户对于新鲜好玩的、有创意和潮流性的产品具备一定的好奇心，在这样的情况下，新式茶饮品牌也许能快速收获第一波客户。不过，这并不代表着它就是最终的变现模式或者商业模式。其次，新式茶饮行业需要研究更多且关键的市场"撬点"。为了寻求差异化发展，品牌

项目10　开拓网络消费市场

需要从各个因素考量，延展出最适合自己发展的细分赛道，这是目前新式茶饮品牌发展的最大机会。最后，要寻找新的机会增长点。目前我国一二线城市的新式茶饮门店密集分布，而三四线城市的新式茶饮门店少、规模小、运营效率低。与明显不足的供给端相对应的，是三四线城市消费升级后崛起的消费需求。在一二线城市新式茶饮市场已基本饱和的情况下，各品牌需转向下沉市场寻求新的增长点。

关注与思考：
1）新式茶饮品牌众多，乐乐茶是如何做好数字化市场的？
2）作为一名消费者，新式茶饮的购买方式给你的购物带来了哪些改变？
3）网络市场的发展趋势是什么？如何做好网络市场的开拓？

任务分析

通过观察分析、案例研讨、角色扮演、实战训练等方式，初识网络消费的发展趋势，理解并掌握网络消费市场开拓的方法。

任务1　把握网络消费的趋势

任务要点

关　键　词：网络消费趋势，网络消费行为
理论要点：网络消费的发展趋势，网络消费的行为
实践要点：能联系网络消费行为，分析网络消费的表现

观察导入

第49次《中国互联网络发展状况统计报告》（节选）

2021年我国网民总体规模持续增长，截至12月底，我国网民规模达10.32亿，较2020年12月增长4 296万，互联网普及率达73.0%。较2020年12月提升2.6个百分点。

截至2021年12月，我国手机网民规模达10.29亿，较2020年12月增长4 373万，网民使用手机上网的比例为99.7%。

截至2021年12月，我国农村网民规模达2.84亿，占网民整体的27.6%；城镇网民规模达7.48亿，占网民整体的72.4%。

截至2021年12月，我国即时通信用户规模达10.07亿，较2020年12月增长2 555万，占网民整体的97.5%。网络视频（含短视频）用户规模达9.75亿，较2020年12月增长4 794万，占网民整体的94.5%；其中，短视频用户规模达9.34亿，较2020年12月增长6 080万，占网民整体的90.5%。我国网络支付用户规模达9.04亿，较2020年12月增长

4 929 万，占网民整体的 87.6%。

截至 2021 年 12 月，我国网络购物用户规模达 8.42 亿，较 2020 年 12 月增长 5 969 万，占网民整体的 81.6%。我国网络新闻用户规模达 7.71 亿，较 2020 年 12 月增长 2 835 万，占网民整体的 74.7%。我国网上外卖用户规模达 5.44 亿，较 2020 年 12 月增长 1.25 亿，占网民整体的 52.7%。我国在线办公用户规模达 4.69 亿，较 2020 年 12 月增长 1.23 亿，占网民整体的 45.4%。

《报告》显示，我国网民的互联网使用行为呈现新特点：一是人均上网时长保持增长。截至 2021 年 12 月，我国网民人均每周上网时长达到 28.5 个小时，较 2020 年 12 月提升 2.3 个小时，互联网深度融入人民日常生活。二是上网终端设备使用更加多元。截至 2021 年 12 月，我国网民使用手机上网的比例达 99.7%，手机仍是上网的最主要设备；网民中使用台式计算机、笔记本计算机、电视和平板计算机上网的比例分别为 35.0%、33.0%、28.1% 和 27.4%。

2021 年我国互联网应用用户规模保持平稳增长。一是即时通信等应用基本实现普及。截至 2021 年 12 月，在网民中，即时通信、网络视频、短视频用户使用率分别为 97.5%、94.5% 和 90.5%，用户规模分别达 10.07 亿、9.75 亿和 9.34 亿。二是在线办公、在线医疗等应用保持较快增长。截至 2021 年 12 月，在线办公、在线医疗用户规模分别达 4.69 亿和 2.98 亿，同比分别增长 35.7% 和 38.7%，成为用户规模增长最快的两类应用；网上外卖、网约车的用户规模增长率紧随其后，同比分别增长 29.9% 和 23.9%，用户规模分别达 5.44 亿和 4.53 亿。

分析思考：网络消费的发展趋势是什么？举例说明当下典型的网络消费者行为。

步骤一
网络消费的发展趋势

网络消费是信息化生活方式对消费行为的重塑。近年来，随着经济全球化的日益深化以及信息技术的快速发展，网络消费对国民消费的影响不断扩展，并逐渐成为影响消费发展方向的重要力量。因此，加快促进网络消费对拉动内需、稳定就业、推动传统企业转型具有重要作用。

1. 基础资源状况持续优化，安全保障能力稳步提升

截至 2021 年 12 月，我国域名总数达 3 593 万个，IPv6 地址数量达 63 052 块 /32，同比增长 9.4%；移动通信网络 IPv6 流量占比已经达到 35.15%。稳居世界前列，其中，".CN" 域名总数为 1 897 万个，占我国域名总数的 45.2%。国际出口带宽为 11 511 397Mbit/s，较 2019 年底增长 30.4%。2019 年 6 月，首届中国互联网基础资源大会成功举办，"基于共治根新型域名解析系统架构""2019 中国互联网基础资源大会全联网标识与解析共识"等成果发布。2019 年我国先后引入 F、I、L、J、根镜像服务器，使域名系统抗攻击能力、域名根服务器访问效率获得极大提升，降低了国际链路故障对我国网络安全的影响。

知识拓展 10-1

规模数据

从互联网应用使用情况来看，2021 年上半年中国即时通信用户规模为 98 330 万人；网络视频（含短视频）用户规模为 94 384 万人；短视频用户规模为 88 775 万人；网络支付用户规模为 87 221 万人；网络购物用户规模为 81 206 万人；搜索引擎用户规模为 79 544 万人；网络新闻用户规模为 75 987 万人；网络音乐用户规模为 68 098 万人；网络直播用户规模为 63 769 万人；网络游戏用户规模为 50 925 万人；网上外卖用户规模为 46 859 万人；网络文学用户规模为 46 127 万人；网约车用户规模为 39 651 万人；在线办公用户规模为 38 065 万人；在线旅行预订用户规模为 36 655 万人；在线教育用户规模为 32 493 万人；在线医疗用户规模为 23 933 万人；互联网理财用户规模为 16 623 万人。

2. 网络消费规模不断扩大，网络消费稳步上升

从网络市场结构来看，中国互联网行业市场前瞻与投资战略规划分析报告显示，"十四五"期间我国网民将开启数字经济发展的新篇章，庞大的网民规模为推动我国经济高质量发展提供强大内生动力，加速我国数字新基建建设、打通国内大循环、促进数字政府服务水平提升。数字消费有效稳定疫情冲击，推动国民经济持续稳定增长。以电商为代表的数字化服务向四五线城市及乡村下沉，带来城乡双向消费交流互动，在提升下沉市场数字化便利的同时，带来经济增长新引擎。

2021 年上半年我国个人互联网应用呈持续稳定增长态势。其中，网上外卖、在线医疗和在线办公的用户规模增长最为显著，增长率均在 10% 以上。基础应用类应用中，搜索引擎、网络新闻的用户规模较 2020 年 12 月分别增长 3.3%、2.3%；商务交易类应用中，在线旅行预订、网络购物的用户规模较 2020 年 12 月分别增长 7.0%、3.8%；网络娱乐类应用中，网络直播、网络音乐的用户规模较 2020 年 12 月均增长 3% 以上。B2C 电商之间对市场份额的竞争将持续发展，价格大战会继续上演。一部分电商在这个过程被淘汰，市场将不断整合。根据网络消费对消费者剩余的影响，在相同的条件下，消费者更愿意从感知风险最小的商家购物。部分实力雄厚的电商通过差异化和品牌化发展会赢得消费者更多的信任，因此能获得更多的市场份额，最终导致市场集中化程度将会提高。这个过程给了消费者对于普通商品由线下向线上消费的转变提供了动力，因此，满足日常生活需求的网络消费将会稳步增长。消费者逐渐习惯于从大品牌的网络零售商购买普通用品，享受良好的产品质量和售后服务。

而淘宝作为起步最早的 C2C 平台仍将保持自己的特有优势，在唯品会等网站的异军突起下，消费者个性化需求的转化下，向个性化方面发展。今后，C2C 平台仍将平稳发展，消费者的个性化消费需求将成为网络消费一大特色，消费者将在这个特色平台上享受个性化的商品和服务的体验。

知识拓展 10-2

城乡上网差距继续缩小，用户规模迅速增长

我国现有行政村已全面实现"村村通宽带"，贫困地区通信难等问题得到历史性解决。我国农村网民规模已达 2.84 亿，农村地区互联网普及率为 57.6%，较 2020 年 12 月提升 1.7 个百分点，城乡地区互联网普及率差异较 2020 年 12 月缩小 0.2 个百分点。老年群体加速融入网络社会，得益于互联网应用适老化改造行动的持续推进，老年群体联网、上网、用网的需求活力进一步激发。截至 2021 年 12 月，我国 60 岁及以上老年网民规模达 1.19 亿，互联网普及率达 43.2%。老年群体与其他年龄群体共享信息化发展成果，能独立完成出示健康码/行程卡、购买生活用品和查找信息等网络活动的老年网民比例已分别达 69.7%、52.1% 和 46.2%。

3. 网络消费服务水平不断提高，全国一体化政务服务平台初步建成

互联网是网络消费的载体，电子信息技术的创新和互联网技术的飞速发展为网络消费提供了根基坚实的载体，奠定了网络消费的稳固基础。网上用户的数量将继续增加，网络消费服务水平将不断提高，网络消费呈井喷发展之势。三网合一使电视用户进入网络系统，更大范围扩大网络消费群体；网络宽带提速，进一步方便网络用户的使用，提高网购效率；互联网更新换代，移动网络快速普及，扩大了网络零售市场的辐射范围，进一步激发居民的网络消费热情，大大增强网络消费对消费者行为的引导力；微博、微信等各种社交网站，以新型的网络信息传播方式为网络消费开辟了新的途径，提供了更为广阔的网络消费渠道，比如图书音像制品、餐饮娱乐、服饰箱包已成为消费者从微博出发购物的前三大选择；云计算为网络消费平台提供技术服务支持，极大地提升面对大规模消费者的服务能力，降低网络消费成本；物联网技术的应用将进一步提高信息、支付、配送、物流等服务领域的水平，促进网络购物模式进一步创新，提供更加便捷、高效的网络消费服务。

2019 年以来，全国各地纷纷加快数字政府建设工作，其中浙江、广东、山东等多个省级地方政府陆续出台了与之相关的发展规划和管理办法，进一步明确了数字政府的发展目标和标准体系，为政务数据开放共享提供了依据。2019 年 11 月，全国一体化在线政务平台上线试运行，推动了各地区各部门政务服务平台互联互通、数据共享和业务协同，为全面推进政务服务"一网通办"提供了有力支撑。

4. 网络消费结构不断升级，网络零售成为消费增长的重要动力

根据欧美等发达国家不完全数据统计，当人均 GDP 达到 3 000 美元并向 10 000 美元飞跃的过程中，居民的消费结构将发生巨大变化。未来我国居民的消费需求势必向多元化和个性化的趋势方向发展，消费结构将不断升级。随着网络消费领域的不断扩大，网络消费者不再受所居地域的限制，通过网络空间的无限延展，网购环境也将不断改善，网络消费结构会呈现高层次发展。人们在线选择商品时不再仅关注商品的价格，而会更加关注商品的品质与后续服务。在消费者的支出比例中，未来网络服务类产品、文化消费等将会加大相应比重。

知识拓展 10-3

网上外卖

2019 年，网上外卖行业从供需两端不断深耕发展，行业进入提质升级阶段，外卖平台对上游服务支撑力度不断加大。外卖平台加大对商户的服务支持，通过提供智能终端、智慧点餐系统、收银系统等提升商户运营效率，同时通过订单管理、集中采购、峰值预测等数字化支持强化商户供应链水平。在外卖服务推动下，用餐需求从正餐向甜点、饮品、夜宵等细分场景纵向延伸，逐步形成以夜宵外卖为代表的夜经济消费。同时，外卖服务加快横向拓展，满足生鲜菜蔬、药品配送等即时配送服务需求。加快带动以社区生鲜拼团买菜为代表的零售新模式发展，进一步丰富线上线下零售业态。

随着物质水平的不断提高，人们对精神文化产品的需求和消费能力也将会提高。现阶段，网络文化消费所占比重不是很大，但是随着网络信息传播速度快、成本低等特点，参与网络消费的消费群体也呈现出年轻化、高学历等的特点，因此，将会有效推动文化消费的发展。

步骤二
查找典型的网络消费行为

1. 网络团购

现在拼吃、拼车都很流行，渐渐地走入了拼团时代。其"三省一时尚"的优势撼动了人们传统的消费理念和生活方式，产品的丰富、活动的疯狂让消费者有了一种"身不由己"的感觉，每天登录团购网站似乎成了一种自然的行为。购物之前不再想需要什么，而是撞见有什么好的或性价比高的就买什么，即使现在不需要或者不必要。网络团购的发展带动了服务类产品（餐饮、美容、娱乐）的线上销售，用户在网上购买的商品种类从实物性商品向餐饮、票务等服务渗透。

团购，国际上通称 B2T（Business To Team）是一种基于网络的商业模式，透过团购网站集合足够人数，便可以优惠价格购买或使用第三方公司的物品、优惠券或服务，卖家薄利多销，买家得到优惠，而运行团购网站的公司则从卖方收取佣金。

团购网站扮演了一个销售渠道的角色。在某些情况下，商家可以直接通过出售商品或服务获利。此时，虽然商家给出的产品或服务的价格极低，但因为销售量大仍然可以获利。团购网站本身也是一个拥有巨大广告价值的媒体平台，商家可以通过此活动获得充分曝光和品牌认可。

知识拓展 10-4

网络团购

各大团购网站大有"忽如一夜春风来，千树万树梨花开"之势，网络团购进入"大爆发"时代。团购网的火爆，已经引起许多商家的关注，不少商家斥资建设团购网，以获取利润。淘宝聚划算团购活动也是团购的一种形式，每天为消费者带来团购宝贝，是由淘宝网官方开发平台，并由淘宝官方组织的一种线上团购活动形式。

2. 网络代购

代购通常是指为客户在网上或海外代购商品，收取定额服务费，免费为客户订购、打包、配送。2004年底国内B2C电子商务出现了一种新的模式——全球代购，即服务于代购全球商品的网站。国内第一个进行国际网络代购的电子商务网站"亦得网"已经开通，这种新的电子商务模式正式进入国内。所谓全球代购，是指"亦得网"作为代购服务提供商，通过其全球信息交流平台、物流网络和国际支付系统来满足消费者"一站式"的购买需求。国内消费者不但可以购买在"亦得网"中推荐的国外商品，国外的用户也可以购买在网上能够搜索到并允许进入中国的货品，例如时装、化妆品、保健品、书籍、游戏等。同时还有两种代购：专注服务于部分国家的代购网，即可以实现代购部分国家商品的某一网站；专注服务于一个国家的代购网，即只能代购该网站服务的这个国家的商品的网站。

随着人们消费水平的提高和互联网技术的飞速发展，国内的商品已经不能满足消费者的需求，越来越多的人把眼光投放到国际范围搜寻更多国际知名品牌。

3. 网络直播

网络直播带货是指通过一些互联网平台，使用直播技术进行近距离商品展示、咨询答复、导购的新型服务方式，或由店铺自己开设直播间，或由职业主播集合进行推介。截至2020年3月，网络直播用户规模达55 982万人，如图10-1所示。

一方面，"直播带货"互动性更强、亲和力更强，消费者可以像在大卖场一样，跟卖家进行交流甚至讨价还价；另一方面，"直播带货"往往能做到全网最低价，它绕过了经销商等传统中间渠道，直接实现了商品和消费者对接。特别是对网红主播而言，直播的本质是让观众们看广告，需要通过"秒杀"等手段提供最大优惠力度，才能吸引消费者。直播带货可以帮助消费者提升消费体验，为许多质量有保证、服务有保障的产品打开销路，但是网络直播必须符合有关法律法规。

图10-1　网络直播用户规模及使用率

知识拓展 10-5

网络直播

截至 2020 年 3 月,我国网络直播用户规模达 5.60 亿,较 2018 年底增长 1.63 亿,占网民整体的 62%。其中,游戏直播的用户规模为 2.60 亿,较 2018 年底增长 4 374 万,占网民整体的 22.9%。演唱会直播的用户规模为 1.50 亿,较 2018 年底增长 4 137 万,占网民整体的 16.6%。体育直播的用户规模为 2.13 亿,较 2018 年底增长 3 677 万,占网民整体的 23.5%。在 2019 年兴起并实现快速发展的电商直播用户规模为 2.65 亿,占网民整体的 29.3%。

4. 网络社交

网络社交是指人与人之间的关系网络化。

根据社交目的或交流话题领域的不同,目前的社会化网络(社交网站)主要分为四种类型。

1)娱乐交友型。国外知名的如 Facebook、YouTube、Myspace 等,国内知名的有猫扑网、优酷网、青娱乐等。

2)物质消费型。涉及各类产品消费、休闲消费、生活百事等活动,比如口碑网和大众点评网,均以餐饮、休闲娱乐、房地产交易、生活服务等为主要话题。

3)文化消费型。涉及书籍、影视、音乐等,例如国内知名的豆瓣网,主要活动是书评、乐评等。

4)综合型。话题、活动都比较杂,广泛涉猎个人和社会的各个领域,公共性较强。例如人民网的强国社区以国家话题的交流影响较大;天涯社区是以娱乐、交友和交流为主的综合性社交网站。总的来说,所有社交网站都以休闲娱乐和言论交流为主要特征,最终产物都是帮助个人打造网络关系圈,这个关系圈越来越叠合于网民个人日常的人际关系圈。借助互联网这个社交大平台,网民体验到前所未有的"众"的氛围和集体的力量感。

网络不仅给人们提供了更多的信息,而且也提供了广泛的人际交流机会,提供了一种拓宽社会关系新的交互性的空间。在多元价值观念的激荡中,网友们通过学习、交往和借鉴,达到沟通、理解或共识。在高度信息化、自动化的网络社会中,在家办公、网上学校、网上商城、网上医院、网上图书馆以及电子银行等已不再是梦想。总之,在网络特殊的交往环境中,人们会随着网络信息的流动将自己融入"无限"的网络群体中,社会接触范围成倍增大,有助于建立新型的社会关系,拓展自己的社会化。网络生活正日益成为人们生活方式的重要组成部分,网络社交已成为现代人类的新型交往方式。这种全新的交往方式正对人类社会传统的交往产生了深刻影响,它改变了人们的思维方式、行为方式与生活方式。

触类旁通

吉林蛟河"市长天团"拼多多直播助农 22 吨东北大米售罄

2020 年 6 月 24 日,蛟河市市长携五位副市长亮相拼多多直播间,为网友推荐当地特色农副产品。本场直播共赢得超过 100 万网友观看点赞,带动相关商品销售额超过 50 万元,22 吨东北大米售罄,成功将素有"长白山立体资源宝库"之称的蛟河市推向全国。

蛟河市商务局局长表示，市领导们直播带货，看起来只是直播间里的一声吆喝，传递的却是"互联网＋农业"碰撞出的灿烂火花以及全新发展理念，为蛟河市农产品品牌化和农业产业化发展注入了极大活力。

本场直播，首先登场的是蛟河市市长。他透露，自己从早上6点多就开始关注直播情况，看到网友踊跃支持蛟河倍感欣慰，于是一开场便给拼多多网友发起了红包，直播间氛围瞬间沸腾。

"一提到蛟河的蛟这个字，大家就会联想到古代神话中的神兽'蛟龙'，蛟河市的名字来自'蛟龙'。相传在很久以前，有一条大河横贯于长白山西麓，在河中有一条巨龙守护着当地的百姓，人们便将这条河取名为蛟河，这个市就以蛟河为名。"市长将当地的神话故事娓娓道来，同时古今结合，将蛟河"红叶之城"的美名细细解析——蛟河市拥有拉法山、白石山、红叶岭三个国家级森林公园，每到深秋霜降季节，整个山谷都被红叶覆盖，层林尽染，蛟河红叶以其规模最大、树种最多、色彩最美、观赏期最佳、文化底蕴较深等特点，在国内同类旅游产品中具有绝对竞争优势。

据悉，蛟河山水资源丰富，素有"长白山立体资源宝库"之称，森林覆盖率68%，松花湖三分之二水域面积在蛟河市，食用菌、山野菜、中草药等长白山特色资源非常丰富，这里还被称为"中国黑木耳之乡"。

市长便从黑木耳开始，上演了一轮烟火气满满的直播，对各类产品的特征信手拈来：

"我们这里产出来的黑木耳，质软鲜美，富含营养，具有极高的保健功效……"

"我们这里生产的这种甜黏玉米，色泽金黄，软糯细腻，味道清甜，而且吃起来非常的方便……"

"松花湖酒以无污染的松花湖水为酿造用水，东北的高粱、玉米、大米为原料，采用传统纯酿固态发酵，酒质始终保持香、绵、净、甜四大特点。"

整个直播过程中，蛟河市市长特别注意跟网友的互动，为让网友买得安心，他还自证身份。"我看到很多网友在问市长是不是真的，我要说市长如假包换，这是官方直播，大家可以放心买，我们保证所有商品的质量，也保证本场直播所有商品的价格都是最实惠的，为的就是让大家进一步认识蛟河。"

在蛟河市市长之后，蛟河市政府五位副市长陆续登场直播，分别就大米、葡萄酒、火腿、木耳、煎饼、核桃油、方便米粥、榛蘑等特色产品进行推荐。不少网友为这场"市长天团"的直播点赞刷屏。

据介绍，近年来蛟河市抢抓"互联网＋"发展机遇，将电子商务作为转型升级、促进农村快速发展的重要抓手。蛟河市先后被列为全省首批农村电子商务试点县和国家电子商务综合示范县，获得国家专项资金2 000万元，现已建设1个县域电子商务公共服务中心和1个镇级电商服务中心，200个村级电商服务站，开展了农村物流配送体系和农产品溯源质量保障体系建设，众创空间实现开放共享，建立县域电商人才培养体系，组织各类电商培训3万余人。

蛟河市商务局局长介绍，蛟河农副产品滞销，缺少专业电商人才，农产品上行渠道单一，导致农产品上行受阻。"本次我们积极与拼多多合作，也是想通过新电商平台的优势，更好地将本土特色产品推广宣传出去，打造优质品牌，精准对接消费者需求，促进蛟河农产品上行。"

拼多多新农业农村研究院副院长表示，市县长助农直播通过政府背书，强化了区域优势农产品的心智，能有效助农增收，接下来拼多多希望能与吉林更多市县开展直播合作，除了农副产品上行，还可就产业带、旅游等直播领域展开探索。

讨论：直播带货和电视购物的区别是什么？其特点是什么？该经营模式对商家来说有什么好处？对于网络消费者来说有什么好处？

任务2　引导网络消费

任务要点

关　键　词：网络消费引导
理论要点：了解网络消费引导及其目的、途径，理解网络消费者教育
实践要点：根据不同的目标客户群体进行有效的网络消费引导

观察导入

知识付费内容好还要服务优

随着移动互联网的深入发展，知识付费市场蓬勃兴起。特别是疫情防控期间，在线学习成为常态，一些知识付费平台用户增长很快。知识付费市场的兴起，使人们在学校等特定教育机构之外也能获取优质知识，大大提高了学习的便利性。

然而，知识付费市场在迅猛发展的同时也存在内容良莠不齐、夸大宣传、讲师资质差、发放无效证书等问题。例如，有平台推出《99元教你月入五万元》课程，声称看完就能大幅涨薪；有平台推出《4天挑战速记10 000个英语句子》课程，声称英语单词、语法都能快速学会……这些产品往往通过夸大宣传、吸引眼球，"忽悠"人们购买。消费者在购买这些产品后，会发现其实并不是那么回事，常常只能大呼"上当"。

知识产品与普通商品不太一样，普通商品买了就能用，用了就能得到效用，而知识即使学完也不一定能立刻掌握，用户从中获取收益往往需要一段时间。因此，用户一般很难快速鉴别知识产品质量高低、是否有用。一些平台正是抓住了这一点"忽悠"用户。短期看，它们也许能获得一些利润，但最终一定会被用户抛弃。

从本质上看，知识付费平台并不创造知识，它们售卖的是知识服务。如果将知识服务看成实体商品，那么平台就相当于商店。商店要对自己售卖的商品质量负责，同样，平台也要对提供的知识服务质量负责。一方面，平台要对知识产品进行认真筛选，去伪存真、去粗取精；另一方面，要聘请有真才实学的讲师，精心设计和制作课程。只有内容好，知识付费平台的发展前景才会好。

进而言之，一款好的知识付费产品，既要内容好，也要服务优。知识的获取不同于简单的日常消费，需要用户花时间去研究、练习，直到真正掌握。因此，用户在学习过程中与平台、讲师的互动非常重要。有些平台在产品下开放评论区，耐心回复用户的提问，有些平台定期腾出时间讲解用户的提问，这些都是有益的探索。搞知识服务不等于简单地灌输知识，

赚了钱就万事大吉，更应注重"售中""售后"服务。平台要在回复评论、解疑释惑、增加用户与讲师之间的交流等方面花更多力气。

知识付费经济的快速发展考验着市场监管。知识付费平台受众较多，一旦出现夸大宣传的产品，将直接损害大量消费者的权益，因此，监管不能缺位。由于一些质量较差的知识付费产品往往具有迷惑性和隐蔽性，用户只有在学习的过程中才能发现，为此要畅通举报渠道，一旦发现，应及时下架相关产品，并依法给予处罚。

分析思考：在线学习的优劣势分别是什么？如何理性看待知识付费？

任务实施

步骤一
认识网络消费引导的必要性

作为一种新媒体，网络以其交互性、虚拟性、开放性、全球性为人类创造了崭新的文化形态，那就是网络文化。网络文化消费作为一种新的消费类型，深刻影响着消费者的认识、情感、思想和心理。截至2020年3月，我国网络游戏用户规模达5.32亿，较2018年底增长4 798万，占网民整体的58.9%；手机网络游戏用户规模达5.29亿，较2018年底增长7 014万，占手机网民的59.0%。这说明手机对互联网普及的促进作用重大，是我国网民增长的主要驱动力。因此，引导网络消费将帮助消费者树立正确的消费观念，认识到网络消费是一种正当的、开放的、应当掌握的消费方式。

1. **网络特点使舆论多元化、文化多样化、信息海量化**

在网络空间，个人能凭借大规模信息交流系统建立多向的相互联系，个人既可以是新闻和信息的接受者，也可以是新闻和信息的传递者。网络传播的特性使任何人只要进入网络，都可借助隐匿的网民身份和虚拟的名字畅所欲言。这些舆论中，既有理性的、建设性的看法和观点，也有一些非理智的个人情感宣泄，甚至不负责任有意制造混乱的言论。这种自由一定程度上颠覆了"把关人"的概念，带来了很多负面的东西，容易使受众摆脱现实社会诸多人伦、道德等约束，极易放纵自己的行为，忘却社会责任，丧失道德感。消费者如何对这些舆论进行整合、如何选择海量的信息、如何去粗取精、如何加强自律，这些都需要引导。

网络的全球化使网络文化呈现开放性、非主流性特征。在网络世界，通俗文化与高雅文化、大众文化与精英文化的界限模糊，多元文化共存，既有优秀文化，也有落后腐朽的文化。消费者如何运用自己的智慧与判断力去认识复杂多元的网络文化，自觉抵制腐朽文化侵蚀、抵制西方文化的消极影响、抵制庸俗落后的文化诱惑，这些都需要加强引导。

2. **网络管理不健全，网络法制建设相对滞后**

我国互联网建设起步较晚，发展迅猛，特别是数字娱乐及网络游戏产业蓬勃发展，成为文化经济、文化产业一个新的增长点，但由此也带来了管理上的混乱。例如一些网络游戏产品中存在淫秽、色情、赌博、暴力、愚昧、迷信以及危害国家安全等不健康内容；一些商业网站打着交友、性教育的幌子散布色情信息，网络色情已成为严重的社会公害；一些网络媒体基于提高点击率等目的，不惜传播虚假信息和错误信息等。为加强规范和引导，我国于1994年以来出台了一系列涉及互联网的法律法规，包括地方性法规，对我国网络文化产业的发展产生了一定的积极作用,但仍存在诸多弊端。由于网络立法还处在初级阶段,造成网络文化产业发展中遇到的各种法律问题有些无法可依,有些立法模糊,界定不清,缺乏可操作性。法律面对现实问题没有及时给予响应。在执法上,虽然曾组织多次的严厉打击和专项治理,仍然屡禁不止。由于管理制度不健全,法制建设滞后,外部因素的乏力要求内部因素高度自觉,因而如何引导消费者正确使用网络就显得更为迫切。

3. 媒介素养教育缺失

媒介素养教育就是指导学生正确理解、建设性地享用大众传播资源的教育,通过这种教育培养学生具有健康的媒介批评能力,使其能够充分利用媒介资源完善自我,参与社会发展。媒介素养教育与研究在国外已兴起了七八十年,英、美等国家已将媒介素养教育内容列入大、中、小学课程,联合国教科文组织也制订了传媒教育计划。第20次《中国互联网络发展状况统计报告》显示,青少年学生第一次接触互联网大多在13~16岁,这部分网民占总体学生网民的47.5%。这一时期正是大部分学生的初中阶段和高中早期阶段,是进行媒介素养教育的启蒙时期、关键时期。媒介素养教育的缺失会导致青少年学生在接触网络的同时没有学会对网络信息的批判接受,没有学会独立思考和判断问题,不能客观认识网络。网络信息中的落后腐朽文化,消极颓废的价值观和人生观,网络游戏中的暴力、色情、凶杀等,对学生的心理和行为产生了潜移默化的影响。消费者如何理性地、合理地、辨证地、批判地认识和使用网络,健康地进行网络文化消费,需要补课、需要引导。

知识拓展 10-6

手机应用使用时段分布

2019年12月,6类APP中,即时通信类、社交类、网络新闻类、网络购物类APP用户使用时段分布曲线较为接近,使用高峰均在8:00~10:00开始,21:00~22:00结束,期间使用时长分布比较均匀,占比在5%~6%;短视频类APP在17:00~22:00出现使用高峰,使用时长占比均超过6%。网上外卖类APP的使用时段高峰特点明显,在11:00~12:00、17:00~19:00,使用时长占比分别达20.5%和24.3%,如图10-2所示。

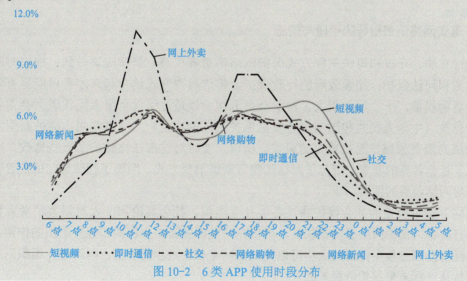

图10-2 6类APP使用时段分布

步骤二
明确网络消费引导的目的

1. 网络消费引导有利于树立正确的消费观念

消费观念是人们对待其可支配收入的指导思想和态度以及对商品价值追求的取向,是消费者主体在进行或准备进行消费活动时对消费对象、消费行为、消费方式、消费过程、消费趋势的总体认识评价与价值判断。消费观念深深地影响着人们的现有消费行为。在互联网时代的今天,消费者通过消费教育,树立正确的消费观念,获得丰富的网络消费知识,提高权利意识和自我保护的能力。

2. 网络消费引导有利于改善消费者的消费习惯

在以淘宝为代表的电子商务时代,无论是坐在公司还是家里,只要打开计算机就可以一边"逛街"一边购物。网络购物打破了地域的限制,颠覆了传统的购物习惯,也大大刺激了消费者的购物欲望,逛商场演变成了逛淘宝。正是因为符合大势所趋,才有了"双十一"网购节以及相应的商业奇迹。

但是,虽然传统电商是一种进步的变革,但它不够彻底。虽然它把店铺搬到了计算机上,可以随时随地打开,但同时这也使人们的视野集中到了显示屏上。以至于商家开始争抢流量,商业竞争关系由"门面"竞争变更为"流量"竞争,购物平台开始坐收渔翁之利,而商家越来越多,竞争越来越激烈,于是就出现了为降低成本而导致的假货满天飞、为了提高流量而亏本促销、为了提升排名而刷单等各种非正当竞争。

3. 网络消费引导有利于搭建立体商业结构

计算机解决了购物"空间"问题,而在此基础上,手机又开始解决购物"时间"问题。移动互联网的发展,使电子商务在空间这个平面的基础上又增加了一个时间轴,成为一个立体商业结构。

步骤三
落实网络消费引导的手段与措施

通过立法、行政和司法三种方式保护网络消费者权益。具体应该做到:加快对网络消费的立法和司法保护;加强政府的行政保护。将这两种方式结合起来才有可能更有效地保护消费者的权益。十二届全国人大常委会第五次会议通过了《全国人民代表大会常务委员会关于修改〈中华人民共和国消费者权益保护法〉的决定》。网络购物这样的新型消费方式已经成为消费领域里面很重要的渠道。所以,及时对这部法律做出了一些修改,可以说是适应了社会各界的要求,规范了网络购物等新型消费方式,明确了行政部门的监管责任,积极引导网络消费的发展。

网络消费者权益的社会保护通过各类社会组织、社会舆论和个人对损害消费者权益的行为进行监督,保护网络消费者权益,可以充分发挥各类中介机构和行业组织的作用。行业组织在经济发展过程中作用的大小可以反映出一个社会进步的程度。网络中介组织则主要是通过发放认证标志来保护消费者的。

我国网络消费引导、保护网络消费者权益的具体措施则是表现在以下方面：
1）不断提升网络技术水平，完善网络消费配套设施建设。
2）健全网络消费法律体系，维护网络消费者权益。
具体表现在：网络交易信用管理法律体系的建立和维护；消费者权益保护法律体系。
3）加强多部门联合监督，规范网络服务商的行为，提升服务质量和水平。

网络经营者要积极有效地引导消费者树立健康的网络消费心理，形成合理的网络消费行为和消费结构。创建良好的网络品牌意识，加强网络消费的品牌引导。据不完全统计，网络消费者选择网络消费的服务网站时最看重的是网站提供的信息内容的丰富性、安全性、权威性等。电子商务所表现出来的成效是通过建立优良的服务流程体系与良好信誉的客户关系而搭建成的，从而能够使企业以及其他组织机构的生产效益、竞争实力得到逐步提升。因此网络服务商必须树立良好的网络形象，重视网络消费引导，从而有利于效益的提高。

4）加强网络消费教育，提高网络消费者素质。

在网络消费教育中，家庭和学校要共同合作，加强青少年网络法规教育，提高辨识和防范不健康网络信息的能力；加强青少年网络道德教育，倡导网络文明，做一名道德规范的新一代网络消费者；加强网络安全教育，教育青少年约束自己，不沉溺于网络游戏和网上聊天交友。加强网络消费教育是提高网络消费者素质的重要途径。

同时，如何正确进行网络消费引导也是现代家庭一个不容忽视的问题。首先家长必须严于律己，树立榜样，要求孩子遵守的规定家长首先遵守，教育孩子学会自律。法国专家做过研究，如果孩子不能自律，任何技术性和人为的强制性措施对孩子的约束都不会特别有效，反而容易使孩子产生叛逆心理。家长还应引导孩子通过书籍、报刊、广播等传播媒介丰富知识面，引导孩子参加有益于身心健康的娱乐活动和健身运动，多鼓励并协同孩子一起上网开展有利于学习与创新的活动。总之，消费者素质的提高势必会提升消费者的自我保护能力。加强国民素质教育，注重精神文明建设，不断提升消费者的道德水平，是有效的网络消费引导和网络消费者权益的长远保障。

触类旁通

我们不关注一时的热闹 更加关注长远的发展

微信公众号"老俞闲话"发布了一篇题为《老俞闲话 | 生死相依，才是人类最真挚的感情！》的文章。俞敏洪称，新东方的工作就是日常推进，开了十几次管理会议，确定了下半年需要做的一些事情。外部人士更多地关注东方甄选的动态，但新东方内部事务，更多还是围绕着新东方的教育体系和教育产品在运营。

据网经社直播电商台（LIVE.100EC.CN）获悉，俞敏洪在谈到东方甄选时表示，"我们不关注一时的热闹，更加关注长远的发展。我对新东方从来没要求过年收入、年利润多少，东方甄选也没要求。但卖的产品得是实实在在的好产品，为老百姓提供实实在在的服务，至于以后到底什么时候能起来，I don't care."。

俞敏洪称："不着急慢慢做，允许亏损五年，每年亏损一个亿没有问题。在东方甄选热闹的背后，也是我们对于农业和生活用品产业链以及供应链的更长远布局。毕竟，基于外部的平台所建立起来的热闹的商业模式,是有很强的脆弱性的,要夯实长期发展的基础,我们还有很长的路要走。"

在新东方旗下农产品电商平台东方甄选 2022 年 8 月 13 日 "东方甄选陕西行" 专场直播活动中,9 个小时的直播里,全场观看总人数达到 1 100 万,平均在线观看人数 17.4 万,最高时 44 万人同时在线观看。全场总销量达近 3 000 万元,28 款陕西特色商品当天迅速售空。其中,延安黄小米、狗头枣、粉条、杂粮礼盒等 10 余款特色产品销售额达 400 余万元,黄小米、狗头枣、杂粮礼盒成为爆款。

分析思考:新东方是如何打造东方甄选开拓市场的?

任务 3　网络市场开拓

任务要点

关　键　词:网络市场开拓,市场开拓理论
理论要点:网络市场开拓及其方法和模式,4P、4C、4S 理论
实践要点:能运用 4P、4C、4S 理论开拓网络消费市场

观察导入

微盟助力雅迪实现"抖音+微信"小程序双平台直播带货 3 小时销量突破 7 万台

在雅迪联合央视网打造的 "618 雅迪工厂直播夜" 上,微盟直播和智慧零售解决方案支持雅迪在抖音和微信小程序开启双平台直播带货。当晚,雅迪电动车全媒体平台累计曝光量近 1 亿人次,创下直播 3 小时成交 7.53 万台的佳绩。

用户在央视网官方抖音号直播间可以边看雅迪直播边购物,按下方购买按键或浮窗即可转跳雅迪抖音小程序商城进行选购。在微盟小程序直播间,用户可以直接单击左下方购物袋购买商品,参与直播互动,一键关注品牌小程序直播间等,形成边看直播边购物的闭环。据悉,雅迪在抖音和微信双平台进行直播,而承接流量、实现交易转化的正是微盟智慧零售解决方案。商家通过该解决方案,可一键生成覆盖抖音、微信等平台的小程序落地页,构建"直播+小程序电商"的营销闭环,用户在直播间即可体验完整的购物流程。

数据显示,微信月活超 12 亿,微信小程序日活超 4 亿,立足微信生态的微盟小程序直播,有助于品牌实现私域流量的转化。而抖音拥有 4 亿日活用户,电商业务也成为字节跳动 2020 年重点布局之一,巨大的流量和内容优势吸引了品牌驻足。在传统电商平台之外,越来越多品牌希望通过微信小程序和抖音等,寻求业绩新的增长点。目前在直播领域,仅微盟实现了"微信+抖音"双平台直播时同步跳转小程序商城购买,完成便捷、高效的交易闭环。而此前微盟小程序已承接快手、抖音、百度等各中心化平台流量,为品牌发力,为智慧零售提供"新基建"。

为提升"618 雅迪工厂直播夜"转化,雅迪不仅展开央视网官方抖音号、雅迪微商城、雅迪电动车各大电商平台实时在线观看的"全媒体直播",在选品上也十分考究。直播期间,

10 000 个头盔 6.18 元限时抢,还有 15 款超高性价比雅迪电动车和多重福利持续放送,最终,雅迪 M6 成直播间最大爆品。

自 2018 年微盟推出小程序直播功能以来,不断帮助品牌构建"电商+直播"新场景,提高转化。微盟旗下微盟微商城、微盟智慧零售等解决方案,还对接百度智能小程序、抖音小程序等,帮助商家打造多渠道小程序矩阵,打通直播互动到商品购买的闭环,以实现更高效的直播转化。

分析思考:雅迪联合央视网如何利用小程序实现业绩增长的?依托小程序的电商和我们已经熟悉的淘宝、京东等传统电商相比具有哪些优势?

任务实施

近十年来,电子商务在全球范围内获得全面爆发式发展,成为全球经济中交易最活跃、应用快速普及、创新不断涌现的新型经济形态。在新商业思维下,如何根据网络市场开拓的方法、模式等内容,运用 4P、4C 或 4S 理论开拓现有的网络消费市场就显得尤为重要。

步骤一
认识网络市场开拓

随着我国互联网用户的猛增,信息化产业技术相关领域的不断开拓性研究与发展,网络市场开拓存在巨大的潜能。网站上的商业交易行为,应当充分表现出企业间的文化、素质。目前,电子商务的应用深度将不断拓展,业务创新也层出不穷。世界上商品信息的储存量、更新量每时每刻都在以几何倍数递增,但是消费者每天能够接受的信息有限,消费者的关注度相对于信息源成为市场极为稀缺的资源。消费者所能主动了解的新技术产品信息基本接近于零,而企业对于自己的产品信息完全了解,两者之间必然存在信息的不对称。因而,厂商需要告知消费者详细的产品信息使之对称。网络市场开拓主要是借助联机网络、计算机通信和数字交互式媒体的力量来实现企业市场开拓的目标。

步骤二
看看网络市场开拓的功能

与传统的市场开拓相比,网络市场开拓具备以下功能。

1. 信息搜索与发布功能

互联网具有信息量大、搜索快速、方便交流和传播广泛等优势,深刻地影响着人们的学习、工作、生活方式和认知方式,同时也改变着社会经济、政治和文化生活。随着信息搜索功能逐渐向智能化方向的发展,同时向定向邮件搜索技术延伸,进一步扩展和发挥了网络搜索的商业价值,从而快速而有效地寻找网上营销目标。在网络市场开拓中,可利用多种搜索方法获取有效的信息和商机;进行决策研究过程中,充分进行价格比较,了解竞争对手的竞争态势,获取第一手的商业情报。搜索功能已成为企业提升网络竞争能力的重要经营手段。

同时，网络市场开拓具有强大的信息发布功能。信息发布是网络市场开拓的主要方法之一，也是网络市场开拓的又一种基本功能。无论哪种市场开拓，都要将企业、商品的相关信息传递给目标人群，而网络市场的信息发布可以把信息发布到全球任何一个地点，既可以实现信息的大范围覆盖，又可以形成地毯式的信息发布链；既可以创造信息的蝴蝶效应，又可以发布隐含信息。在网络市场开拓过程中，网上信息发布之后，可以进行跟踪、回复，还可以进行更深层次的交流与沟通。因此，信息发布是任何一种传统的市场开拓方式所无法比拟的。

2. 商情调查功能

对市场和商情的准确把握，是网络市场开拓中一种不可或缺的方法和手段，是现代商战中对市场态势和竞争对手情况的一种电子侦察。网络市场开拓中，商情调查具有重要的商业价值，商情调查获取商情效率之高、应对市场之快、运营成本之低、渗透范围之广，都是其他任何调查形式所做不到的，具有重要的商业价值。

3. 销售渠道开拓功能

网络具有极强的进击力和开拓力。网络新技术的诱惑力、新产品的展示力，图文并茂、地毯式发布和爆炸式增长的覆盖力，快速疏通各种渠道，打通封闭"坚冰"，实现和完成市场的开拓使命。

4. 经济效益增值功能

网络市场开拓会极大提高经营者的获利能力，使经营主体提高或获取增值效益。这种增值效益的获得会使原有信息量的价值实现增值，或提升其价值。

5. 品牌价值扩展和延伸功能

未来的市场竞争是品牌的竞争，拥有潜在市场比拥有工厂实体更重要。拥有市场的唯一方法就是拥有占市场主导地位的品牌。实践证明：互联网不仅拥有品牌、承认品牌而且对于重塑品牌形象，提升品牌的核心竞争力，打造品牌资产，具有其他媒体不可替代的效果和作用。

网络市场开拓所拥有的明显的资源整合能力恰恰为这种信息的累加提供了可能性，这是传统营销方式根本不具备又无法想象的一种战略能力。

知识拓展 10-7

如何提高网站知名度

好的网站规划并不等于网站一定要出名。要想获得网站知名度和访问量，就必须重视网站的促销推广和实施评价。从网络上一些知名网站的经验中可以获得几点启示。

1）好的名字等于节省一半广告费用。域名既要通俗易懂，又要符合网站的目的，面向不同地区的互联网网站应使用当地人便于理解的域名。一个名字用好了天下皆知，用错了无人通晓。

2）采用免费策略。网络上免费当道，越方便越多人去使用，这是绝大多数网站成功的秘密。

3）采用有奖参与方式。网站总要有一些能吸引新用户的内容，在扩大网站的市场知名度基础上提高市场的占有率。

4）制作网站广告。尽量制作各类网站广告，其中文字类广告尤为见效，在各大论坛、微博等见缝插针，注意不要使用让用户生厌的网站广告。

5）参与网络推广。对于新建立的网站，可采用"借船出海"的营销战略。通过某个知名网站，与之建立策略性的联盟。利用这些网站的高流量和高点击率来推广，促进网站品牌树立。

步骤三
学习网络市场开拓的理论基础

1. 4P 理论

4P 理论产生于 20 世纪 60 年代的美国，随着营销组合理论的提出而出现的。1953 年，尼尔·博登（Neil Borden）在美国市场营销学会的就职演说中创造了"市场营销组合"（Marketing mix）这一术语，其意是指市场需求或多或少地在某种程度上受到"营销变量"或"营销要素"的影响。为了寻求一定的市场反应，企业要对这些要素进行有效组合，从而满足市场需求，获得最大利润。营销组合实际上有几十个要素（博登提出的市场营销组合包括 12 个要素），杰罗姆·麦卡锡（McCarthy）于 1960 年在《基础营销》（*Basic Marketing*）一书中将这些要素概括为 4 类：产品（Product）、价格（Price）、渠道（Place）、促销（Promotion），即著名的 4P 理论。1967 年，菲利普·科特勒在畅销书《营销管理：分析、规划与控制》进一步确认了以 4Ps 为核心的营销组合方法。

产品（Product）：注重开发的功能，要求产品有独特的卖点，把产品的功能诉求放在第一位。

价格（Price）：根据不同的市场定位，制定不同的价格策略，产品的定价依据是企业的品牌战略，注重品牌的含金量。

渠道（Place）：企业并不直接面对消费者，而是注重经销商的培育和销售网络的建立，企业与消费者的联系是通过经销商来进行的。

促销（Promotion）：企业注重销售行为的改变来刺激消费者，以短期的行为（如让利、买一送一、营销现场气氛等）促成消费的增长，吸引其他品牌的消费者或通过提前消费来促进销售的增长。

2. 4C 理论

随着市场竞争日趋激烈，媒介传播速度越来越快，4P 理论越来越受到挑战。1990 年，美国学者罗伯特·劳特朋（Robert Lauterborn）教授提出了与传统营销的 4P 相对应的 4C 理论。具体表现为产品（Production）向消费者（Consumer）转变，价格（Price）向成本（Cost）转变，分销渠道（Place）向便利（Convenience）转变，促销（Promotion）向沟通（Communication）转变。

3. 4S 理论

1996～1997 年，Constantinides 博士提出一种新的教学工具——4S 网络营销组合模型。后来，该模型被证明非常适合用来指导企业网站的建设，以及对已存在的网站进行评估和改进。

4S 网络营销组合法来源于对电子商务市场（E-Marketing）四种管理要素的辨析。

1）范围（Scope），即界定所有支撑在线商业活动的战略要素，包括市场和竞争者、客户信息特征、在线运营活动对企业现有内部流程的影响，以及企业在线战略角色的识别等。管理层要经常对这些战略要素做持续性回顾和评估。

2）网站（Site），即确定公司所有线上运营活动，包括其业务特征和市场定位等。企业网站作为企业与业务伙伴、客户联系的主要窗口和平台，在设计过程中一定要有利于企业联系这些目标群体，各项虚拟活动既要吸引顾客积极互动，又要永久留住顾客。

3）协同（Synergry），即选择企业线上活动与现有组织架构进行整合的关键区域。企业网站高效运作的前提之一就是要将资金投在关键的协同领域，最大程度地扩大企业的市场影响力。这要求企业必须对其一线部门、后台、公司网络及外部资源等进行整合。

4）系统（System），即提供技术支持的框架系统，确保企业网站在运作过程中能够做到安全可靠、经济高效、用户友好。

4S 网络营销组合主要被应用于全新网站设计、现有网站评估与升级等。4S 网络营销组合能有效甄别出一个成功网站在战略、运营、组织及技术四个方面的核心要素。由于架网建站的门槛较低，网络技术发展日新月异，4S 组合法特别强调线上业务要与线下活动进行战略整合。4S 网络营销组合非常适用于互联网企业，以及市场条件变化较快的传统部门。

任何事物都具有两面性，既有优势也有劣势，4S 网络营销组合同样具有一定的局限和缺点。例如，它为 B2C 电子商务模式专属开发，因此可能不适合运用在更广阔范围内的电子商务应用领域。而且只有对互联网用户的行为习惯有足够的认知后，才能优化选取 4S 所甄别出的各项要素。但在通常情况下，获取这样的资讯并非易事。

步骤四
选择网络市场开拓的方法

1. 商情发布

商情发布是企业网络市场开拓的第一步。网络传递信息的功能是网络提供给企业的最基本的效用。企业可以利用电子邮件、企业网站、新闻组、公告栏向消费者和客户提供企业的产品和服务的信息。电子邮件是企业发布信息最常用的工具，操作非常简单，但拒收率较高。建立企业网站是企业对网络更高层次的利用，企业网站可以向客户全面展示一个企业，从企业简介、组织机构、人员队伍、产品服务，到企业文化等，让客户对企业有一个全面的了解。

2. 网上市场调查

网上市场调查由于其所具有的及时性、便捷性、低费用、交互性、充分性等特点，收到越来越多企业的关注。网上市场调查分为站点法、电子邮件法、随机 IP 法、视频会议法等直接调查法和利用搜索引擎、公告栏、新闻组、电子邮件等收集二手资料的间接调查法，企业可根据实际情况选择。海尔集团 1996 年底在国内企业中率先申请域名，建立海尔网站，并逐步建成包括海尔网上商城、海尔美国、海尔欧洲等在内的海尔全球网站，不仅可以向全球消费者介绍海尔的各方面情况，更重要的是，还起到了加强与消费者沟通、掌握更多消费信息的作用。

3. 网络促销

网络促销是在网络这个虚拟市场环境下进行的。作为一个连接世界各国的大网络，它聚集了全球的消费者，融合了多种生活和消费理念，显现出全新的无地域、无时间限制的电子时空观。在这个环境中，消费者的概念和消费行为都发生了很大变化。他们普遍实行大范围的选择和理性的消费，许多消费者还直接参与生产和流通的循环，因此，网络营销者必须突破传统实体市场和物理时空观的局限性，采用虚拟市场全新的思维方法，调整自己的促销策略和实施方案。

4. 网络销售

网络销售就是通过互联网把产品进行销售。比如目前我们所熟悉的各个网上购物平台如淘宝网、唯品会、易趣、拍拍等，卖家通过网络交易平台销售产品以便买家选购，这是一种"宅经济"消费趋势。

与许多新兴学科一样，"网络营销"同样也没有一个公认的、完善的定义。广义地说，凡是以互联网为主要手段进行的、为达到一定营销目标的营销活动，都可称为网络营销（或网上营销）。也就是说，网络营销贯穿于企业开展网上经营的整个过程，包括信息发布、信息收集，到开展网上交易为主的电子商务阶段，网络营销一直都是一项重要内容。

一些学者或网络营销从业人员对网络营销的研究和理解往往侧重某些不同的方面：有些人偏重网络本身的技术实现手段；有些人注重网站的推广技巧；也有些人将网络营销等同于网上直销；还有一些人把新兴的电子商务企业的网上销售模式也归入网络营销的范畴。

> **步骤五**
> **确定网络市场开拓的模式**

1. 顾客服务——增强与客户的关系——留住顾客，增加销售

网络是一种优越于其他媒体的客户服务工具，它具有信息量大、成本低、可选择性强、联系方便和互动性强的特点。通过网络市场开拓，企业可以更好地服务于客户，从而增强客户的有效关系，提高客户忠诚度，持久地留住客户。满意而忠诚的客户群体总是会带来口碑效应，让更多人乐于购买企业的产品，最终提高企业产品的销售量。

2. 有用信息——刺激消费——增加购买

该模式适用于零售企业，企业通过互联网向目标客户不间断地提供有用信息，包括新产品信息，产品的新功能和新用途等，信息还会随着客户需求的转变适时更新，保证网上站点的关注度和吸引力。这些有效信息自然而然能吸引消费者眼球，刺激消费者的消费欲望，从而产生购买行为。

3. 购买方便 + 折扣 + 直接销售 + 减少管理费用

该模式适用于将网络作为直复营销工具的企业，企业通过简化销售渠道、降低销售成本、减少管理费用的方法来获取最直接的经济效益。

4. 新的娱乐——促进顾客的参与——重复购买

电影、电视剧的制作商等可通过该模式提高产品的流行程度。

步骤六
采取网络市场开拓的策略

1．4P 网络市场开拓策略

市场营销中，产品、价格、渠道和促销被称为 4P 营销组合，4P 营销组合也同样适用于网络营销。

（1）网络市场开拓的产品策略

在网络营销中，传统的产品策略已经开始变化。产品策略的内容已转化为实物产品、服务产品和信息产品。实物产品，在网络营销中有了新的含义，从理论上讲，在网络上可营销任何形式的实物产品，但现阶段受各种因素的影响，主要适用于在互联网络销售的产品。至于服务产品，提供良好的服务是实现网络营销的一个重要环节，也是提高用户满意度和树立良好形象的一个重要方面。企业在进行网络营销时，有一些常见服务策略，例如，利用电子公告牌（BBS）或电子邮件（E-mail）提供线上售后服务或提供论坛与消费者双向沟通、提供网上自动服务系统等。

（2）网络市场开拓的价格策略

网络市场中，以成本导向来确定价格逐渐被淡化，而以需求导向来确定价格将成为主要方法，竞争导向中投标定价法和拍卖法将不断得到强化。

网络环境下价格策略很多，根据网络营销的特点，着重实施以下几种：

1）个性化策略，即利用网络互动性特点，根据消费者对产品外观、颜色等方面的具体需求，来确定商品价格的一种策略。

2）折扣定价策略，在实际营销过程中，网上折扣定价策略可采取会员折扣、数量折扣、现金折扣、自动调价、议价策略等。目前网上商城绝大部分要求消费者成为会员，依据会员资格在购物时给予折扣。

（3）网络市场开拓的渠道策略

互联网上交易的产生对于企业传统营销渠道形成了巨大挑战，因为互联网直接把生产者和消费者连到了一起，将商品直接展示在顾客面前，回答顾客的疑问，并接受顾客的订单。这种直接互动与超越时空的电子购物，无疑是营销渠道上的革命，目前，许多企业在网络营销活动中除了自己建立网站外，大部分都积极通过中介商信息服务、广告服务和撮合服务，扩大企业影响，开拓市场。

（4）网络市场开拓的促销策略

与传统促销一样，网上促销的核心问题也是如何吸引消费者，为其提供具有价值诱因的商品信息。最常见的网络促销是将公司的名称列入门户网站的探索引擎中（如 Yahoo、Sohu、Sina 等均为著名门户网站），尽可能让客户容易查询到公司的资料，使其能快速获得所需商品的信息。发布网上广告是目前最普遍的商业应用，像网页上出现的擎天柱广告、通栏广告、横幅广告、流媒体按钮广告、全屏广告均已被大家所熟悉。与其他网站建立友情链接方便互访，同样是网络促销的一个重要方面。

知识拓展 10-8

小程序电商的三大优势

小程序是通过微信支付交易，交易完成后，钱直接打到商户的账户上（扣除微信手续费）。账期相对更短，交易十分方便。同时小程序还支持一个商家一个独立二维码，一个线上门店一个交易平台，同时支持微信支付，一键解决，绝不烦琐，一次操作即可学会。

小程序现在提供了很多免费的流量入口，小程序与公众号的关联也更为完美，小程序嵌入公众号的方式也让用户的整个阅读体验进一步提升，交易流程也更为顺畅。并且微信生态已非常完善，从城市到农村，从老人到小孩，甚至部分外国人，也经常使用微信。现在很多人起床首件事或者睡觉前的一件事是刷朋友圈、看看微信群，所以对于商家来说这确实是一个机会。

小程序的成本远远低于大平台（比如美团、京东、天猫等），而在小程序上开商城，一方面涉及店铺建设/维护成本；另一方面涉及微信支付的费率。目前，像蘑菇街、唯品会、拼多多都做了自己的小程序，并且得益不少。微信目前有接近 10 亿的日活跃用户，并且自小程序诞生以来，很多线下商家都开启了小程序之路，获得巨大的流量优势，小程序的市场潜力无可估量。

2. 网络营销环境下"4P"与"4C"的整合营销分析

1990 年，美国学者劳特朋（Lauteborn）教授从消费者角度出发，提出了与传统的"4P"相对应的"4C"理论，即消费者（Consumer）、成本（Cost）、便利（Convenience）和沟通（Communication）。其主张的观念是：先研究消费者的需求和欲望，再制定产品策略；先研究消费者为满足需求所愿意付出的成本，再考虑定价策略；先考虑怎样给消费者方便以购买到商品，再考虑渠道策略；先着重于加强与消费者的沟通和交流，再考虑促销策略。如前所述，网络营销不是简单的营销网络化，而是传统营销的补充与发展，因此，在网络营销策略的实施过程中，重视分析网络市场环境及消费者的新特征，做好"4P"与"4C"的整合是一种较好的选择。

（1）以消费者（Consumer）的需求和欲望为中心的产品（Product）策略

在网络经济条件下，标准化产品和传统的产品形式受到挑战，加之网络消费者的个性化需求表现得比以往更强烈，消费者希望根据自己的需求对产品提出设计要求，因此应当把每一个消费者看作一个目标市场，并根据其个性化的需求为其定制产品。网络时代的到来使"大规模的定制"成为可能。所谓大规模定制，是指对定制的产品和服务进行个别的大规模生产。它能在不牺牲企业经济效益的前提下，最大限度地满足个别消费者的需求。大规模定制模式增强和巩固了企业与顾客的关系，使得营销的良性循环成为可能。

（2）让消费者花费最低成本（Cost）的价格（Price）策略

在网络环境下，产品的价格是完全透明的。为此，网络环境下的企业应当从以往单纯考虑定价转移到研究消费者为满足需求所愿意付出的成本上来。企业要改变以往的定价思维，即由过去的"价格＝成本利润"的思维方式改为"利润＝价格－成本"。企业要想方设法降低生产经营各个环节的成本,才可能让消费者获得满意的价格,也才有可能获得较大的利润空间。

(3) 以消费者的便利（Convenience）为出发点建设分销渠道（Place）

网络营销的信息流、商流、资金流的活动都可以以虚拟的形式在网上完成,唯独物流要通过实实在在的运作完成。如果说企业在制定价格时需要考虑顾客购物时愿意支付的最低货币成本,那么在分销渠道建设时,还必须考虑到顾客整体成本中的其他三项,即时间成本、体力成本和精神成本。

传统的购物过程需要花费大量的精力、体力和时间。而顾客在购买产品时,总希望在获得更多利益和最大限度满足的同时,把包括货币成本、时间成本、精神成本和体力成本等降到最低。因此,企业必须以顾客的"便利"为出发点,构建一个既能将成本控制到最低,又能高效运行的新型渠道模式,切实为消费者的购物提供时间、地点及品种的便利。

(4) 通过与顾客的沟通（Communication）实现促销（Promotion）

传统营销环境的强势促销不但花费大,而且容易引起消费者反感,促销效果较差。在网络环境下,顾客已不再满足于仅仅做一个消费者,他们比以往有了更大的主动性和互动性。网络营销能增强与顾客的沟通,实现促销。例如网络广告就在交互性、灵活性、快捷性、成本、感官性、传播范围、受众针对性、受众数量等可准确统计方面呈现出明显优势。

触类旁通

李宁品牌官方入驻得物APP并达成独家首发合作

深耕年轻人和他们热衷的运动潮流市场,成为中国运动品牌李宁深化品牌价值的关键。李宁品牌在官方入驻得物APP的基础上,双方达成新品独家首发合作。

据网经社数字零售台（DR.100EC.CN）获悉,李宁品牌此次将在得物APP独家首发利刃3.0溶洞配色实战篮球鞋,新品首发时间早于其他渠道3天。得物APP聚集了对潮流嗅觉灵敏的年轻人,他们把运动融入生活,对各项运动兼具专业和时尚审美需求。作为国内最早创立的体育品牌之一,李宁在探索中国文化和运动文化元素的同时,为年轻人推出更多融合专业运动和潮流文化的新产品。此次与得物APP达成合作,是李宁深耕年轻人市场,和年轻人共创中国新运动潮流的一步,也是李宁立足于当下,面向未来长远发展的持续努力。

在得物APP,"运动"是年轻人代表性的生活方式,且运动场景跨越多圈层,他们把融入时尚元素的专业运动装备作为日常潮流穿搭；他们热爱社交,在得物APP社区分享"春夏运动穿搭""前卫运动风""我的超酷运动装"等各种话题,年轻人的这些消费观和价值观,推动运动品牌进一步打破运动与潮流的边界。

以篮球运动为例,得物APP聚集了全国数百万年轻爱好者,驰骋篮球场必备的实战鞋在得物年轻用户中拥有极高的热度,CBA球星、CUBA的专业球员、专业球鞋博主、20+球龄的"老炮儿"、热爱篮球运动的女生,聚集在得物APP共同讨论篮球运动、分享实战装备,仅实战鞋目前已有上万名用户分享了涉及100多个热门系列的真实评价和实战体验。

年轻人对篮球的这份热爱和专业精神与李宁的产品策略不谋而合。近年来,李宁计划加强专业运动领域,持续深耕篮球、跑步、健身、羽毛球以及运动生活五大核心品类,聚焦运动科技创新，加速布局功能性产品。

时尚人士认为，越来越多的运动品牌通过潮流设计新品让年轻消费者眼前一亮，"专业运动装备正在年轻人'日常'潮流穿搭中拓展使用场景，逐步向时尚界靠拢。此外，产品设计新创意以及背后的故事性，持续吸引年轻人，潜移默化影响年轻人对品牌文化的亲密度，这更是品牌所关注的长远价值。"

新华网联合得物 APP 发布的《国潮品牌年轻消费洞察报告》显示，国货消费热度对比十年前增长超 5 倍，78.5% 的消费者更偏好选择国产品牌。在得物 APP，90 后、00 后对国产品牌贡献了 87% 的消费，体育运动更是成为年轻人的时尚潮流，例如"奥运同款""冠军同款"成为得物 APP 热门新品关键词，年轻人因为对健康、拼搏、向上的体育精神认同，大幅提升品牌忠诚。

"国货产品作为一种价值符号和载体，之所以如此受年轻人欢迎，除了产品质量稳定提升之外，更得益于中国品牌所蕴含的文化自信和民族自豪感，这些在年轻一代的消费者中形成共鸣，是价值认同的外在表达方式。"上海社会科学院经济研究所副研究员邱俊鹏表示。

此次李宁与得物 APP 达成官方合作，在专业运动和时尚潮流融汇点上，正进一步向我国年轻人释放国产品牌文化的软实力，也为更多国产品牌提供启示。"得物 APP 帮助中国品牌理解年轻人，从年轻人的新需求出发，以多样化新品的设计、研发、首发、沟通为契机，深度融入年轻人生活，打开市场增量同时，释放品牌文化价值。"业内人士表示。据了解，目前包括李宁在内的百余个知名运动品牌已先后与得物 APP 达成官方合作，深入中国年轻人、布局未来市场。

随着全民健身战略的深入实施，我国体育产业显示出强劲发展动力。Euromonitor 数据显示，2020 年中国是全球运动鞋服零售增长最快的国家之一。

讨论：国产品牌驶入快车道，李宁与得物 APP 合作提供了哪些新启示？

项目小结

我国电子商务经过数年积累已经具备了相应实力支撑信息消费发展。网络消费作为直接或间接以信息产品和服务为消费对象的消费活动，已经成为促进经济发展的重要支撑点。如今，传统消费模式和线下交易手段已经无法满足人们日益提升的网络消费需求。我们必须明确网络消费引导的目的，落实网络消费引导的手段与措施，并不断开拓网络消费市场。

一、选择题

1. 不属于 4S 网络营销组合管理要素的是（　　）。

　　A．范围　　　　　B．网站　　　　　C．协同　　　　　D．产品

2. （　　）互动性更强、亲和力更强，消费者可以像在大卖场一样，跟卖家进行交流甚至讨价还价。

　　A．网络团购　　　　B．网络直播　　　　C．网络社交　　　　D．社区团购

3. （　　）是网络市场开拓中一种不可或缺的方法和手段，是现代商战中对市场态势和竞争对手情况的一种电子侦察。

　　A．对市场和商情的准确把握　　　　B．搜索网络信息
　　C．充分利用互动工具　　　　　　　D．注重在线沟通

4. （　　）是网络市场开拓的主要方法之一，也是网络市场开拓的又一种基本功能。

　　A．信息搜索　　　B．信息发布　　　C．信息传播　　　D．信息整理

5. 网络市场开拓的（　　）能力，是传统营销方式根本不具备又无法想象的一种战略能力。

　　A．资源整合　　　B．品牌推广　　　C．信息开发　　　D．数据处理

二、填空题

1. 典型的网络消费行为有_____、_____、_____。
2. 根据社交目的或交流话题领域的不同，目前的社会化网络（社交网站）主要分为四种类型_____、_____、_____、_____。
3. 网络直播带货，是指通过一些互联网平台，使用_____进行近距离_____、_____、_____的新型服务方式，或由店铺自己开设直播间，或由职业主播集合进行推介。
4. 网络消费引导有利于树立正确的_____。
5. 网络消费引导有利于改善消费者的_____。
6. 网络消费引导有利于搭建_____。
7. 网络市场开拓理论有_____、_____、_____。
8. 网络市场开拓模式为：顾客服务——_____——留住顾客——增加购买。
9. 4P网络市场开拓策略主要为_____策略、_____策略、_____策略和_____策略。

三、简答题

1. 与传统的市场开拓相比，网络市场开拓具备哪些功能？
2. 我国保护网络消费者权益的具体措施有哪些？

拓展训练

训练一　分析案例

案例

学生A同学在淘宝上购物后，收到QQ加好友的提示，便同意将其加为好友。对方自称是"店家"，声称货物有瑕疵，需核实信息以便退款，A同学不假思索地配合"店家"。

首先收到"验证是否为本人操作"的验证码（其本质是淘宝账号的修改密码验证码），得到验证码后的"店家"首先修改了 A 同学的账号密码（导致 A 同学不能登录淘宝账号），同时掌握了其用户信息，并通过所得到的信息，取得 A 同学的信任。然后 A 同学在"店家"的循循引诱下输入了银行账号，并在支付宝的备注里输入了银行密码，当"店家"询问其卡上余额时，A 同学微有纳闷，但仍未怀疑；当收到银行的验证信息"尾号为 ×× 的卡将支出 800 元"时，A 同学略有迟疑，在反问对方未成功和对方压力式逼问下，A 同学一烦躁便将验证码脱口而出。最后，A 同学银行卡被扣除 800 元，仅剩 20 多块零头。

同期，学生 B 在淘宝购物后，也被不法分子利用类似的手段骗走 900 多元。通过和其他学院辅导员的交流，了解到其他学院大一新生中也有部分同学成为网络诈骗的受骗者。

分析：

网购作为新型的购物方式，以独特的购物理念和便捷的特点颇受当代大学生青睐。然而不法分子却利用网购这一平台，发布大量的虚假信息欺骗消费者。大学生因社会经验不足、思想单纯、鉴别能力有限和对网络信息的真实性把握得不够完整，往往成为网络中的受害者。

本案中 A 同学网络受骗的现象普遍存在于当代大学生当中：虚幻的网络爱情、网站发布的虚假"中奖"消息、高薪的网上招聘兼职信息……这些无不昭示着大学生是网络"杀手"的主要攻击对象。看似偶然的网络上当受骗事件，背后也蕴藏了一些大学生网络受骗的共同原因。

首先，在当今社会的宏观背景下，网络发展迅速，第三方支付系统已经成为网络交易中的一个重要环节，它在为网络交易提供安全保障的同时，自身也易被不法分子利用，不自觉地充当了"钓鱼"的工具，至今仍未有一个有效的机制能够防范和处置网络诈骗。对不法分子而言，网络诈骗的成本低，有关部门监管的难度较大。当受骗以后，大多数学生选择忍气吞声，并未进行举报，致使诈骗行为日益猖獗。

其次，大学生对自我信息和隐私保护意识较低。本案中 A 同学当收到陌生人请求添加好友的提示后，他并未认真对对方的身份进行认证和核实，便将其加为好友，这是防范意识差与轻信他人的表现。交谈过程中将个人账户的淘宝验证码、银行卡账号、密码等信息泄露，让骗子有机可乘。不仅在网络交友中，在现实生活中，许多大学生因轻信他人而被骗的事件也屡屡发生。

再者，部分大学生缺乏一定的网购常识。根据淘宝网上购物的交易规则，退款时不需要输入确认为本人操作的验证码，同时，在交易成功以后，正常的交易也不会再次输入支付宝密码，需要多次输入银行卡或支付宝密码的情形一般都为钓鱼网站。

本案例中，A 同学对自我信息的保护意识和防骗的警惕性较低。在收到货物有瑕疵的信息时，应首先通过淘宝平台进行核对；在出现不能登录淘宝账号时，他未能及时核实出现的问题并与之前的输入验证码操作相联系；同时，在输入银行卡和支付宝密码前没有注意交易环境和交易网站，没有对基础设施状况及交易安全可靠性进行检查；当"店家"询问余额时，A 同学虽有疑问，但没有及时停止行为和向身边同学请教解决办法，这进一步使事情的发展恶化。同时，做事冲动、情绪化直接促使了事件的发生。在收到银行的验证信息"尾号为 ×× 的卡将支出 800 元"时，A 同学能反问店家，说明其在一定程度上认识到这件事可能含有欺骗成分，若此时悬崖勒马，将避免个人财务损失，但其却因一时的烦躁而将验证码脱口而出，最终为自己的疏忽与轻信付出了代价。

最后，网购被骗后，A同学应采用法律武器维护自己的权益。可根据相关法律保障自己的权益，而不是任违法者逍遥法外。

1．训练目的

通过训练，明确网络诈骗的类型，提高网络自我防护意识。

2．训练要求

以学习团队（每个团队3或4人）为单位，对案例进行分析。

1）思考并讨论：为什么大学生容易成为网络诈骗受害者？常见的网络诈骗类型有哪些？学校、家庭和学生在提高学生网络防骗意识和能力方面的措施建议有哪些？

2）总结提高网络自我防护意识和能力的相应措施。

3）该案例对营销人员有何启示？

3．成果展示

以团队为单位，在班级内进行分享展示，可以现场交流，也可以在班级学习园地张贴学习成果。

训练二　针对校园网络购物平台，制定网络消费市场开拓方案

1．训练目的

通过训练，能运用4P、4C理论开拓网络消费市场，制定一套完整的网络消费市场开拓方案。

2．训练要求

以学习团队（每个团队3或4人）为单位，选定组长一名，制定方案。只需要说明采用的方法、时间及注意事项，方案中若需要问卷调查的写明格式和完成时间即可。

3．成果展示

在班级里分享各自的网络消费市场开拓方案，并交流讨论，不断完善方案。

参 考 文 献

[1] 刘德寰. 透视电商：网络购物消费者研究 [M]. 北京：机械工业出版社，2013.
[2] 于婷婷. 网络购物行为研究——基于在线互动与感知价值的实证分析 [M]. 武汉：华中科技大学出版社，2013.
[3] 姚秀丽. 消费者行为及网络购物 [M]. 北京：科学出版社，2010.
[4] 韩小红. 网络消费者行为 [M]. 西安：西安交通大学出版社，2008.
[5] 王生辉. 消费者行为分析与实务 [M]. 北京：中国人民大学出版社，2011.
[6] 吴清烈. 网络营销与广告 [M]. 北京：外语教学与研究出版社，2012.
[7] 徐国庆. 职业教育项目课程开发指南 [M]. 上海：华东师范大学出版社，2013.
[8] 魏炳麒. 网络营销与客户服务 [M]. 北京：中国劳动社会保障出版社，2004.